改革、实践与发展

——高校健美操教学研究

李启娥　王善根 ◎ 著

北京工业大学出版社

图书在版编目（CIP）数据

改革、实践与发展：高校健美操教学研究 / 李启娥，
王善根著 . — 北京 ：北京工业大学出版社，2019.8
ISBN 978-7-5639-6845-9

Ⅰ . ①改… Ⅱ . ①李… ②王… Ⅲ . ①健美操－教学
研究－高等学校 Ⅳ . ① G831.32

中国版本图书馆 CIP 数据核字（2019）第 145639 号

改革、实践与发展——高校健美操教学研究

著　者：李启娥　王善根
责任编辑：赵圆萌
封面设计：优盛文化
出版发行：北京工业大学出版社
　　　　　　（北京市朝阳区平乐园 100 号　邮编：100124）
　　　　　　010-67391722（传真）　bgdcbs@sina.com
经销单位：全国各地新华书店
承印单位：定州启航印刷有限公司
开　本：710 毫米 ×1000 毫米　1/16
印　张：18.5
字　数：370 千字
版　次：2019 年 8 月第 1 版
印　次：2020 年 7 月第 2 次印刷
标准书号：ISBN 978-7-5639-6845-9
定　价：78.00 元

　　健美操是一个深受广大群众喜爱的、普及性极强的，集体操、舞蹈、音乐、健身、娱乐于一体的体育运动项目，虽然只有短短几十年的发展历史却已成为现代健康文明生活不可缺少的组成部分。随着时间的推移，健身健美操的种类和练习形式更加多样化，其练习的科学化程度不断提高。

　　随着高校体育事业不断发展深化，体育教学内容也越来越丰富。健美操以其较强的艺术性、节奏性、适应性和健身性，成为当今高校体育教育教学中重要的内容。就目前高校体育运动项目开展的现实情况来说，虽然健美操没有球类运动等开展得普遍，但是也逐渐受到了广大学生，特别是女生的欢迎和喜爱。相应地，竞技健美操也得到了较大的发展，其水平也有了明显的提升。在这样的情况下，我国高校应该依时就势进一步推动健美操的发展，以响应我国当前高校体育教育改革。

　　本书主要讲述了健美操教学中的改革、实践与发展，从健美操运动的发展概述出发，介绍了健美操基本的动作与技术、高校健美操教学的理论基础以及高校健美操教学的现状和存在的问题，并从实际出发，提出了健美操教学的创新改革，包括教学内容的优化、音乐节奏感的培养、教学慕课平台的构建、微课程在健美操教学中的应用以及"俱乐部式"教学法在健美操教学中的应用。在高校健美操教学改革创新的理论基础上，介绍了高校健美操教学实践、创编实践以及健美操健身效果的检查与评定实践。最后，阐述了高校健美操的发展研究。

　　本书理论知识与训练实践有机结合，内容完整、结构系统，并兼具科学性、实用性等特点，适用于高校健美操训练。另外，本书还具有语言准确简练、通俗易懂，实践内容方面图文并茂等特点。

　　由于时间的仓促，笔者水平有限，本书难免存在不足之处，在此出版之际，我们真诚地希望读者对本书提出宝贵的意见和建议。

Contents
目　录

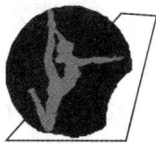

第一章　健美操运动概述

随着现代健美操运动的发展，这项热情洋溢、活力四射的运动逐渐进入大众的生活，特别是最近几年随着人们健康意识的增强，富有魅力的健美操运动在我国蓬勃开展起来，很多人都选择参与健美操运动来促进健康。本章将从健美操运动的起源和发展情况，健美操运动的分类、特点和功能，以及健美操运动的基本术语和应用进行详细阐述，以期使人们对现代健美操运动有一个清晰的认识。

第一节　健美操运动的起源与发展

一、国际健美操的起源与发展

（一）国际健美操的起源

国际健美操的起源可以追溯到两千年前的古希腊，那时的人们就已经开始了对人体美的追求，在他们看来，人体健美是最庄重、最和谐、最完美的。他们主要是通过投掷、跑跳、健美操、柔软体操等体育项目进行锻炼，他们提出了"体操锻炼身体，音乐陶冶精神"的主张，不断进行对人体美的追求。

在古印度，人们通过将呼吸、意念、姿势紧密结合起来，来进行调息、调心，从而对身体进行自我调节，达到身心健康、延年益寿的目的。站立、跪、坐、卧、弓步等是瑜伽健身术中最基本的姿势，这些动作与现代健美操中的基本姿势非常相似。古代人对健康美的追求，以及将体操与音乐结合的主张，为现代健美操的发展打下了坚实的基础。

进入文艺复兴时期以后，那些被遗忘的古希腊和古罗马的文化重新受到重视，对人体美的追求逐渐又成为一种社会潮流。古希腊的体操被很多教育家看作对人体进行健美的最为完整的体育系统，于是体操运动开始快速发展。1569年，意大利医生墨库里奥斯出版的六卷《体操艺术》等著作中，对体操动作的各种形式进行了详细描述。德国著名体育活动家艾泽伦在18世纪开设了培训体育师资的课程，并创造了吊环和哑铃等运动。以上这些锻炼形式都是现代健美操的起源。

作为第一个将音乐与体操相结合的人，德国人斯皮斯将体操从社会引到学校，并为体操动作配上音乐，在音乐的节奏中去完成各种体操动作。丹麦体操家布克创造了"基本体操"，他把体操动作分成若干类，并编成适合不同性别、不同年龄的各种体操。弗朗索瓦·特尔沙特赋予体操动作两个新特征：美感和富于表情。瑞士教育家雅克·克尔克罗兹设计了一种将音乐伴奏和肌肉活动相结合的音乐体操。瑞典体操学派创始人佩尔·亨里克·林根据体操练习的功能将体操分为教育、军事、医疗和美学四大类，这些理论为现代健美操的理论和实践打下了坚实的基础。

现代健美操运动起源于20世纪60年代初，1968年，美国太空总署医学博士库珀通过创编体能训练动作，并在其中加入音乐和特殊器材，为航天员制定了体能训练计划。这种运动独特而新颖，很快风靡世界。1969年，杰姬·索伦森将现代舞与体操相结合，创编了富有娱乐性，简单易学的健美操运动。至此，现代健美操运动正式诞生。

（二）国际健美操的发展

1. 发展历程

简·方达是健美操发展史上一个不得不提的重要人物，作为现代健美操运动的发起人之一，她根据自己通过健美操运动获得健康，以及健美外形的成功经历和实践经验，撰写了《简·方达健美操》一书，此书在美国出版后，一直畅销不衰，并相继被编译成20多种文字在世界30多个国家发行。这本书的出版和发行在世界范围内掀起了学习健美操的热潮。

1984年，美国参与各种形式健美操练习的人就有7万之多，在舞蹈、体操和健美操方面的活动经费每年已达到2.4亿美元。美国的健身健美操快速发展。此外，1985年，第一届阿洛别克（Aerobic）健美操比赛在美国举办，这标志着竞技健美操也开始发展起来。美国不断举行着各种健美操比赛，为世界健美操比赛的发展做出了卓越的贡献。

健美操传入欧洲之后，迅速得到普及与推广，在当时的法国就有400万人参与健美操运动，并且人数还在不断上升，仅仅在巴黎就建成了1000

个健美操中心，法国的健美操节目是最受欢迎的节目之一。在意大利罗马，有 40 处健美操场所，每天都有很多人来这里跳操。而当时的苏联，更是将健美操列入学校体育教学大纲中，并为指导教师多次开展教练员培训班。

健美操运动在亚洲同样得到了快速发展。日本是健美操开展较好的国家，将竞技性健美操和健身性健美操有机地结合到了一起，吸引了很多人参与到健美操运动中来，而且国际上最大的健美操组织——国际健美操联合会（IAF）总部也设在日本。与此同时，在韩国、新加坡、中国香港以及东南亚各国和地区，健美操运动也得到了快速的发展。

2. 国际健美操组织

随着健美操运动的普及和发展，出现了国际性的健美操组织，为提高健美操的运动技术水平，进一步发展健美操运动提供了很好的帮助。目前的国际健美操组织主要包括以下几个。

（1）国际体操联合会

1994 年，国际体操联合会成立了竞技健美操分会，并于 1995 年在法国巴黎举办第一届世界健美操锦标赛，并且每年举办一次，一直持续到了 2000 年。之后，该项赛事改为每两年举办一次，到目前为止已经举办了 15 届（表 1-1）。世界健美操锦标赛是目前最高规格的世界性健美操比赛，成为很多运动员展现自己梦想的舞台。

表 1-1 历届世界健美操锦标赛一览

年 份	届 数	地 点
1995	第一届	巴黎
1996	第二届	海牙
1997	第三届	伯斯
1998	第四届	卡塔尼亚
1999	第五届	汉诺威
2000	第六届	里扎
2002	第七届	克莱佩达
2004	第八届	索菲亚
2006	第九届	南京
2008	第十届	乌尔姆
2010	第十一届	罗德兹

年　份	届　数	地　点
2012	第十二届	索菲亚
2014	第十三届	坎昆
2016	第十四届	仁川
2018	第十五届	吉马良斯

（2）国际健美操联合会

成立于1983年，总部设在日本，有会员国近30个，1990年举办了首届健美操世界杯赛，并且每年举办健美操世界杯赛。健美操世界杯赛是仅次于健美操世锦赛的大型赛事，也受到了很多的关注。

（3）国际健美操冠军联合会（ANAC）

成立于1983年，起初是美国一家健美操冠军联合会，后来随着健美操的发展，越来越多的会员国加入，从而逐渐成为国际健美操冠军联合会。每年都举办世界健美操冠军赛，2017年的比赛于菲尼克斯举行。

以上国际组织的建立，对推广和发展健美操运动起到了非常关键的作用，极大地促进了健美操运动的发展，使健美操运动的影响力越来越广泛。

二、我国健美操的起源与发展

（一）健美操在我国的起源

自从20世纪80年代，健美操热在全世界传播起来以后，我国也出现了相应的健美操热潮。1984年，北京体育大学成立了健美操教研室，并于1985年创编并推广了以"青年韵律操"为代表的六套健美操，随即受到广大青年的喜爱。1986年，由北京体育大学编写的第一部《健美操试用教材》出版，并正式在北京体育大学本科生中开设了健美操选修课。随后，健美操成为一项重要的体育教学内容在全国高等院校中开展起来。

（二）健美操在我国的发展

1. 发展历程

1986年4月6日在广州举办了首届"全国女子健美操邀请赛"。共有8省市9支代表队参加集体6人和个人两项比赛。这次邀请赛开创了我国竞技健美操的新路线，探索了我国竞技健美操的比赛方法，展示了我国健美操的发展成果。

1987年我国成立了第一家健美操健身中心——利生健康城，并将健美操运动推广给广大人民群众，人们也被这种新颖的锻炼方式所吸引。1987年5月，由康华健美康复研究所、北京体育学院、中央电视台等单位联合举办了我国首届"长城杯"健美操大赛。除了在国内举行一些健美操比赛外，我国也开始参加一些国际上的健美操赛事。1995年，我国首次派队参加了在法国举行的第一届世界健美操锦标赛。1998年，健美操协会划归国家体育总局体操中心，为我国健美操的发展插上了翅膀。有了组织和经费的保障，我国健美操的发展变得更加顺畅。同年，我国组队参加了在日本举行的世界杯赛，以及在意大利举行的第四届世界锦标赛和在美国举行的世界健美操冠军赛，虽然成绩不理想，但是向世界展现了我国健美操的风采。

在2006年6月南京举行的第九届世界健美操锦标赛上，中国运动员敖金平获得男子单人操冠军，实现了中国队在世锦赛上金牌零的突破。在随后的健美操世界大赛中，中国队都能取得优异的成绩。2016年，中国健美操队在仁川举行的世界锦标赛上获得2金3银1铜的优异成绩，其中的团体冠军来之不易，完成了中国健美操人的多年夙愿，中国健美操队在世界锦标赛上的获奖情况如表1-2所示。

表1-2 近年我国健美操队在世界健美操锦标赛获奖情况

赛 事	项 目	获奖情况
2004第八届世界健美操锦标赛	六人操	铜牌
2006第九届世界健美操锦标赛	男单	金牌
	六人操	金牌
	三人操	银牌
	女单	银牌
	混双	铜牌
2008第十届世界健美操锦标赛	六人操	金牌
	三人操	银牌
	男单	铜牌
2010第十一届世界健美操锦标赛	三人操	金牌
	六人操	银牌
	女单	铜牌

赛　事	项　目	获奖情况
2012 第十二届世界健美操锦标赛	六人操	金牌
	三人操	金牌
	有氧舞蹈	金牌
	有氧踏板	金牌
	男单	铜牌
2014 第十三届世界健美操锦标赛	有氧踏板	金牌
	有氧舞蹈	银牌
	三人操	银牌
	五人操	铜牌
	团体	铜牌
2016 第十四届世界健美操锦标赛	团体	金牌
	五人操	金牌
	女单	银牌
	有氧踏板	银牌
	有氧舞蹈	银牌
	混合双人	铜牌
2018 第十五届世界健美操锦标赛	五人操	金牌
	三人操	银牌
	有氧踏板	银牌
	有氧舞蹈	银牌
	三人操	铜牌

此外，我国每年都会举办全国健美操锦标赛、全国健美操联赛、全国健美操冠军赛等赛事，这些赛事的举办也促进了我国健美操的发展。

值得一提的是，随着我国全民健身的推进，2012 年开始在我国大部分省市火热开展的全民健身操舞大赛，参与者从 5 岁到 70 岁都有，覆盖的年龄段非常广，极大地促进了我国健身操的发展。每年吸引近十万人参与，也为健美操的后备人才培养提供了一定的选择。健身健美操正在我国各地蓬勃发展起来。

全国全民健身操舞大赛是国家体育总局立项的大型群众体育赛事。在习近平总书记提出的中国梦，特别是健体强国梦的方针指引下，2014 年 10

月国务院文件提出，营造重视体育、支持体育、参与体育的社会氛围，并将全民健身上升为国家战略。逐年发展下，本赛事已成为我国全民健身运动的重要组成部分。

此项赛事已成功举办八届，赛事规模逐年扩大。2014全国20个省市（北京、上海、天津、山东、浙江、江西、山西、福建、河南、湖北、宁夏、四川、青海、贵州、云南、广东、河北、广西、辽宁、海南）共约3万名运动员参加了本届大赛的分区赛，总决赛参赛人员超过10000人。间接参与者及密切关注超过100万人，影响覆盖超过1亿人。

全国全民健身操舞大赛由体育总局体操中心、青岛市人民政府、中国健美操协会主办，全国全民健身操舞推广委员会、赛运体育承办。每年的5～9月在全国20个省、市举办分区赛，优秀队伍于10月份汇聚青岛参加总决赛。

大赛比赛项目包含有氧健身操（舞）、时尚健身课程、街舞、民族健身操（舞）、广场健身操（舞）五大类，70多个小项，是迄今为止覆盖地域最广，参赛人数最多，年龄跨度最大的单项全民运动赛事。自2012年起源于青岛，体育总局全力打造群众体育的"青岛模式"；2013年茁壮成长，参赛人数比2012年翻了一倍多；2014年得到蓬勃发展，总决赛参赛人数近5000人，全国赛事受众群体近7000万人，影响了更多的健身操舞爱好者加入其中；2015年北京产权交易所将此次赛事作为全国群众体育品牌赛事首批挂牌交易，总决赛参赛人数有望超过7000人，"全民舞动，健体强国"已是不可阻挡的趋势。

2. 健美操全国组织

（1）中国健美操协会（CAA）

中国健美操协会成立于1992年，是中国奥林匹克委员会承认的唯一的全国性健美操运动协会，是代表中国参加国际体操联合会及相应的国际健美操活动的唯一合法组织。1997年划归国家体育总局体操运动管理中心统一进行管理，是组织我国竞技健美操比赛的官方协会，旨在指导和促进我国健美操技术的发展和完善。

（2）中国大学生健美操艺术体操协会（CSARA）

中国大学生健美操艺术体操协会成立于1992年，隶属于中国教育部，致力于中国学校健美操、艺术体操、啦啦操等项目的推广普及。主要是在大学生群体中推广和开展健美操、艺术体操等项目，促进大学生身心健康发展，每年举办相应的比赛，具有一定的影响力。

三、现代健美操运动的发展趋势

健美操运动可以分为健身健美操和竞技健美操，下面将分别阐述。

（一）健身健美操

健身健美操已经成为人们强身健体、娱乐身心的一项重要体育运动，其发展呈现出以下趋势。

1.科学化水平不断提高

随着人们对健康的不断关注，人们对健身健美操锻炼的科学性也要求越来越高，为了达到理想的锻炼效果，健身者在选择练习内容、运动负荷、练习场地、锻炼时间等条件时，应保证练习的科学性和合理性，最好在练习前进行体质测试，从而了解自身的身体状况，选择适合自身的最佳心率范围和科学有效的运动处方，避免因锻炼的内容不合理、练习方法不科学、练习时间不当而达不到理想的锻炼效果，甚至造成运动损伤。因此，只有不断提高练习的科学性，才能使健身健美操真正达到强身健体、娱乐身心的锻炼目的。

2.种类和形式不断增多

随着人们对健身操认识的不断增加，也越来越追求健身操的种类和形式。发展到今天，健身健美操已从传统的有氧健身操向着多样化和个性化的方向发展，出现了有氧搏击操、瑜伽健美操、健身街舞等种类。近年来，器械健美操、水中有氧健美操也快速发展。这些多样化的健美操种类满足了不同年龄、性别、健康水平和身体状况的人群的需要。

3.市场化趋势明显

随着人们对健康的关注以及健身意识的增强，体育在人们生活中的地位也越来越重要，而健身健美操作为一项非常实用的健身运动，以其独特的魅力，受到很多人的追捧。在全民健身和全民健康的国家政策背景下，在人们健康需求的不断提升下，健身健美操的市场发展前景非常广阔。这几年来，在我国举办的各式各类的健美操比赛数不胜数，最具代表性的是全国全民健身操舞大赛，这项赛事不仅推动了健身健美操的发展，而且带动了举办地的经济和社会发展，受到了一些企业的赞助和支持，呈现出明显的市场化趋势。随着健美操运动的进一步发展，将会需要更多的市场化推广手段。

（二）竞技健美操

竞技健美操是技术要求较高的运动项目。对竞技健美操运动员来说，其成绩的评价，主要从运动员所完成动作的难度、艺术性、准确性等方面来进行。从这些角度来讲，竞技健美操运动的发展趋势主要表现为以下几点。

1. 更追求技术的完美

随着竞技健美操的发展和健美操竞赛规则的不断完善，竞技健美操运动员的动作技术和竞技水平呈现出追求更加完美的发展趋势。健美操竞赛的规则对运动员动作技术的完成质量提出了更高的要求，运动员在完成动作时，尽量不要失误。要求运动员具备精湛的技术、良好的体能、优美的身体姿态和最佳的艺术表现，最终完美地表现出成套动作，否则将被裁判员从 10 分的完成分中扣分。因此，竞技健美操教练和运动员必须具备精湛的技术和技能水平，动作的完美完成是运动员技术和竞技水平的具体体现，是取得优异成绩的根本。

2. 更注重动作的艺术性

随着竞技健美操的不断发展，对于动作艺术性的追求成为竞技健美操的发展趋势。在竞技健美操裁判员的评分中，艺术性是其中考量的一个重要环节，其主要表现为在竞技健美操运动员完成难度动作相同的情况下，运动员艺术分的高低决定比赛的名次。而裁判对竞技健美操运动员所完成的成套动作的艺术性的评判，主要是从成套动作编排的艺术效果、音乐选择以及音乐与动作的结合程度来进行综合评价的。在各国运动员不断提升动作难度的情况下，艺术性成为裁判评判运动员水平的重要标准，因此，运动员在提高自己技术的同时，应该在训练过程中不断提高自己的艺术修养。

3. 动作难度的多样化

近年来，竞技健美操的动作难度呈现出多样化的发展趋势。国际健美操竞赛规则对难度动作进行重新分类和确定分值，把难度动作分为 4 大类别 10 个组别，难度动作分值分为 0.1 ～ 1.0 分，包括预期的难度动作。在全面提高竞技健美操运动的难度动作的分值、降低其难度动作技术完成的标准和减少难度动作数量的同时，对超过 12 个难度动作、超过 6 次地面动作、超过 2 次俯撑落地以及难度动作重复、难度动作缺类等都要减分。由此可以看出，竞技健美操运动难度动作的选择将逐渐呈现出多样化的发展趋势。

在竞技健美操比赛中，难度动作是充分展现竞技健美操运动员技术水平的主要标准，在健美操规则中难度分是唯一没有上限的分数，因此也是影响竞技健美操运动员取得优异成绩的最关键的因素。竞技健美操运动员只要能够达到健美操规则中要求的难度动作的最低完成限度，该部分难度动作都将直接获得难度分值并计入总成绩。因此，这就要求竞技健美操运动员必须在规定的 12 个难度动作中选择自身能力范围内能够完成的高分值的难度动作，以获取较高的难度分，从而取得优异的比赛成绩。

4.更加注重创新性

体育比赛的魅力在于运动员的创新表现，具有创新能力的运动员往往能在场上发挥出令人惊艳的比赛水平。健美操也是一项注重创新的运动项目。在健美操比赛中，对竞技难度和艺术性的追求，需要不断地进行创新。在健美操竞赛新规则中，创造性在成套动作中占 2 分，明确要求成套动作必须要有创造性。而对全套动作的编排、衔接以及空间的使用和转化的流畅性等方面都是竞技健美操创新性的具体表现。竞技健美操运动的创新，要求成套动作的编排要具有新颖的特点，并能够充分展现出运动员的思想特点和艺术内涵，此外，也可以对规则进行一定的创新，使比赛更具观赏性。只有具有一定的创新性，才能不断推动竞技健美操运动的发展。

第二节　健美操的概念与分类

一、健美操运动的概念

健美操运动作为一项新兴的体育运动项目，人们对它的认识理解各不相同，关于健美操的概念也说法不一。

我国一些健美操专家近些年来对健美操的定义也提出了各种各样的看法，如有些人认为健美操主要是以舞蹈和体操相结合，以流行的节奏音乐相适配，达到有氧训练目的的体操；有些人则认为健美操是以人体自身为对象，以健美为目标，以身体练习为内容，以艺术创造为手段，融体操、舞蹈、音乐为一体的一项新兴体育项目。健美操是有氧运动的一种，在国外被称为"有氧体操"。它是在氧气供应充足的情况下，以有氧系统提供能量的一种运动形式，其运动特点是持续一定时间的、中低强度的有氧运动。健美操主要发展身体的协调性和柔韧性，锻炼练习者的心肺功能，是进行有氧耐力训练的一种有效方式。并且它还是以健身美体为主要特点的运动项目，其内容丰富，简单易学，变化繁多，不受年龄、性别、场地、器械的限制，可使全身各类关节都得到充分的活动，各部位的肌肉都得到均衡的发展，以塑造出良好的体态。通过健美操的以上特点，并结合专家的观点，可以把健美操定义为：融体操、音乐、舞蹈、美为一体，通过徒手、手持轻器械或用专门器械的操作练习，达到健身、健美和健心目的的一种新兴娱乐、观赏型体育项目。健美操具有竞技性、健身性、娱乐性和观赏性，是人们现代文明生活的重要组成部分。

二、健美操运动的分类

目前健美操运动的种类繁多，根据其目的可以分成健身性健美操、竞技性健美操和表演性健美操三类，根据其练习形式可以分成徒手健美操、器械健美操，这里主要对以上两种分类进行详细阐述。

（一）根据练习目的分类

1.健身性健美操

健身性健美操，也称大众健美操，在音乐的伴奏下，节奏鲜明、轻松愉快，主要以促进身心健康为目的，非常受大众群体的喜欢。健美操的练习形式分为热身部分、有氧练习部分、形体练习和放松部分等几大块。根据不同的分类标准将健身性健美操分为以下几种。

（1）按年龄划分

由于不同年龄阶段的人在生理、体能、心理等方面的特征都不相同，将健身性健美操分为老年健美操、中年健美操、青年健美操、少儿健美操和幼儿健美操等。

（2）按人数划分

按照人数主要划分为单人、双人、三人、六人和集体健美操。集体健美操在练习时，除了包括个人平时锻炼的动作外，往往要和团队进行动作组合，需要默契的配合。

（3）按动作风格划分

按照动作风格划分为搏击健美操、拉丁健美操、舞蹈健美操、仿生健美操等。

不同动作风格的健美操，是在传统健美操的基础上融入了其他运动项目的元素。例如，拉丁健美操中，就结合了恰恰、斗牛、伦巴、桑巴等各种拉丁舞的元素，再结合现代健美操的基本步伐，使其动作更加丰富和时尚。

2.竞技性健美操

竞技性健美操是根据健美操竞赛规程的要求，创编出具有较高艺术性、展示运动员高水平技术能力的成套动作，以取得优异成绩为主要目的的竞技运动。裁判员在规定的时间内，根据其动作组合的步伐、难度、艺术性、完成情况等各种因素评分。对各项参赛人数、比赛场地、参赛服装和成套动作的时间等都做了严格的规定，以保证比赛的规范性、公正性和客观性。竞技性健美操只适合竞技运动员参加，不适宜大众群体，但竞技健美操可以吸引大众群体的关注，扩大竞技健美操的影响力。

3.表演性健美操

表演性健美操，主要是指那些在各种节日、各种体育赛事以及一些庆典和宣传活动中进行的健美操活动。对表演性健美操来说，主要是通过表演来展示健美操的特点和活力，让观众感受到健美操愉悦身心、陶冶情操的功能，从而起到宣传和推广健美操的作用。

（二）根据练习形式分类

1.徒手健美操

（1）有氧健身操

有氧健身操是健美操的精髓，也是大众最容易掌握的健美操种类。它主要是在音乐的伴奏下，在有氧状态下，以各种体操化动作为基础，完成舞蹈、技巧、托举等动作组合而成的成套动作，以达到健身、健美和健心目的的运动项目，比较受大众的欢迎。

（2）拉丁健美操

拉丁健美操是在有氧健身操的动作基础上，加上拉丁舞蹈的动作和步伐，在激情、狂热的拉丁音乐中，展示自己的动作和身体，富有激情。

（3）爵士健美操

爵士健美操是由原本热情、奔放的爵士舞，吸收芭蕾、现代舞、拉丁舞等有氧舞蹈元素和技巧改编而成的。主要以送胯、扭腰、身体呈波浪形扭动为主。

（4）搏击健美操

搏击健美操是由欧洲的搏击选手和职业健身操运动员推出的，集合了拳击、跆拳道、散打、太极等搏击运动的基本动作，配合强劲的音乐，成为一种风格独特的健美操。

2. 器械健美操

（1）哑铃操

哑铃操是在徒手健美操的基础上，手持哑铃进行身体练习的一种练习方式。对肌肉的力量、关节的柔韧性和灵活性等具有一定的增强作用。

（2）健身球操

健身球操主要是利用健身球的不稳定性，通过持球或在球上做动作，来锻炼人的平衡性、柔韧性等素质，可以塑造人的形体，形成一定的曲线美。

（3）橡皮筋操

橡皮筋操是在橡皮筋弹力的帮助下，利用橡皮筋的拉伸和反弹动作来进行锻炼，有助于改变人的外形，最大的特点是简便易行，可在任何场所进行。

（4）踏板操

踏板操是利用一块高度可调整的踏板进行的时尚有氧运动，通过上下运动，完成在踏板上的各种动作，从而增强人的心肺功能和协调性。

（5）垫上操

垫上操是人体在垫上进行的各种形式的健身操，由于是在垫上进行，最大限度地减少了人体重量对关节的压力，有针对性地对身体各个部位的肌肉进行专门化练习，能够提高肌肉的柔韧性和力量。

第三节　健美操的特点与功能

一、健美操运动的特点

（一）健身健美操的特点

1. 广泛的适用性

健身健美操的形式多样，不同年龄段、不同性别、不同身体素质的人都可以参与其中，都能从健身健美操的练习中找到乐趣，并强健身心。此外，健美操锻炼对场地和器材的要求不高，适合在不同地区、不同人群中开展。从我国正在火热进行的全国全民健身操舞大赛就可以看出，健美操具有广泛的适用性。

2. 较强的节奏性

有节奏的活动能使人身体的协调性达到最适宜的程度。音乐中音调的高低、长短、强弱、快慢等有节奏的变化，使健身健美操更具有律动感。健身健美操的音乐具有鲜明的节奏感和韵律感，动感强烈、旋律清晰、活动轻快、情绪激奋，能够振奋练习者的精神，使人产生跃跃欲试的动感。练习者喜欢健美操，大部分是因为健美操带来的节奏感和韵律感上的体验。因此，节奏性是健美操最大的特点。

3. 全面的协调性

健身健美操最突出的特点就是其对全身各个身体部位的健身价值都很大，具有较高的协调性。在做健美操时，需要动用全身的肌肉，需要身体各个部位协调配合，从而促进锻炼者全身的协调发展。

（二）竞技健美操的特点

竞技健美操除了具有健身健美操的一般特点之外，还具有其自身独特的特点。竞技健美操的供能方式是有氧和无氧代谢的结合，但以无氧代谢为主。它具有运动强度大，运动时间短，技术复杂等特点，且追求动作的全面性、准确性、艺术性和创新性，强调合理流畅的编排。因此，竞技健美操在人的体能、技术、心理等方面提出了更高的要求。

1. 较高的技能性

竞技健美操的成套动作必须在 1 分 40 秒～1 分 50 秒内，向裁判和观众展示复杂的动作组合，并要求所有动作高质量地完成，因此需要健美操运动员具有超高的技能。高难度是当今竞技健美操发展的趋势，此外，健美操竞赛中裁判员以运动员所完成动作的难度、新颖、稳定、优美等因素来判定其技能水平的高低，运动员必须处处表现出"健、力、美"的项目特征，因此，健美操运动具有较高的技能性。

2. 动作编排的创新性

竞技健美操在编排上强调合理性、流畅性、富于艺术感染力，在动作设计上要求多样化。健美操除了有自身的动作特征之外，还从相关的运动项目和艺术种类中吸收了一些动作，经过加工、提炼、操化，使之具有健美操的风格。通过动作组合形式的变换，不断创新，形成丰富多彩的新动作。随着健美操运动的不断向前发展，在原有技术动作的基础上创编出了许多独特、新颖的健美操动作，成为健美操运动不断发展的动力源泉，也是健美操运动的魅力所在。

3.显著的审美性

竞技健美操是融体操、舞蹈、音乐于一体，追求人体高强度运动能力和动作的完成，并将体育与艺术高度结合的运动项目，故表现出高度的审美性。而且，健美操动作的协调、流畅以及与音乐的完美结合，使练习者在不断提高身体素质的同时得到"美"的享受和艺术的熏陶。竞技健美操追求造型美，动作美观大方、准确到位，并具有姿态美、音乐美、服饰美和精神美。健美操运动可使人体匀称、协调地发展，培养出健美的体形。体态美是健美操给人特有的感受。因此，"以人体为对象，运用自己的力量把自身作为对象，实现自我塑造"，是健身健美操不同于其他运动项目的一个显著特点。

除了上述三点外，健美操作为一种闭锁性运动项目，相对于篮球、足球、排球等开放性运动项目，对视野的要求较低（视野是指眼睛固定不动时所看到的全部外界的范围及视角的空间因素）。因此，健美操相对篮球、排球、足球等开放性运动项目对身体条件的限制较少，更具有普及性。

竞技健美操既注意外在美的锻炼，又强调内在美的培养，人体运动是受主观意识指挥的一种精神作用的外在表现，所以人体能在运动中体现出思想、意志、道德、情操、情感、作风和气质等内在美。竞技健美操，表现出显著的审美性特点。

二、健美操运动的功能

运动可以锻炼人的身心，使人的身体和精神都得到充分发展。如起源于朝鲜半岛的跆拳道，是一项极具竞争性和观赏性的体育运动，它把精湛的技艺、坚忍不拔的精神、完善的道德修养展现在人们面前。它倡导"始于礼，终于礼"的尚武精神，不仅能提高人的道德修养，培养人的意志品质，强身健体，而且作为一项运用手足技术，重在足技进行搏击，以个人技术为基础，充分发挥运动员技巧和智慧等竞技能力的体育项目，又具有极高的技击实用性和观赏性。随着社会的发展，人们对健康的认识不再仅停留在机体健康的认识上，而是在追求机体健康的同时更大程度的追求心理健康。现代社会的迅速发展、生活节奏的加快和竞争的加剧及大学生日常生活和学习中遇到的问题，均对大学生心理健康产生了巨大的负面影响。

从心理健康的主要标志和内容来看，跆拳道运动可以更自然、有效地促进大学生身心健康的全面发展。

与跆拳道运动相似，健美操不仅对人们的生理机能有着重要的影响，还可以改善人们的心理健康状况。

（一）健美操运动的生理功能

1.提高心血管系统机能水平

坚持参加健美操运动能使心肌肌红蛋白的含量增加，组织代谢加强，供血量增加，使心肌纤维变粗，搏动有力。由于心壁增厚，心腔增大，心脏收缩力提高，心容量增大。正常人的心容量为 765～785 毫升，而经常参加健美操运动的人，其心容量可达到 1015～1027 毫升，每搏输出量和每分输出量也都有增加。参加健美操运动还可以增强血管壁的弹性，使血液流通的外周阻力减小。安静时，收缩压可降低到 85～105 毫米汞柱，舒张压可降低到 40～60 毫米汞柱。同时，从事健美操运动的人肌肉活动状态良好，收缩有力，收缩与放松呈有节奏、有规律地转换，使静脉血液回流速度加快，回流量增多。总之，参加健美操运动可以提高心血管系统的机能水平。

2.促进呼吸系统水平的提高

在健美操运动过程中，肌肉会进行较为剧烈的运动，使得机体对氧气的消耗量增大，同时组织内也产生大量的二氧化碳，促使呼吸系统必须加倍工作以适应机体活动的需要。因而人体呼吸频率加快，呼吸次数增加，深度加深，胸廓活动度加大。尤其是在大负荷练习时，呼吸次数可增至 40～50 次/分钟，每次吸入空气量达 2500 毫升，为安静时的 5 倍。与此同时，伴随着运动者在健美操运动中需氧量的不断增加，肺泡也必须最大限度地参与气体的交换，这对肺泡的生长发育及弹性的改善均十分有益。经常参加健美操运动的人，其胸围一般要比同龄人大 3～5 厘米。而随着健美操运动的不断深入，机体呼吸的深度会增大，相对的呼吸频率会减小，而由于呼吸肌的力量增强，肺泡弹性增大，肺活量、肺通气量指标明显增大。例如，一般男子肺活量为 3500 毫升左右，女子的肺活量为 2500 毫升左右。安静时人的一般呼吸频率为 12～16 次/分钟，肺通气量为 6～8 升，而经常参加健美操运动的人呼吸频率仅为 8～12 次/分钟，就可达到同样的肺通气量。因此，健美操运动可以提高呼吸系统的水平。

3.促进神经系统的改善

长期坚持参加健美操运动能够有效提高大脑皮层神经细胞的耐受性，提高机体神经系统的反应能力和灵活性。在健美操运动中，运动员所有动作中的力量、速度、耐力、协调性，都是在大脑中枢神经系统的支配调节下完成的。参加健美操运动，能够增强参与者中枢神经系统的兴奋性，增强神经传导过程的灵活性，提高大脑皮层兴奋与抑制的转换能力。在健美操运动过程中，要求神经系统能迅速动员和调节各器官、系统的机能，使之适应肌肉活动的需要。而健美操开放式的练习环境，加上音乐的刺激使机体的应激能力得到了锻炼，神经系统的兴奋、抑制的交替转换过程得以加强，神经系统对全身各系统的迅速调节能力得到改善，反应速度及灵活性的提高，使人体的动作更加协调和准确。

4.促进机体的生长发育

长期坚持进行健美操运动能够帮助学生塑造出健美的体形，还可以矫正身体的畸形发展。肌肉的健美是反映人体体形、体态美的重要因素。健美操中的各种动作，都是采用不同的负荷，有目的、有计划地对肌肉进行刺激，它能给身体相应部位的生长发育和发展带来巨大的影响，促使骨骼生长和肌肉发展。系统、科学地健美操锻炼，能发挥先天的优势，克服和弥补先天的不足，使体形达到匀称、健美，使体态变得端庄、大方、优美。

此外，由于健美操的许多动作方法，都是根据人体生理结构的特点而设计的，它能够给予身体特殊的康复和治疗。所以，对于一些有身体畸形或缺陷的青少年，如鸡胸、局部肌肉萎缩、肌力衰退等，都可以选择适当的体育运动，来进行矫正锻炼。例如，有鸡胸和含胸的人，可采用仰卧推举、"飞鸟"和其他扩大胸腔、增强胸大肌的动作，经过一段时间的锻炼后，胸廓会变得挺拔，胸部肌肉会丰满结实起来。有肩膀狭窄、肩胛下垂而显得不够健美的人，则可以练些前平举、侧平举和颈后举的动作，使肩部的三角肌和斜方肌发达起来，从而改变肩部的缺陷。健美操运动中包含着这些动作，因此，通过一些健美操的运动，可以促进机体的正常生长发育。

（二）健美操运动的心理功能

1.提高大脑的思维能力

经常参加健美操运动的人，其大脑重量和大脑皮层的厚度都会增加，为智力发展提供了良好的物质基础。同时健美操运动可以有效地消除疲劳，提高大脑的学习效率。持续紧张的学习压力和工作压力极易造成身心疲劳和神经衰弱，健美操运动能够使不同的中枢神经得到休息，从而使大脑重新焕发活力，增强其思维能力。

2.增强人的意志品质

对于从未接触过健美操运动的人来说，初学时会遇到许多困难，如完成动作不标准、不协调等，参与者要想学好健美操，必须咬紧牙关，努力克服各种困难，比如运动后的肌肉酸痛，练习时的不断失败等，这些都会磨炼人的意志。因此，参加健美操运动，并不断挑战自己的运动技能，可以增强人的意志品质。

3.提高人的创造力

健美操运动，是一项需要一定创新能力的运动。在参与的过程中，要编排一些具有创新性的动作，才能吸引观众和裁判的眼球，才能取得优异的成绩。此外，在健美操的比赛中，也需要场上的随机应变和创新性发挥，才能发挥自己的潜能，取得优异的成绩。

4.增强人的自信心

通过长期练习健美操，可以使人形成优美的形态，从而提高人的整体气质。这对于增强人的自信心具有很大的帮助。特别是对于青年大学生来说，更是如此。健康阳光的外在形象，总会带来更多的关注目光，从而增强自己的自信心。

5.唤起人的良好精神面貌

健美操是在音乐伴奏下进行，优美明快的音乐节奏，活泼愉快的形体动作，使人陶醉在美的韵律之中，很快排除心理上的紧张与烦恼，精神面貌和气质修养都会有所改善和提高。

6.改善人的心理健康问题

笔者曾对健美操对女大学生的心理健康影响进行调查分析，分析结果显示，健美操训练可以很明显地改善女大学生的强迫症、抑郁、焦虑、偏执等心理问题。

（三）增强人的社会适应能力

1.培养竞争意识和抗挫折能力

现代社会是竞争激烈的社会，人要想在这个社会上立足，必须具备强烈的竞争意识以及一定的竞争能力。健美操比赛是竞争激烈的比赛，只要站在健美操的比赛场上，就必须用实力来说话。在比赛中，强者就是胜者，弱者就会被淘汰，这就是实力的竞争，是对努力和付出的检验。一切用实力说话，这也是健美操比赛给我们带来的一个重要启示。无论什么竞争，都要以实力来体现。

因此，每一位健美操参与者都将懂得比赛的结果源自强大的实力，而强大的实力只有通过艰苦的努力才能获得。而只要是比赛就会有输赢，健美操运动还可以有效锻炼人们抗挫折能力。健美操运动大到长期的训练计划，小到每一次训练课，无不以追逐美好为目的，无不以每一次的成功喜悦或每一次的失败沮丧而告终。健美操运动的残酷性往往表现在成功只能是相对的、暂时的，成功只是起点，挫折和失败又将纷至沓来，只要不断追求，挫折和失败就会永无止境。只有经历了酸、甜、苦、辣，才能获得成功的喜悦。这"挫折—奋斗—成功—再挫折—再奋斗"的过程，如同每一个成功者永不停息奋斗的人生一样，折射着人生的喜怒哀乐。所以，参加健美操运动，可以培养人的竞争意识和抗挫折能力。

2.提高人际交往能力

首先，健美操运动可以提高人的沟通能力，由于健美操运动的特殊性，每一个参与者起初时，都是在教练的讲解示范、伙伴的真诚互助和自我的努力拼搏中进行的。因此，与教练和同伴的每一次沟通，比赛场上队友间的相互保护，训练场上的相互协作，都需要不断沟通。这种沟通不仅具有直观性、及时性和准确性，而且也是主动性沟通。所以，经常参与健美操运动可以有效提高人的沟通能力。

其次，健美操运动还可以提高人对身体语言的理解和使用能力。良好的身体语言可以有效促进沟通的进行，也是社交过程中必须具备的能力。我们可以从身体的不同姿势所代表的含义去理解对方的寓意，也可以通过身体语言向对方表达自己内心真实的感情。缺少了身体语言的理解与使用，我们不仅有可能对对方的身体语言置若罔闻，使信息发出者得不到应有的反馈，失去应有的联系，而且别人也无法从我们身上找到任何信息的表达，使人感觉我们是一个感情淡漠、不易接近的人。而在健美操运动中，需要参与者通过丰富的肢体动作来不断赋予其丰富的艺术表现。比如，锻炼者用优美的词句把一些健美操动作赞美成"飞鸟""托举"等。这些都需要身体语言的准确表达，也需要队友间在身体语言上的沟通和理解。因此，健美操运动完全可以提高人的人际交往能力。

3.培养团队协作精神

现代社会的分工更加精细化，每一项工作的完成，都需要团队间的紧密协作。因此，培养大学生的团队协作精神尤为必要。健美操运动的两人或团体项目，需要两个人或全体运动员的紧密协作和通力配合，才能完成规定的相关动作，在这个过程中，需要团队成员的共同努力，需要队员舍弃自身的一些东西，为达到团队的目标而努力，从而培养每个参与者的团队协作能力。

4.提高人的审美能力

健美操运动是一项富有形体美、动感美、韵律美的运动项目，通过参加健美操运动，可以提高人欣赏美的能力。现代社会对人的综合素质要求越来越高，德、智、体、美必须全面发展，而健美操运动是一项很好的美育教育手段，中小学和高校可以通过开展健美操运动，提高学生们的审美能力，培养全面发展的高素质人才。

5.提高人的情商

现代社会不仅对人的智商进行了一定的要求，而且对情商也有一定的要求。情商的高低是一个人成功的重要因素，而通过参加健美操运动，可以磨炼人的意志，促进人形成良好的习惯和性格，这些都有助于提高人的情商，从而促进人的全面发展。

6.促进形成良好的生活方式

随着现代社会的不断发展，人们的物质生活已经得到了很大的满足，由此也带来了一些不健康的生活方式，给人们的健康带来了一些危害。而参与运动，可以促进人们形成良好的生活方式，促进身心健康。健美操运动作为一项深受大众喜欢的运动项目，很自然地充当了这个角色。健美操运动能够促使人们工作和生活中产生的疲劳得到一定程度的缓解。健美操运动以其独特的实践性，通过肢体的运动来转移神经系统的疲劳状态，缓解精神的过度紧张。在健美操运动中，运动者不仅心理、生理都得到了改善，还掌握了多种类、多节奏的运动方式，这有利于他们在完成各种生产、生活的过程中，做到准确、协调、敏捷，避免多余动作出现。健美操锻炼了人体的神经系统、心血管系统、呼吸系统，提高了人体对快速节奏生活的应变能力和耐久能力，帮助人们克服对快节奏生活的抵触、恐惧和焦虑等心理障碍，避免身心紧张。同时，健美操运动还丰富了人们的闲暇活动内容，人们在余暇时间里进行健美操锻炼，可使疲劳的身体得到休息，使人们精力充沛地再投入工作和学习中。健美操运动可以使人们形成健康的生活方式，促进人们积极健康地生活。

总之，健美操运动可以增强人的社会适应能力，提高人的社会参与性，促进人在社会里积极健康地发展。

第二章　健美操基本动作与技术

第一节　健美操的基本术语

一、健美操基本术语的概念

各门学科的专门用语即术语。健美操术语是描述健美操动作的专门用语，是用来表达健美操的动作名称以及描述动作、技术过程的专门用语和专有词汇。健美操运动源于国外，所以常见的健美操动作术语有转意词和音译词，根据本国特色，为了符合"准确、简练、易懂"的要求，尽量与国际惯例保持一致。健美操语言主要包括以下几种。

（一）讲解性语言

讲解性语言明确、扼要、有的放矢。在讲解动作过程中，语言要准确、精炼、生动并富有启发性。如"左吸腿跳左转接右腿大踢跳"这一组合动作可提炼为"左吸、转踢"，这样既讲清了动作之间的转换、运动路线及动作方向，使学生在听、看、想、练几方面能有机结合，同时又有助于进一步掌握健美操术语。

（二）提示性语言

提示性语言是在练习过程中，为引起练习者注意而采用的提示或口令。语言提示或口令的声音要洪亮，发音要准确，声调要恰当，且要随着音乐和动作的要求起伏和变化，做到轻重有别、快慢有序。如提示动作方向时可叫"向左三四，向右七八"；提示动作速度时可提示"五六加快"；若更换动作时，可叫"五六Ｖ字步"；要求停止练习时，可叫"五六七停"等。

（三）评价性语言

无论是表扬语还是批评语、激励语，贵在即时调控，及时遏制不良现象。如在健美操练习过程中，当身体出现扛肩、含胸、塌腰、松腹等毛病，指导者就要用"立颈、沉肩、挺胸、收腹、紧腰"，再用"跟我来、跳起来、加油"等语言来调节练习者的情绪和注意力，使学员及时了解学习效果，能够轻快自信地坚持练习。

（四）身体语言

身体语言也称"肢体语言"，是指利用姿势、手势、步态、眼神、面部与练习者交流的非语言行为。正确使用非言语交流的方法，能够巧妙地互通感情、和谐教与学的关系，对提高健美操练习效果有着举足轻重的作用。

（五）音乐语言

健美操练习中，音乐作为独立的主体形式而存在。健美操动作具有强烈的节奏性特点，通过音乐才能充分表现出来。音乐在帮助记忆、提示统一方面可以起到领导者的作用。

二、健美操基本术语的作用

不管是在健身俱乐部还是在学校，在健美操运动中均需要大量使用健美操术语。健美操术语的使用可以规范教师的课堂语言，使学生准确理解教练或教师所想表达的意思。正确使用健美操术语描述动作，可使学生大脑接收的动作信息尽可能精确，从而加深对动作的理解。教练或教师使用术语进行教学活动可以大大节省课上的时间，因为健美操课的特点是以练习动作为主，讲解占用的时间越多，练习的时间就会减少。健身俱乐部的有氧健美操课的特点，决定了在整个上课的过程中，教练停下来讲解的时间很少，因此，在教授大家练习的同时必须用语言来讲解，所用健美操术语必须简短而准确。除此之外，健美操术语也是在进行动作记录、编写教案、教材及专业书籍时的标准书面用语，因为书面用语的文字要求必须精确和专业。因此，在教学、练习和发展健美操的过程中，都需要用专业术语来表达，健美操基本术语具有十分重要的作用。

三、健美操基本术语的种类

健美操术语包含基础术语和专门术语两个方面。基础术语用来说明动作的方向、路线、节奏、方法和相互关系，专门术语用来说明动作的性质类别。

（一）基础术语

1.场地方位术语

为了表明人的身体在场地上所处的方位，我们一般借鉴舞蹈中基本方位的术语。把开始确定的某一面（主席台、裁判席）定为基本方位的第一点，按顺时针方向，每45°为一个基本方位，将场地划分为8个基本方位即1、2、3、4、5、6、7、8点（图2-1），其分别代表场上的8个方向（表2-1）。

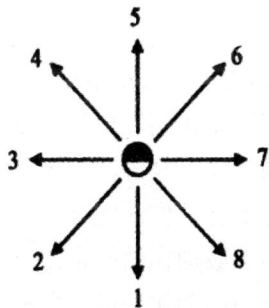

图 2-1　健美操运动的八个方位

表 2-1 八个方位

1点	正前方
2点	右前方
3点	正右方
4点	右后方
5点	正后方
6点	左后方
7点	正左方
8点	左前方

2.运动方向术语

运动方向术语指身体各部位运动的方向，运动方向是根据人体直立时的基本方位来确定的。

向前：向胸部所对的方向做动作。

向后：向背部所对的方向做动作。

向侧：向肩侧所对的方向做动作，必须指明左侧或右侧。

向上：向头顶所对的方向做动作。

向下：向脚底所对的方向做动作。

中间方向和斜方向：指两个基本方向之间45°的方向。例如，前上方、前下方、侧下方等。

顺时针：转动过程与时针运动方向相同。

逆时针：转动过程与时针运动方向相反。

向内：指肢体由两侧向身体中线的运动。

向外：指肢体由身体正中线向两侧的运动。

同向：指不同肢体向同一方向运动。

异向：指两个肢体向相反方向运动。

3.动作关系术语

同时：不同部位动作要在同一时间内完成。

依次：肢体不同个体相继做相同性质的动作。

交替：不同肢体或不同动作反复进行。

同侧：同一侧的上肢和下肢动作的配合。

异侧：不同侧的上肢和下肢动作的配合。

对称：左、右肢体做相同的动作，但方向相反。

不对称：左、右肢体做不同方向的动作。

4.运动形式术语

举：指手臂或腿向上抬起，停在一定位置，如臂上举。

屈：指身体某一部位形成一定角度，如体前屈。

伸：指身体某一部位形成一定角度后伸直，如伸臂。

踢：腿由低向高做加速有力的摆动动作，如侧踢。

撑：指手和身体某部分同时着地的姿势，如俯卧撑。

卧：身体躺在地上的姿势，如仰卧。

跪：屈膝并以膝着地的姿势，如跪立。

坐：以臀部着地的姿势，如并腿坐。

蹲：两腿屈膝站立的姿势有半蹲和全蹲。

摆：臂或腿在某一平面内由一个部位运动到另一个部位动作，不超过180°，如后摆。

绕（绕环）：身体部分转动或摆过180°以上（360°以上称绕环），如肩绕环。

提：由下向上做运动，如提臀。

沉：身体某部分放松下蹲的动作，如沉肩。

含：指两肩胛骨外开，胸部内收，如含胸。

挺：一般指胸部或腹部向前展开，如挺胸。

振：臂或上体做大幅度的加速摆动作，如振臂。

夹：由两侧向中间收紧，如夹肘。

收：向身体正中线靠拢或还原到起始位置，如收腿。

推：以手作用于地面或对抗性用力，如前推。

蹬：腿部由屈髋到伸直发力的过程，如蹬地。

倾：指身体与地面形成一定角度，如前倾。

控：身体或肢体等抬在一定的高度上，并保持一定的时间，如控腿。

交叉：肢体前后或上下交叠成一定角度，如手臂交叉、交叉步。

转体：绕身体纵轴转体的动作，如单脚转体，水平转体，向后转体。

水平：身体保持和地面平行的一种静止动作，如分腿水平。

波浪：指身体某部分邻近的关节按顺序做柔和屈伸的动作，如手臂波浪、身体波浪。

跳跃：双脚离地，身体腾空并保持一定的姿势，如团身跳、开合跳。

劈叉：两腿分开成直线着地的姿势，如横叉、纵叉。

5.动作连接术语

动作连接术语用于描述一个连续动作的过程时，用以表达动作的先后顺序及关系。

由：动作开始时的方位，如由左向右。

经：指动作过程中须强调经过某一特定位置时用经，如两臂经体前交叉。

成：指动作完成的结束姿势，如左脚侧迈一步成左弓步。

至：指动作必须到达的某一指定位置，如提膝至水平位置。

接：强调两个单独动作之间连续完成，如团身跳接屈体分腿跳。

6.运动轴与面的术语

矢状轴：也称前后轴。是前后平伸与水平面平行，与额状轴垂直的轴。

额状轴：也称横轴。是左右平伸与水平面平行，与矢状轴垂直的轴。

垂直轴：也称纵轴。是与人体长轴平行，与水平面垂直的轴。

矢状面：沿身体前后所作的与水平面垂直的切面。矢状面将人体分为左右两半。

额状面：沿身体左右所作的与水平面垂直的切面。额状面将人体分为前后两半。

水平面：横切直立人体与地面平行的切面。水平面将人体分为上下两半。（图 2-2）

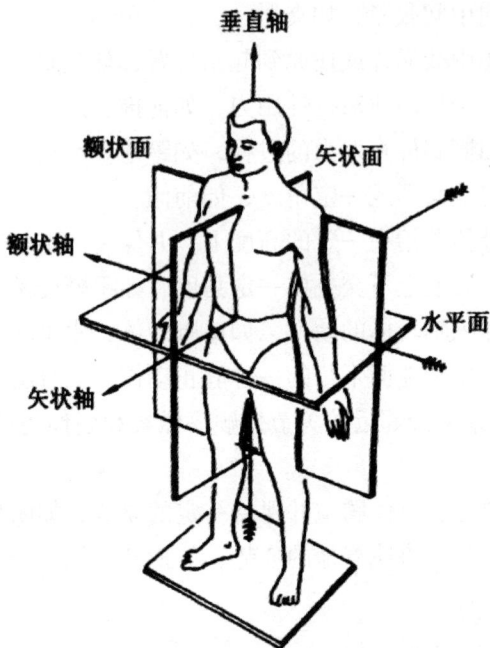

图 2-2 运动轴与面人体示意图

（二）专门术语

1.下肢动作术语

踏步：包括原地踏步、踏走步等动作。两腿原地依次抬起，依次落地；手臂前、后自然摆动。

走步：踏步移动身体。

曼步：一脚向前迈出屈膝，重心随之前移；另一脚稍抬起然后原地落下。

跑步：两腿经过腾空，依次落地缓冲，两臂屈肘摆臂，要求小腿向后屈膝折叠。

并步：一脚迈出，另一脚随之并拢屈膝点地，再向反方向迈步。

迈步点地：一脚向侧迈一步，两腿经屈膝移重心；另一腿再向前、侧或后用脚尖点地。

迈步吸腿：一脚迈出一步，另一脚屈膝抬起，然后向反方向迈步。

迈步后屈腿：一脚迈出一步，另一腿后屈，然后向反方向迈步。

一字步：一脚向前一步，另一脚迈步并于前脚，然后再依次还原。

V字步：一脚向左（右）前迈一步，另一脚随之向右（左）前侧方迈步，呈两脚开立。屈膝，然后再依次退回原位。

弓步：两腿前后分开，两脚平行站立，蹲下，起来。

侧交叉步：一脚向侧迈一步，另一脚在其后交叉，随之再向侧迈一步，另一脚并拢，屈膝点地。

脚尖点地：一腿稍屈膝站立，另一腿伸出，脚尖点地，然后还原到并腿姿势。

脚跟点地：一腿稍屈膝站立，另一腿伸出，脚跟点地，然后还原到并腿姿势，只可做向前和向侧的脚跟点地。

吸腿：一腿屈膝抬起，落下还原。

摆腿：左腿屈膝支撑，右腿向左前方摆动，接着再向右后方摆动。

踢腿：一腿稍屈膝站立，另一腿抬起，然后还原。

弹踢腿（跳）：一腿站立（跳起），另一腿先后屈，然后向前下方弹踢，还原。

后屈腿（跳）：一腿站立（跳起），另一腿向后屈膝，然后放下腿还原。

并腿跳：两腿并拢跳起。

分腿跳：分腿站立屈膝半蹲，向上跳起，分腿落地屈膝缓冲。

开合跳：由并腿跳起，分腿落地，然后再由分腿跳起，并腿落地。

半蹲：两腿有控制地屈伸，可分为并腿半蹲和分腿半蹲。

提踵：两脚跟提起，脚跟落下时稍屈膝。

2.手型动作术语

并掌：五指伸直，相互并拢。大拇指微屈，指关节贴于食指旁。

立掌：手掌用力上屈，五指自然弯曲。

分掌：五指用力伸直，充分张开。

花掌：五指用力，小指、无名指、中指自掌指关节处依次屈，拇指稍内扣。

芭蕾舞手S：五指微屈，后三指并拢、稍内收，拇指内扣。

拳：握拳，拇指在外，指关节弯曲，紧贴于食指和中指。

剑指：食指、中指并拢伸直，其余二指相叠。

"V"指：食指、中指伸直分开，其余三指相叠。

响指：无名指与小指屈握，拇指与中指、食指摩擦后击打大鱼际肌处产生响声。

3. 动作强度术语

以脚接触地面时身体所承受的冲击力大小划分为以下三类。

无冲击力动作：指两脚始终接触地面，身体重心在两脚之间，没有腾空动作。一般是双脚弹动、半蹲、弓步、提踵等。

低冲击力动作：指有一脚始终接触地面，包括踏步类、点地类、迈步类、单脚抬起类等。

高冲击力动作：指有腾空阶段，对身体有一定的冲击力，包括迈步起跳类、双脚起跳类、单腿起跳类、后踢腿跑类等。

4. 动作难度术语

《健美操竞赛规则》把健美操难度动作分为四类。A：动力性动作；B：静力性动作；C：跳与跃；D：平衡与柔韧。绝大多数都是以常规术语描述竞技健美操的难度动作，共有300多个。另外，也有一些难度动作是以特有的术语名称来指代，简单归纳如下。

开普：单臂支撑侧水平劈腿。

剪踢：单脚起跳，一腿踢至水平面上，腾空后剪刀式交换大踢。

科萨克跳：双脚同时起跳，双腿膝关节并拢平行于地面，一脚屈膝。

分切：以俯卧撑开始，双手推起后，分腿摆跃，臀部吸起前穿。

直升飞机：分腿坐后倒，两腿依次做绕环后成俯撑。

给纳：站立开始，一腿向前摆动使整个身体腾空并平行于地面，腾空后双脚并拢。

文森：膝关节内侧放于肘关节处的地面支撑动作。

剪式变身跳：单脚起跳，转体180°变换腿展示纵叉姿态。

依柳辛：由站立开始，一腿后摆在垂直面内绕环，同时身体以支撑腿为支点转体360°。

5. 动作表现形式术语

弹性：健美操中所指的弹性是指关节自然地屈伸，给人一种轻松、自然的感觉。

力度：指动作的用力程度，通常以肢体的制动技术来体现力度。

节奏：指动作用力的强弱交替出现，并合乎一定的规律。

幅度：指动作展开的大小，一般是动作经过的轨迹越大则幅度越大。

风格：一套动作表现的主要艺术特色和思想特点。

四、健美操术语的运用

（一）运用术语描述健美操的基本动作

动作部位：指头、肩、臂、手、胸、腰、髋、腿、膝、脚等。

动作方向：指运动方向及路线，包括基本方向、中间方向、斜方向及动作所经过的路线等。

动作形式：指身体动作的类别如摆动、转体、绕环等。

动作结束：指在什么部位或成什么姿势。其中动作部位、动作方向、动作形式是动作术语的主要成分。

（二）运用术语描述身体动作的一般规律

表示静止状态：应指明支撑条件和身体姿态。

说明转体动作：应指明支撑部位、转体方向、转体度数和身体姿态。

说明跳跃动作：应指出跳跃类别和空中姿势。

描述移动动作：要指出采用的步伐名称、移动方向、路线和移动距离。

说明躯干弯曲：应指明动作部位、运动方向、经过的路线、运动面和幅度。

（三）健美操动作的记写方法及要求

①在描述一个完整的动作时，一般由下列几个要素构成：开始（预备）姿势、动作方向、动作形式、动作间的关系、动作连接过程、结束姿势。

②注意应按照动作的节拍顺序记写每个动作的做法。

③注意用词的顺序，一般先下肢，后上肢。

④在记写时要注意指出方向上的变化以及动作的重复次数。

⑤只记写第一个动作的开始姿势，后一个动作的开始姿势可以省略，因为下一个动作的开始姿势就是前一个动作的结束姿势。

⑥后若干拍与前若干拍动作完全相同，记写时可以省略，但要注明。动作相同但方向相反也要注明。

（四）健美操成套（组）动作记写形式

1.文字记写法

这种方法通常用于编写书籍、专业教材等。它是根据以上介绍的健美操术语记写要求，详细、准确地写明具体动作和过程。这种方法较为复杂，但具有描述准确性高的特点。尤其作为竞赛、考核、测验等的规定动作，为了力求统一，不产生误解，在书写时必须完全按照规范术语的要求。

2. 缩写法

健美操动作中，上肢动作的变化比较复杂也比较灵活，重在步法的配合动作，因此通常省略上肢动作不写，而以健美操基本步法名称本身直接记写，只用两三个字表明该动作。如交叉步、V 字步等。动作之间连接过程用"+"表示。该方法简便实用，但无法准确描述具体的动作过程细节，一般较多用于快速记录、编写教案等。以下是一组 4 个八拍动作记写举例（每一行代表一个八拍）。

1×8：2 交叉步。

1×8：2 一字步。

1×8：4 迈步后屈腿。

1×8：2V 字步。

3. 图解法

图解法可分为单线条简图法和双线条影像绘图法。

单线条简图法能比较简单、直观地再现动作及过程，它在健美操的教学、训练中应用非常广泛，是一项必备技术。

双线条影像绘图法能像照片一样清晰、立体地勾画出动作的外部形态、服饰及头部的具体形态。但这种绘图方法要求绘图者具有一定的美术基础和专业技术基础，因此只在书籍和专业教材中使用。

第二节　健美操的基本动作

健美操的基本动作主要由基本步伐和上肢动作两部分组成，其中基本步伐是动作组合的最小单位。在编排动作时可以在基本步伐的基础上进行变化，从而形成一个相对复杂的动作组合。

一、基本步伐

（一）基本步伐体系

分析基本动作时，所有步伐可按冲击力分为 3 种：无冲击力动作、低冲击力动作和高冲击力动作。许多低冲击力动作同时进行也可做成高冲击力动作。而根据动作完成形式的不同，又可将基本步伐分为5类。

交替类：两脚始终做依次交替落地的动作。

迈步类：一腿先迈出一步，重心移到这条腿上，另一腿用脚跟、脚尖点地或吸腿、屈腿、踢腿等，然后向另一个方向迈步。

点地类：一腿屈膝站立，另一腿伸出，用脚尖或脚跟点地后还原到并腿位置。

抬腿类：一腿站立，另一腿抬起的动作。

双腿类：双腿站立，身体重心在两腿之间的动作。

在交替类和迈步类步伐中均有其原始的动作形式，在教初级课时应从教授原始动作形式开始。

（二）基本步伐说明

在此只说明最主要的动作，对同一动作的高冲击力形式不再重复解释。按照动作的分类，基本上分为动作名称、一般描述、技术要点和动作变化四部分进行说明。动作变化分为两种形式。第一种是不同动作组合在一起使之成为一个新的动作。例如，1～3拍向前走3步，第4拍吸腿；1～3拍侧交叉步，第4拍后屈腿等。

第二种是在一个原始动作的基础上加入各种变化因素。例如，侧并步向一侧做并步的同时转体90°，再向另一侧做并步成L形。

1.两脚交替类步伐

（1）踏步

一般描述：两腿原地依次抬起、落地。技术要点：在下落时，踝、膝、髋关节依次有弹性地缓冲。

动作变化：踏步分腿并腿——两脚依次向两侧迈步，成分腿半蹲，再依次还原成并腿。（图2-3）

图2-3 踏步

（2）走步

一般描述：1～4拍向前走4步或1～4拍向后退4步，5～8拍方向相反。

技术要点：向前走时，脚跟先落地，过渡到全脚掌；向后走时则相反。在落地时，膝、踝关节有弹性地缓冲。

动作变化：

①3步点地：1～3拍向前走3步，第4拍脚尖前点地；5～8拍方向相反。

②3步吸腿：1～3拍向前走3步，第4拍吸腿；5～8拍方向相反。（图2-4）

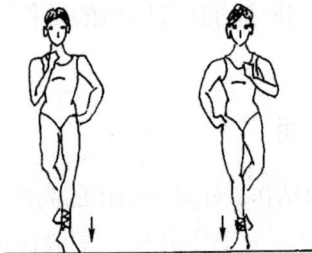

图2-4　走步

（3）一字步

一般描述：1～2拍左脚向前1步，右脚并于左脚；3～4拍依次还原；5～8拍重复。

技术要点：向前迈步时，先脚跟着地，过渡到全脚掌；前后均要有并腿过程；每一拍动作膝关节始终有弹性地缓冲。

动作变化：

①V字步（见V字步动作）。

②方步：1拍左脚向右脚前方迈1步；2拍右脚向左脚左侧迈1步；3拍左脚向右脚后方迈1步；4拍右脚回到起始位，形成一个方形；5～8拍重复。（图2-5）

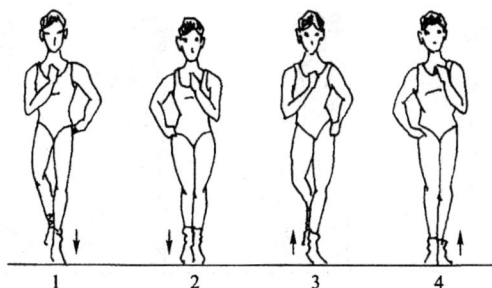

图 2-5　一字步

（4）V 字步

一般描述：1 拍左脚向左前侧方迈一步；2 拍右脚向右前侧方迈一步；成两脚开立，屈膝；3 ～ 4 拍依次退回原位；5 ～ 8 拍重复。

技术要点：两腿膝、踝关节始终保持弹动状态，分开后成分腿半蹲，重心在两脚之间。

动作变化：X 步——1 ～ 4 拍向前完成 1 个 V 字步；5 ～ 8 拍向后完成 1 个 V 字步，形成 X 形。（图 2-6）

图 2-6　V 字步

（5）曼步

一般描述：1 ～ 2 拍左脚向前迈出，屈膝，重心随之前移，右脚稍抬起，然后原地落下；3 ～ 4 拍左脚向后撤一步，重心后移，右脚稍抬起，然后原地落下；5 ～ 8 拍重复。

技术要点：两脚始终保持交替落地，身体重心随动作前后移动，但始终在两脚之间。

动作变化：曼步转体 360°。（图 2-7）

图 2-7 曼步

（6）跑步

一般描述：两腿经过腾空，依次落地缓冲，两臂屈肘摆臂。

技术要点：落地屈膝缓冲，脚跟尽量落地。

动作变化：

①高抬腿跑：膝盖尽量抬高。

②后踢腿跑：小腿尽量后屈，脚跟触到臀部。

③双跳跑：每只脚落地跳 2 次，交替进行。（图 2-8）

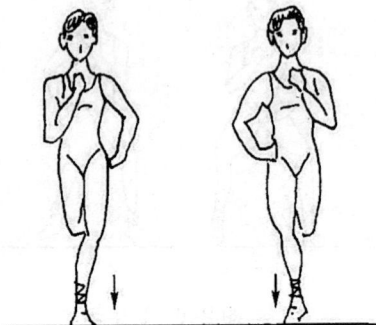

图 2-8 跑步

2.迈步类步伐

（1）并步

一般描述：1～2 拍左脚向左迈出，右脚并拢屈膝点地；3～4 拍反方向；5～8 拍重复。

技术要点：两膝始终保持弹动，动作幅度和力度可随风格而定。

动作变化：

①2 次并步：1～4 拍向左侧做 2 个并步；5～8 拍反方向。

②侧交叉步（见侧交叉步动作）。（图 2-9）

图 2-9 并步

（2）迈步点地

一般描述：1～2拍左脚向左侧迈一步，两腿经屈膝移重心，右脚向前、侧或后用脚尖或脚跟点地；3～4拍反方向；5～8拍重复。

技术要点：两膝同时有弹性地屈伸，重心移动轨迹呈弧形；上体不要扭转。（图2-10）

图 2-10 迈步点地

（3）迈步吸腿

一般描述：1～2拍左脚向左迈出1步，右腿屈膝抬起；3～4拍反方向；5～8拍重复。

技术要点：经过屈膝半蹲，抬膝时支撑腿稍屈膝。

动作变化：重复吸腿——1拍左脚向左侧迈出1步；2～4拍右腿重复屈膝抬起2次，或2～8拍重复4次；第2个8拍反方向。一组动作中，最多不超过8次。（图2-11）

图 2-11　迈步吸腿

（4）迈步后屈腿

一般描述：1～2拍左脚向左侧迈出一步，右腿后屈；3～4拍反方向；5～8拍重复。

技术要点：经过屈膝半蹲，支撑腿稍屈膝，后屈腿的脚跟靠近臀部。（图2-12）

图 2-12　迈步后屈腿

（5）侧交叉步

一般描述：1～4拍左脚向左侧迈1步，右脚在左脚后交叉，左脚再向左侧迈1步，右脚并拢，屈膝点地5～8拍反方向。

技术要点：第1步脚跟先落地，身体重心快速随着脚步而移动，保持膝、踝关节的弹动。

动作变化：

①交叉步屈腿：1～3拍向左做侧交叉步；第4拍右腿向后屈腿；5～8拍反方向。

②交叉步吸腿：1～3拍向左做侧交叉步；第4拍右腿向上吸腿；5～8拍反方向。（图2-13）

图 2-13　侧交叉步

3. 点地类步伐

（1）脚尖点地

一般描述：第 1 拍右腿稍屈膝站立，左腿向前或者向侧、向后点地伸出，脚尖点地；第 2 拍还原到并腿姿势；3～4 拍反方向；5～8 拍重复。

技术要点：支撑腿始终保持屈膝站立，并且随动作有弹性地屈伸。

动作变化：

①侧弓步：第 1 拍右腿稍屈膝站立，左腿向侧伸出，先脚尖着地，随即脚跟迅速向下弹压，同时重心侧移成弓步姿势；第 2 拍还原；3～4 拍反方向；5～8 拍重复。

②点地吸腿：第 1 拍右腿稍屈膝站立，左腿向侧伸出点地；第 2 拍吸腿；第 3 拍再点地；第 4 拍还原；5～8 拍反方向。（图 2-14）

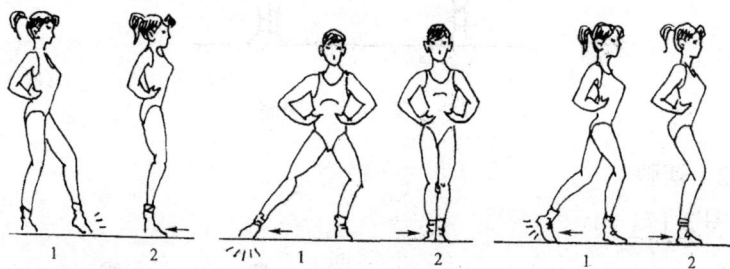

图 2-14　脚尖点地

（2）脚跟点地

一般描述：第 1 拍右腿稍屈膝站立，右腿伸出，脚跟点地；第 2 拍还原到并腿姿势；3～4 拍反方向；5～8 拍重复。只可做向前和向侧的脚跟点地。

技术要点：支撑腿始终保持屈膝站立，并且随动作有弹性地屈伸。（图 2-15）

图 2-15　脚跟点地

4.抬腿类步伐

（1）吸腿

一般描述：一腿屈膝抬起，落下还原。

技术要点：支撑腿保持屈膝弹动，大腿上抬超过水平，上体保持正直。（图 2-16）

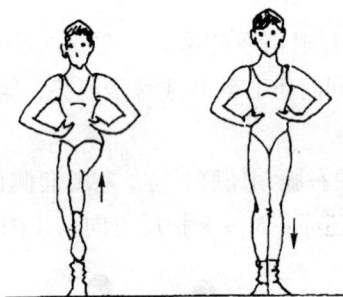

图 2-16　吸腿

（2）摆腿

如图 2-17。

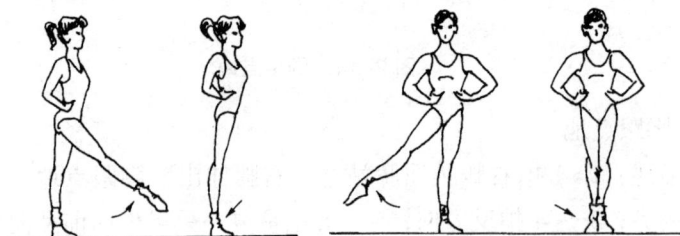

图 2-17　摆腿

（3）踢腿

一般描述：一腿稍屈膝站立，另一腿抬起向前或向侧，然后还原。

技术要点：抬起腿不需很高，但要有控制；保持上体正直。（图 2-18）

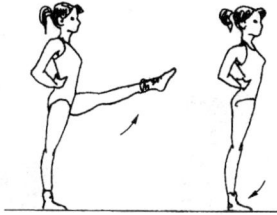

图 2-18　踢腿

（4）弹踢腿（跳）

一般描述：1～2 拍右腿站立（跳起），左腿先向后屈，然后向前下方弹踢并还原；3～4 拍反方向；5～8 拍重复。也可以向侧弹踢，通常以高冲击力的形式出现。

技术要点：腿弹出时要有控制，保持上体正直。（图 2-19）

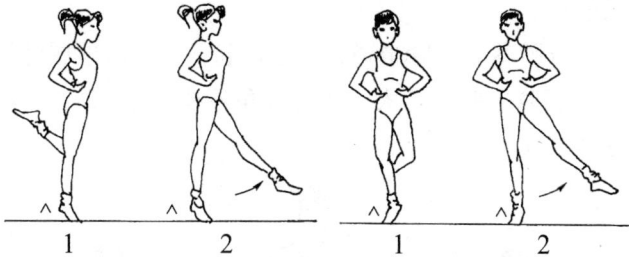

| 1 | 2 | 1 | 2 |

图 2-19　弹踢腿

（5）后屈腿（跳）

一般描述：第 1 拍左腿站立（跳起），右腿向后屈膝，放下腿还原；第 2 拍反方向；3～8 拍重复。通常以高冲击力的形式出现。

技术要点：支撑腿保持弹性，两膝并拢，脚跟靠近臀部。（图 2-20）

图 2-20　后屈腿

5.双腿类

（1）并腿跳

一般描述：两腿并拢跳起。

技术要点：落地缓冲有控制。（图 2-21）

图 2-21 并腿跳

（2）分腿跳

一般描述：分腿站立屈膝半蹲，向上跳起，分腿落地屈膝缓冲。

技术要点：屈膝半蹲时，大、小腿夹角不要小于 90°，空中注意身体的控制。（图 2-22）

图 2-22 分腿跳

（3）开合跳

一般描述：1 拍并腿跳起，分腿落地；2 拍再分腿跳起，并腿落地；3～8 拍重复。

技术要点：分腿屈膝蹲时，两脚自然外开，膝关节沿脚尖方向屈，膝关节夹角不小于 90°，脚跟落地。

动作变化：半个开合跳 1 拍，右脚向左侧跳，落地时屈膝，同时右腿直膝、勾脚尖留在原地；第 2 拍还原；3～4 拍反方向；5～8 拍重复。（图 2-23）

图 2-23　开合跳

（4）半蹲

一般描述：第 1 拍两腿有控制地屈；第 2 拍伸；3～8 拍重复。可分为并腿半蹲和分腿半蹲。

技术要点：分腿半蹲时，两腿左右分开稍大于肩（或与肩同宽），脚尖稍外开，屈膝时关节角度不得小于 90°，膝关节对准脚尖方向，臀部向后 45° 方向下蹲。上体保持直立。（图 2-24）

图 2-24　半蹲

（5）弓步

一般描述：第 1 拍左腿向前迈步分开，两脚平行站立、蹲下；第 2 拍还原；3～4 拍反方向；5～8 拍同 1～4 拍。

技术要点：半蹲时后腿膝关节向下，大腿垂直于地面；重心始终在两脚之间。

动作变化：侧弓步——第 1 拍右腿稍屈膝站立，左腿向左侧伸出，先脚尖着地，随即脚跟迅速向下弹压，同时重心向左侧移；第 2 拍还原；3～4

拍反方向；5～8拍重复。（图2-25）

图 2-25　弓步

（6）提踵

一般描述：两腿脚跟抬起，落下脚跟时稍屈膝。

技术要点：两腿夹紧，重心上提时，收紧腹部；落下时屈膝缓冲。（图2-26）

图 2-26　提踵

二、常用上肢动作

在完成基本动作时加入不同的手臂动作不仅能够使动作变得丰富多彩，还可提高动作的强度和难度。例如，手臂在肩以上的动作强度就大于在肩以下的动作强度；手臂动作变化多的动作组合就难于动作变化少的动作组合。另外，健美操的手臂动作除了自然摆动和一些舞蹈动作外，主要是模仿上肢力量练习的一些动作。这样做是为了既使动作美观又使练习更加有效。下面介绍几种常用的手型和手臂动作。

（一）常用手型说明

掌型：五指伸直并拢。

拳型：握拳，拇指在外。

五指张开型：五指用力伸直张开。（图 2-27）

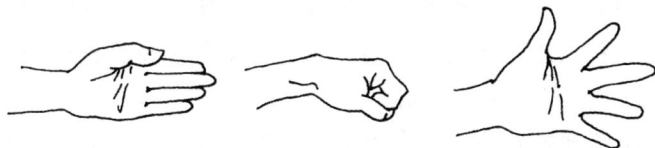

图 2-27 常用手形

（二）上肢动作说明

举：臂伸直向某方向抬起。

屈臂：前臂与上臂角度不断减小。

伸臂：前臂与上臂角度不断增大。

屈臂摆动：屈肘在体侧自然摆动。可依次或同时进行。

上提：直臂或屈臂由下至上抬起，如屈臂前提、直臂侧提。

下拉：臂由上举或侧上举拉至身体两侧。

胸前推：立掌，臂由肩部向前推。

冲拳：屈臂握拳，由腰间猛力向前冲拳。

肩上推：立掌，屈臂由肩部向上推。

摆动：以肩关节为轴，手臂在 180° 以内的运动称之为摆动。

绕和绕环：以肩关节为轴，手臂在 180°～360° 的运动为绕；大于 360° 以上的圆周运动为绕环。

交叉：两臂重叠成 X 形。

在进行上述上肢动作练习时，应注意肌肉的用力阶段，使动作富有弹性，避免上肢动作过分僵硬。

第三节 健美操的基本技术

健美操的基本技术主要有落地技术、弹动技术、半蹲技术和身体姿态的控制技术。所有这些技术要求都是从保证练习安全性的角度出发的，其中落地技术、弹动技术和半蹲技术实际上是紧密联系在一起的。

一、落地技术

健美操的落地技术主要指落地缓冲技术。落地缓冲的主要目的是使身体尽可能地保持稳定，同时减少地面对关节、肌肉的冲击力，以避免造成运动损伤。健美操的落地技术为：落地时，由脚跟过渡到全脚掌或由前脚掌过渡到全脚掌，然后迅速屈膝、屈髋缓冲。所有动作在瞬间依次完成，用以分解地面对人体的冲击力。同时躯干与手臂保持良好的姿态，全身肌肉用力以保持动作的稳定与控制。

每一个动作都要有一个"全脚掌"落地过程，以使练习者的小腿肌肉得到放松，避免在整堂课中小腿始终处于紧张状态，从而减少由于小腿局部负担过重而引起胫骨或腓骨骨膜炎以及肌肉过度疲劳或拉伤的可能性。

二、弹动技术

健美操的弹动技术是健美操最重要的基本技术之一，是健美操的最基本特征，是区别于其他运动项目的重要因素之一。

健美操的弹动技术主要是依靠踝关节、膝关节、髋关节的屈伸来完成的，它的主要作用是减少运动对关节的冲击力，从而减少运动对人体造成的损伤。值得注意的是，在屈伸的过程中，腿部的肌肉要协调用力才能有效地防止损伤，才能做出流畅的弹动动作。

在练习弹动动作时，可以先从练习踝关节的屈伸动作开始。练习方法为：双腿并拢伸直，身体正直，立踵、落踵。在充分掌握了踝关节的屈伸之后，再进行膝与髋关节的弹动练习，练习方法为：双腿原地并拢伸直，身体正直，屈膝半蹲，膝关节不要超出脚尖的位置，同时髋关节稍屈。当这两部分动作熟练掌握后，可以把两部分连起来，使之形成完整的弹动动作。在踝关节的弹动过程中最主要的肌群为小腿的后部肌群，而膝关节、髋关节的运动主要由大腿肌群、臀部肌群、腹部肌群和腰部肌群参加运动。

在做弹动练习的时候，参与运动的肌群在整个运动过程中要有控制，使动作变得流畅。

三、半蹲技术

在健美操练习过程中，每一个动作都需要做半蹲动作。因为无论是落地缓冲技术还是弹动技术，实际上都是和半蹲动作联系在一起的。一些常用的力量练习动作，如分腿半蹲、弓步等，也和半蹲动作有很大的关系。因此，半蹲技术的掌握对健美操练习的完成质量具有重大影响。

半蹲时，身体重心下降，臀部向后下45°方向用力，膝关节不应超过脚尖，腰腹、臀部和大腿肌肉收缩，上体保持正直，重心在两腿之间，起落要有控制。分腿半蹲时，脚尖自然外开，应特别注意膝关节弯曲的方向要与脚尖的方向一致，避免脚尖或膝关节内扣或过度外开，避免膝关节角度小于 90°。

在徒手健美操练习中，分腿半蹲一般采取"宽蹲"的姿势，即两腿开度大于肩。而在轻器械操练习中，尤其是在负重的情况下，一般都采用"窄蹲"的姿势，即两腿开度同肩宽。这一差别主要是因为"宽蹲"有助于加大动作幅度，可有效提高身体承受负荷的能力和无负重状态下的练习效果，同时动作也更好看、更流畅；而"窄蹲"则更有利于负重，可提高在负重状态下的练习效果，同时能避免运动损伤。但无论是"宽蹲"还是"窄蹲"，都应遵循同样的技术要求。

四、身体姿态的控制技术

健美操的身体姿态是根据练习的安全性和现代人体与行为美的标准而建立的。首先，在整个非特殊条件下的运动过程中，身体应该保持自然挺拔，头部稍稍昂起的姿态，颈椎、胸椎、腰椎处于正常生理曲线的位置，并始终保持腰腹和背部肌肉收缩，避免因腰腹部位的摆动和无控制而可能引起的腰部损伤。四肢的位置应根据具体的动作要求和练习者的个体情况而定，但无论肢体的位置如何变化都应有所控制，避免"过伸"。无控制的"过伸"，是造成运动损伤的重要原因。总之，健美操练习过程中的身体姿态取决于肌肉用力地感觉和程度，正确动作的感觉应该是有控制但不僵硬、松弛而不松懈。

第三章 高校健美操教学的基础理论

第一节 高校健美操教学的基本原则

体育教学原则与方法是体育教学在长期实践过程中总结出来的客观规律，它对体育教学来说有着非常普遍的指导意义。在健美操教学中，应结合健美操所具有的特点，灵活运用各项教学原则和方法。

一、教师主导作用与学主自觉性相结合的原则

健美操教学过程是教师与学生相结合的双边活动，师生双方的自觉性与积极性是决定教学效果的重要因素，缺一不可，其中教师积极的主导作用更为重要。教师不仅要有很强的事业心，精通健美操理论、技术和教学方法，而且要善于启发、诱导和调动学生的积极性。

①教师要以自身的敬业精神、认真负责的工作态度、良好的教学效果、丰富的知识、耐心细致的教学状态和有条理的教学组织去教育和感染学生，赢得学生的尊敬。同时，要将大众健美操的锻炼价值，开展意义向学生进行讲解，并启发学生树立积极的学习态度和学习动机。

②在健美操教学中，教师要处处都以"美"作为准则，以自己的言行、仪表美感染学生，以情绪饱满、谈吐高雅、举止大方、示范动作准确优美、服饰整洁合体，向学生树立一个良好的榜样，促使学生学习健美操的兴趣得到提高。通过参与健美操实践，学生能够很好地感受其中的动作美、姿态美、情感美、音乐美，亲身经历这项运动对形体和气质的健美过程，进而产生浓厚而稳定的兴趣，使学生在健美操运动中积极主动地追求美、表现美，把努力学习变成自觉学习的行动。

③教师要认真执行教学大纲、进度计划，认真钻研教材、教法，深入了解学生情况，在教学中从实际出发，抓住重点和难点，熟练运用教学方

法，提高教学效果。

④教学中采用互相观摩、互教互学，经常进行必要的检查，对学生的进步给予充分肯定，并指出不足之处，使学生对自己的学习和进步充满信心，从而有效提高学生学习的积极性和进取精神。

⑤在健美操教学过程中，如果学生缺乏积极性和自主学习的精神，那么教师的讲授就很难达到预期效果。教师要具有"学而不厌、诲人不倦"的精神，通过不断学习新知识来充实自己，在教学实践中运用最新的科研成果，尽可能地做到科学化，体现先进性。在课堂上要仔细观察学生，善于发现学生练习中迸发出的艺术火花和独创精神，并给予积极的培育和鼓励，善于从中得到启发，从而不断地改进教学。

二、直观与思维相结合的原则

这是根据人们对客观事物和现象的认识规律提出来的教学原则。学生通过看示范、听讲解、做练习感知动作的技术，并通过思维活动对感知到的时间、空间、用力程度、用力节奏进行分析对比，强化正确的感觉意识，使之建立正确的动作概念。在贯彻这一原则时应注意"看、听、练"与"想"相结合。

①百闻不如一见，教师的示范动作是最生动的直观教学。为了使学生建立正确的动作概念，示范动作必须做得准确、优美、规范并且富于表现力，这对强化动作要领、迅速掌握动作技术具有十分重要的意义。为了加强示范效果，应当在示范动作前告诉学生重点看什么，启发学生"看"与"想"相结合；在教学中采用正误对比的示范方法，能够启发学生主动思考，积极地进行分析、对比、判断等思维活动，加深对技术的理解，提高分析问题的能力。为了扩大学生的知识面，弥补教师示范的不足，还可采用图片、幻灯片、视频等直观教学手段，让学生接受更多的图像信息。

②教师通过进行生动、形象地讲解使学生既能够达到直观的作用，同时又能启发其思维活动。在健美操教学中，教师通过运用生动、形象、简明、易懂的语言来讲解或提示动作方法、动作要领、规格以及用力技巧，这样能够很好地帮助学生理解正确的动作技术。在讲解中通过对韵律、意境的描述，能够启发学生的想象力和表现力，使他们积极地进行思维活动，发展他们的想象力和独创精神。

③"想"与"练"结合。在学生看示范、听讲解初步建立了动作形象的概念之后，只有通过反复练习才能真正掌握动作技术。在练习中，每次练习前有明确的目标，练习中保持清醒的头脑，努力按正确要领完成动作，

练后要找出不足，仔细观察同伴的动作，进行分析对比，想想下次该怎么做。运用"想"与"练"结合的方法能够深入理解动作原理，快速掌握动作技术。

三、循序渐进的原则

健美操有着非常多的内容，在对其教学内容、教学顺序以及运动量进行掌握和能力培养等方面，贯彻循序渐进的原则是非常重要的。

①教材的安排应由易到难、由简到繁、由单动作到组合成套动作、由基本动作到难度动作，逐步提高。在教学内容的搭配方面，既要考虑分类系统教学的纵向关系，又要考虑各类动作技术和各项身体素质相互迁移的横向关系。在教材衔接上要承前启后，使先学动作成为后学动作的基础，不断扩大教材的深度和广度，使教材具有系统性、科学性和循序渐进性。

②教学步骤一般应按照由简单步伐练习到基本动作练习，由原地练习到行进间练习，由局部动作到全身动作，由慢节奏到正常节奏，由单动作到联合动作，由联合动作到组合成套练习，由口令指挥练习到配合音乐伴奏练习这样一个循序渐进的教学程序进行。

③课的运动量大小与一次课中完成的动作数量、动作时间、动作难度、动作密度、负荷强度成正比。在健美操教学课程中，应根据学生的身体素质、身体状况和技术水平来对运动量的大小进行确定，一般依据小到大，大、中、小相结合，按照适应—加大—再适应—再加大的规律，有节奏地逐步增加，不可操之过急。

④在健美操教学中，要将培养学生的能力作为重要的教学内容和教学任务，并贯彻始终，同时随着教学内容的不断增加而得到不断深化。各种能力的培养也要由易到难逐步增加，加大培养力度，使之能够与技术水平、理论水平达到同步增长。

四、身体全面发展的原则

健美操有着很多动作类型，对身体来说，各类动作所具有的锻炼价值是不一样的，在健美操教学中要对各类教材的锻炼价值和技术特点加以考虑，对教学内容进行合理的安排，促使学生在对各类动作技术进行全面掌握的同时，身体也能够得到全面发展。具体操作时应注意以下几个方面。

①在对教学大纲的进度进行制定时，要注意各类教材之间的搭配要均衡，以更好地促使学生对各类动作技术进行全面掌握。

②在安排每次课程的内容时，既要突出本次课程的重点，又要注意使身体各部位的动作交替进行，使各项身体素质均衡协调地全面发展。

③在健美操教学中，考核具有检查促进作用，在确定考核项目和内容时应考虑全面发展身体的因素，考核内容应包括各种项目及各类型基本动作技术，使学生在复习考核动作的过程中，各种身体素质、身体机能和各类动作技术得到全面提高。

五、巩固与提高相结合的原则

从动作技能形成的规律来看，学生初步掌握的动作技术和技能，只有通过不断巩固和提高，使其进一步完善和深化，在大脑中牢固地建立了动力定型，才能够在运动实践中运用自如。因此，在教学中必须贯彻巩固与提高相结合的原则，并注意以下几点。

①每个动作的练习时间都必须是足够的，以保证能够对正确技术加以多次重复练习，从而在大脑中建立一个稳健的动力定型。

②在具体实践中，健美操动作并不是始终不变的，要促使运动技能能够在千变万化的组合成套的动作中得以稳定的表现出来，就必须在练习中变换方式，通过改变动作的开始、结束姿势，改变动作速度、节奏、力度和连接技术，使已获得的运动技能适应各种条件的变化，逐步达到运用自如的效果。

③组合成套是健美操的主要练习形式。将所掌握的各个单个动作按照音乐的节奏有机地编排成具有完整结构的组合成套的形式来加以练习，能够有效地增强练习者的协调性、韵律感和表现力，使已掌握的运动技能得到更进一步的巩固和提高。

④通过考核、表演或教学比赛等形式，促使学生对已学过的健美操动作进行系统复习，提高熟练性，这是巩固和提高运动技术最有效的教学环节和方法手段。

第二节　高校健美操教学的主要方法

教学方法是教师在教学过程中，为了更好地将健美操知识、技术和技能传授给学生，促使学生各专项能力得到发展所采用的方法和措施。在健美操教学中，常使用的教学方法主要有完整法与分解法、提示法、观察法、教学与练习方法。各种教学法又包括一些具体方法。

一、完整法与分解法

（一）完整法

所谓完整法，是指针对学生所学动作，教师进行完整教学：完整的动作讲解、示范和练习，以促使学生形成正确的完整动作的概念。例如，大众二级健美操组合一，用完整法进行讲解、示范和练习，这种方法有利于学生对动作结构、节奏和连接技术的了解。完整法广泛使用于那些对于学生的技术水平相对简单易学的动作。

（二）分解法

所谓分解法，是指教师将所学动作划分成几个能够进行单独练习的部分或段落来进行教授，进行分解讲解、分解示范、分解练习。分解法可使复杂的动作简单化，有利于掌握各个环节的细节。但分解法运用之后，还需运用完整法，进行完整动作的练习。例如，在学习三级组合时先教腿与脚的移动，再教手臂动作，然后进行完整动作的练习。分解法适用于复杂的单个动作及组合成套动作的教学，在纠正错误和提高动作质量时也可广泛运用。

在健美操教学中，完整法与分解法要紧密结合、交叉使用，并且贯穿在其他教学方法中。

二、提示法

健美操教学提示法分为语言提示和非语言提示。

（一）语言提示

语言提示的内容包括要做什么、向什么方向做、什么时候开始做、重复次数、怎样做和激励。

"倒数法"是每个教师应掌握的最基本的语言提示技巧。"倒数法"即在动作开始前或换动作前，用从后向前数的方法提示学生的方法，如"4，3，step touch""4，3，2，换动作""4，3，2，向前走"等。用"顺数"的方法，学生并不清楚到底应该数多少，因为在"1，2，3，4"后还有"5，6，7，8"，而在"5，6，7，8"后还可能有"1，2，3，4"，但用"倒数法"可以非常明确地告知学员什么时候要换动作了，造成一定的心理定式并提示其做好准备。

利用"倒数法"可提示练习的最基本信息，如做什么、向什么方向做、什么时候开始做和重复次数等，如"4，3，向右4次吸腿"，在这个提示中包含了所有上述信息。"倒数法"的运用还应特别注意节奏的掌握，应把它与音乐节拍融为一体，最常用的"倒数法"的模式是"4（空拍），3（空拍），做什么，（空拍）"，这种提示法一定要在8拍的第一拍开始，最后一个空拍正好是动作提示的结束、新动作的开始。在最后一拍时加入"击掌""go"或感叹词等。像手臂动作的介绍可以用以下提示"4（空拍），3（空拍），手臂上推，（空拍）"。如表3-1所示。

表3-1　手臂动作提示

音乐节拍	1	2	3	4	5	6	7	8
例1	4		3	—	手	臂	上推	—
例1变化	4		3		手	臂	上推	拍手
例2	4	3	—	左	右	换臂	—	—
例2变化	4		3		左	右	换臂	Hup

在将要变化动作前发出口令，即有一定的"提前量"是很必要的。1或2拍所投入的信息量非常有限，如倒数到1然后提示下　个动作时会发现时间不够用，提示很仓促。因此，要注意所提示的内容清晰、准确、到位，并且要提前些，这样才会有准备。

语言提示还可用来提示所完成动作的质量和技术，即"怎样做"。像"加大步幅""手臂伸直""提高腿"等都是来提示怎样做才能达到动作要求的。同时，也可提示练习的强度、速度、节奏或身体的状态和站位，像"膝部放松""腿分开""重心提高"等。

另外在课堂教学中语言提示也常用来激励和教育学生。例如，用高低音提示关键部分内容，提高音调引起学生注意，学生累了用高音来刺激他们。

为有效地在课堂教学中运用语言提示的教学技巧，应遵循下列要求。

①运用"倒数法"而不是"顺数法"。

②应有一定的"提前量"，给学生一定的反应时间。

③提示应口齿清晰，动作名称叫法正确，并要在课堂中统一规范化。

④提示应与音乐融为一体，要有一定的节奏。

⑤尽量使用正面的语言，如是"抬头"而不是"不要低头"，是"腿伸直"而不是"不要屈腿"。

⑥避免使用含义模糊的语言，如不是"开"，而应是"手臂打开"，或是

"胸打开"。

⑦可利用房间四周的物品来帮助提示动作方向，如"面向窗"比"向右转意思更明确。

⑧比较难的节奏应数出来。

（二）非语言提示

非语言提示有标志和符号、手势、面部表情和视线接触、身体语言等。

1.标志和符号

用于显示方向，如可用镜子、窗户和钟表等具体事物作为参照物。

2.手势

利用手势来提示动作是健美操教师最常用的教学技巧，也是教师应具备的教学技能。手势的恰当运用有以下益处：减低声带受损的危险；在音响设备不好和参学者较多的情况下仍能达到良好的沟通；可以使一些听力有障碍的人也有机会参加有氧操练习；还可以用拍手、竖大拇指等动作充分地来表示赞许等心理。手势常用来提示下一步将要变化的方向或动作重复的次数。目前，已经有一些大家公认的手势动作，每个健美操教师也会有自己独特的手势指导方式。熟练地运用手势，并与语言提示相结合是上好一堂健美操课的重要保证。

3.面部表情和视线接触

教师的风格大部分显露在其面部表情上，微笑、眼神对视、点头或其他姿态有助于鼓励学生，课前、中、后都要经常的与学生进行眼神交流与微笑，并且是发自内心而真诚的。

4.身体语言

身体语言是沟通的重要组成部分，在教学中应运用正确的肢体语言和合适的身体位置来演示新的动作，可在课堂中走动起来或站在学生一侧来让他们模仿肢体方位。

三、观察法

在健美操教学中，学生通过看示范动作、看图片、看动作视频等方法能够获得生动、真实的动作形象。

（一）示范法

教师或指定的学生以准确的动作示范向学生演示动作形象、结构、要领和方法，使学生获得清晰、具体的动作形象，有利于激发学生的学习热情，使其更真切地模仿动作，更快建立正确的动作概念。

1.示范的要求

示范要有目的性，要根据教学的具体任务确定示范的目的、任务、示范方法及观察重点。例如，为了让学生掌握动作细节，采用重点示范的方法，配合必要的语言提示，让学生随着教师的思路看得更清楚，从而加强示范的效果。

示范动作要力求技术正确、姿态优美、节奏鲜明、富有表现力，使学生能够清楚地看到正确动作的完美形象和技术规格。

2.示范方法

完整示范：在进行完整的单个动作或成套动作教学时，采用从预备姿势到结束姿势整个动作过程的完整示范。

分解示范：在分解教学中，按教学步骤，示范动作的某个部分或身体某一部位的动作。例如，示范转体的起动动作、示范腿的动作。

领做示范：在初学单个动作或组合动作时，领做是必不可少的教学方法。教师在队伍的前边领着做，学生跟在后边模仿或跟着一起做。领做具有示范和提示的双重作用。

重点示范：根据动作的教学或纠正错误的需要，重点示范某一技术环节或成套中的某几个动作的连接技术。

正误对比示范：由教师或指定学生做示范，既演示正确动作，又演示错误动作，并且进行对比分析，让学生知道错在哪里。常用于纠正错误时。

各种示范都可根据需要采用放慢速度的方法进行，配以必要的讲解，让学生看清楚技术细节；或按正常速度示范，给学生建立正确的动作概念。

3.示范的位置和方向

示范确定位置以让学生看清楚为原则，根据学生所站的队形来确定示范位置。一般的体操队形，教师应站在正前方居中，横排队形，教师站在等边三角形顶端。若是四列或更多列横队，可让前排的学生蹲下，使后排的学生也能看清。还可将多列体操队形分成前后或左右两半，两部分学生相隔 3～4 米对立，教师在中间做示范。在圆形队形上，教师应站在圆内，沿内圆行进做示范。

示范的方向要根据动作而定。如肢体左、右移动的动作采用镜面示范，肢体前、后移动的动作采用侧面示范。领做一般采用背面示范，教师应站在学生的前方领做，当动作方向改变时，教师要及时更换领做的位置。

（二）图示法

利用健美操的动作图解、动作照片、动作路线示意图或队形变化示意图进行教学可以弥补讲解的不足，有助于学生对身体各部位姿态、动作的技术规格、身体与器械配合的技术细节以及场上移动方法与效果的理解，有助于提高学生学习的积极主动性。

（三）电化教学法

科学技术的发展为大众健美操教学提供了现代化的教学手段。教师可利用幻灯片、视频、电影等手段进行形象化教学。这些手段能够弥补示范动作的不足，能够传播更多的技术信息。例如，播放大众健美操成套动作视频，或将自己编的动作录下来进行分析。采用重放、慢放、定格等操作方法，使所要观察的动作看得更加清楚。这些方法有助于学生加速掌握动作技术，开阔学生眼界，了解更多的技术信息，丰富其专业知识，增加学习兴趣。

四、教学与练习方法

健美操常用的教学方法有线性渐进法、金字塔法、递加法、连接法、过渡动作法和分解变化法共六种。

（一）线性渐进法

这种方法是一种不会发展成组合或成套动作的最简单的自由式教学方法。在把动作顺序串起来时，线性渐进法每一次只做一个小小的改变，这些变化可以是上肢动作、腿部动作或加入变化因素。

总之，从基本动作中选择动作加入变化因素会产生无穷的创造力，多样性是关键。在线性渐进中，从上一个动作过渡到下一个动作必须是容易跟上的，再加上预先提示、均衡地选择动作类型和身体平面，这样的线性过渡才是有效的。

（二）金字塔法

像金字塔形状一样，是一种重复单个动作次数的方法，既可以逐渐增加也可以逐渐减少。正金字塔法是逐渐增加重复次数，同时要适合音乐节奏并且进展很轻松；倒金字塔法是减少重复次数，增加了组合动作的复杂度。金字塔教学方法的主要优势是使学员专注于动作、身体姿态、动作技术和练习强度。

（三）递加法

每一次只能加一个动作，如：A，A+B，A+B+C，A+B+C+D。无论教到哪一段动作，用递加法都要回到开始的动作即A。值得注意的是在整节中也可用递加法来连接不同的组合，如组合A+组合B。

递加法是很简单的教学法，问题是加入的动作太多就很难回想起前段动作，很难回到开始一点，即A动作，建议最多用4～8个动作。

（四）连接法

连接法通常称为"部分到整休"法，是A和B动作教会后连起来，C和D动作一样，最后把A+B动作和C+D动作连接，产生一个四个动作的组合套路。再可以进一步连接E+F和H+I从而发展出一个很长的组合套路。

（五）过渡动作法

过渡动作法包括过渡保持法和过渡动作去除法。

1.过渡保持法

过渡保持法是在教复杂动作和新的组合之前加入一个简单的过渡动作的方法，其主要目的是保持学生的心率不下降，或当教师需要给自己或学生脑子休息一下的时候可以获得时间调整一下，也给学生看清动作并跟上动作的时间。过渡动作可插入教师所教的动作之间，见表3-2所示。

表3-2 过渡动作示例

A动作	2交叉步
B动作	2侧并两步
过渡动作	跑步
A动作	2交叉步
过渡动作	8跑步

B 动作 2 侧并两步	2 double step touch
过渡动作 8 跑步	8 jog

加入的过渡动作可供选择的有踏步、侧并步、跑步等，在教复杂动作之前过渡动作的选择应与复杂动作结构相似，国外流行用一个组合动作（32拍组成）作为过渡组合穿梭于每个较复杂的组合之间，在教高级班时，能够有机会有时间考虑下一个复杂动作，但这个过渡组合必须简单易学并易于记忆。

2.过渡动作去除法

与上面的教学技巧正好相反，上面的方法教组合时每一个动作之间保留着过渡动作，接下来逐渐去掉过渡动作以便达到最后的成果。当教复杂动作时，过渡动作被看作一个"舒适时段"。但组合中过渡动作太多也会感到很累、很枯燥，在最后完成整套组合前必须去掉过渡动作。去掉过渡动作使动作组合呈现出更多的多样性，上课就会更有趣、更有吸引力。

（六）分解变化法

分解变化法是一种教学单一动作的方法，即把复杂的动作分解成最原始的形式进行教学再逐渐增加变化的方法。分解变化是健美操教学中"保证学员能跟上动作"的最基本的教学方法，在教一个无论简单还是复杂的动作时，首先要辨认出这个动作的原始形式是什么，从这个最简单的动作开始练习。在学生已经很熟悉这个动作的基础上，再加入一个变化因素并反复练习，在学生熟练后，再加入另一个小小的变化因素并反复练习，以此类推直到完全掌握所编排的动作，见表 3-3 所示。

表 3-3　分解变化学教学过程示例

动作	原始形式	教学过程
V 字步	踏步	踏步 +V 字步
侧交叉步	侧并步	2 侧并步 + 侧交叉步
侧并步 L 形	侧并步	侧并步 + 侧并步 L 形
同时两臂交替上举		并步 L 形 + 两臂交替上举或者 2 侧并步 + 两臂交替上举 侧并步 L 形 + 两臂交替上举

在实际教学中，分解变化法应和其他教学方法综合运用。例如，想教下面一个组合动作，可有两种方式。

组合动作：向前/后走3步吸腿，侧交叉步，4侧并步L形，侧点地（单单双）。

（1）先进行单动作练习并加入所有变化后，再连成组合动作

教A动作：踏步；

　　　　　向前/后走步；

　　　　　向前/后走3步吸腿。

教B动作：侧并步；

　　　　　侧并二次侧交叉步；

　　　　　侧交叉步+上肢动作。

A动作+B动作：向前/后走3步吸腿；

　　　　　　　侧交叉步+上肢动作。

教C动作：侧并步；

　　　　　侧并步L形；

　　　　　侧并步L形+上肢动作。

教D动作：侧点地；

　　　　　侧点地；

　　　　　侧点地+上肢动作。

动作C动作+D动作：侧并步L形+上肢动作侧点地+上肢动作。

A+B+C+D动作：向前/后走3步吸腿；

　　　　　　　2侧交叉步+上肢动作；

　　　　　　　4侧并步L形+上肢动作；

　　　　　　　4侧点地（单单双）+上肢动作。

（2）先把基本动作联成组合动作，再在其基础上变化

教A基本动作：踏步。

教B基本动作：侧交叉步。

A基本动作+B基本动作：8踏步；

　　　　　　　　　　　2侧交叉步。

教C基本动作：侧并步。

教D基本动作：侧点地。

C基本动作+D基本动作：4侧并步+4侧点地。

A+B+C+D 基本动作：8 踏步；

2 侧交叉步；

4 侧并步；

4 侧点地。

加入 A 动作的变化：1 向前 / 后走 3 步吸腿；

2 侧交叉步；

4 侧并步；

4 侧点地加入。

B 动作的变化：1 向前 / 后走 3 步吸腿；

2 侧交叉步 + 上肢动作；

4 侧并步；

4 侧点地。

加入 C 动作的变化：1 向前 / 后走 3 步吸腿；

2 侧交叉步 + 上肢动作；

4 侧并步 L 形；

4 侧点地。

加入 D 动作的变化：1 向前 / 后走 3 步吸腿；

2 侧交叉步 + 上肢动作；

4 侧并步 L 形；

4 侧点地（单单双）。

总之分解变化法是逐步进行的，每次只改变一个动作，改变太多学生会感到困难而跟不上。

五、教学方法的启用

在理解和掌握以上教学方法之后便会发现，教学方法有很多种，但一条学习曲线会帮助教完所有组合动作，如分解变化法—递加法—倒金字塔法—过渡动作法，每个八拍练习动作都伴有教学方法。

在健美操课堂教学中，所选择的教学方法将成为其中非常重要的因素，它能够引导学生完成整个学习过程。当教完组合时，由于学生一直跟着教师，对学生来说完成这些多样性的动作变得很容易，也从教学进程中获得益处。教学方法是多样的，教师必须不断实践，从每个方法中学到最多的东西，这些学到的东西也只有通过实践才能运用自如。

第三节　高校健美操教学技能与指导技巧

作为一名好的健美操教师，不仅要指导学员掌握复杂的动作组合，还要使学员充分体会到健美操运动的乐趣，这就需要掌握一定的教学技能与指导技巧。

一、健美操的教学技能

随着新课程理念不断深入，教学模块不断改革和发展，健美操教学已经逐渐得到了高校及学生的关注，推动高校体育教学切实革新教学方法和手段，促使教师从传统单一的教学角色中解脱出来，成为教学的辅导者、引导者和指导者。现阶段的健美操课被作为一门公选课纳入高校体育教学课程体系中，是促进学校实施素质教育并进行体育教学改革发展的重要途径。健美操很受学生的欢迎，在体育教学体系中扮演着至关重要的角色，教师在健美操技能传授上表现出了明显的效果，但是还是没有立足于学生的发展需求挖掘出更深次的教学价值。因此，笔者认为，探析高校健美操教学中教师的基本素质，适应新课程教学改革的要求，作为一名优秀的健美操教师，应具备以下几方面的基本素质。

（一）具备一定的健美操专业知识与专业技能

在高校健美操教学中，具备一定的健美操专业知识与专业技能，是作为一名健美操教师最重要的基本素质。如果一位健美操教师不具备基本的健美操知识，将很难传授健美操运动的健康基本知识，也很难规范运动动作、示范和指导，从根本上来说，也无法胜任健美操教学。

1.具有充分了解和传授健美操健康知识的能力

随着教育制度不断改革，"美育"教育逐渐凸现。健美操教学的引进为高校"美育"教学奠定了较好的学习基础，拓宽了"美育"教学的途径，为促进学生全面发展提供了平台。因此，健美操教师应具备充分了解和传授健美操健康知识的能力。其一，打开高校健美操教学的大门，通过健美操健康意识宣传引起学生学习健美操的兴趣，在体育教学改革和健美操发展中增大学生规模数量。其二，充分发挥自身的引导作用，深入了解和掌握体育教学大纲的基本内容，向学生普及健美操基本知识，为学生的社交与交流创造机会，在高校开学之际可以积极开展健美操比赛，吸引更多的学生关注健美操，从而促使教师转换自身角色，从过去的主体作用向辅助者和指导者转换，充分尊重学生的思想，对学生健美操学习起到"画龙点睛"的效果。

2.具有健美操教学示范的能力

健美操教师良好的教学示范能力，有利于充分调动学生学习健美操的积极性，将兴趣融入健美操学习中，推动和促进高校健美操教师向规范化发展。首先，增强健美操教师招聘和审核的严格性，秉承专业性原则引进更多专业优秀的健美操教师，并定期开展培训活动，促使健美操教师与时俱进，不断更新教学思想和方法，确保健美操教学和示范的正确性与活力性。其次，增强教师与健美操的感染力。建立良好的交流机制促使学生与健美操教师在运动中积极讨论和交流，准确把握健美操某一动作的示范，丰富健美操学习中学生的表情，根据音乐和氛围将健美操套路的学习表现得淋漓尽致，从而增强学生的活力。最后，增强健美操教学中教师的指导能力，引导学生养成正确的姿态与标准的动作，以点带面，从某位同学的动作出发加强示范，从正面、侧面等不同角度指导和纠正学生的动作。

（二）具备较好的健美操教学技巧与技能

要将健美操教师的作用发挥得淋漓尽致，应当突破健美操教学的难点，充分利用现代教学技术手段和多媒体教学设备，整合各种体育与健康课程资源，充分挖掘自身良好的健美操教学技巧与技能。

1.从学生个性发展出发增强健美操差异性教学的能力

充分尊重学生学习健美操的水平差异。从学生个性发展出发，健美操教师应当建立科学合理的健美操教学目标，以学生为主体分层次制订教学方案和教学计划，从而增强健美操差异性教学的能力。其一，打破传统单一的健美操教学，充分发挥和利用多媒体教学设备的作用，合理安排健美操教学课时，组织学生观看健美操学习视频，从标准化角度出发增强健美操的直观性与规范性，根据学生的表现选择健美操教学内容与教学方法。其二，部分高校缺乏健美操教学场地，只能在开放的操场上跟着教师学习，学生规模庞大，部分学生看不到，也无法掌握健美操的学习点，因此要创造机会组织学生去练舞房等有镜子的地方去排练和教学，使学生发现并及时纠正动作上的错误，增强动作的专业性。其三，营造宽松的健美操教学氛围，从学生个体出发，加强与健美操相关的健康知识、运动技能的讲授，立足于实际不断讲解与示范，并积极关注学生学习健美操的个体水平，因材施教。在健美操教学中教师与学生建立思维、探究、联想的共同体，帮助学生克服健美操学习的不良习惯，及时纠正错误动作，加强改革与创新，促进学生全面发展。

2. 以指导动作为方向，健美操教师应具备较好的沟通和交流能力

健美操教师在积极指导学生动作标准性的时候，还应该增强自己与学生之间的沟通。利用沟通引导学生以主动积极的心态应对自身问题，从而通过交流切实解决学生健美操学习问题。其一，教师在操场或镜面进行健美操教学时，应选择小班教学，从不同角度示范后，纠正每一个学生的问题，不仅仅是大范围指导和纠正，或是以不友好的言语对待学生。在一定程度上，学生有自己人生的态度，只能虚心接受别人的意见，而不喜欢别人以不正当的方式或言语讽刺进行指正。其二，在健美操教学过程中多鼓励学生，通过良好的沟通建立和谐的师生关系。应对不同的学生积极转换方式沟通，引导学生打开健美操脚步，转换学习的思路，在错误中汲取经验，在错误中认识自我。

（三）具备与健美操教学相关的综合素质和理论素养

健美操教师还应该具备较好的综合素质，不仅仅是拥有专业知识和技能，而且要能将其充分发挥作用，也要将理论知识与做人、学习道理融合到健美操教学中，引导学生全面提升自身素质。

1. 把握现代教学思想的能力

健美操教师应具备良好的思想觉悟，能在不同领域里深刻学习和领会《基础教育课改纲要》，把握新课程纲领性文件的内容，树立科学的态度对待健美操教学。首先，把握现代化教学思想的精神，摸清健美操教学的方向、意图和脉络，在认真贯彻和落实现代教育教学机制的基础上，立足于高校健美操教学客观条件，积极改善教学条件，增强健美操教学方式的灵活性。其次，深化和细化健美操课程教学的目标，系统分配健美操学习时段，在合理编排和设计健美操动作的同时，还应具备对健美操教育事业的热爱，体现出对健美操浓厚的兴趣，不断学习和更新自身思想与教学理念，掌握健美操教学的新信息，丰富自身的知识结构，为学生掌握健美操技能奠定理论知识基础。最后，树立全局考虑的眼光，立足于学生全面发展的基本目标，关注学生人格的培养，在健美操教学中引导学生不断审视并反省自己，为实现终身体育提供一定的可能性，从而发现并发展学生的

优势领域，激发学生潜能。将教育学、心理学、运动训练学、社会学等学科知识与健美操教学穿插，丰富学生的知识结构。

2.进行人文教学的能力

在现代体育教学理念下，只有极少一部分教师具备较好的人文教学能力。因此，应促进健美操教师积极学习、领会现代教育教学理论的精髓，以时代要求为导向建立全新的教学思想理念。一方面，增强自身的综合素质，积极学习包括文学、哲学、历史等在内的人文知识。启迪思想，启发新的教学观，在健美操教学中渗透人文教育理念，引导学生积极学习并提高学生自身的人文素养。另一方面，积极掌握包括体育理论、运动理论、体操在内的与健美操相关的理论知识，充分了解学生人体的生理机能活动，尊重其变化规律的差异性，以促进学生身心发展为导向，增强计算机多媒体的教学，增强自身掌握现代化技术进行教学的能力，实施辅助教学，搜集健美操信息，展开与健美操、健康等相关的交流与比赛互动，切实提升健美操教学效益。

（四）具备较好的职业道德与创新精神

健美操教学需要与时俱进，不断更新音乐背景，增强教学的灵活性，这就要求健美操教师应具备较好的创新精神与高尚的职业道德。

1.具备较好的创新精神

健美操教师不仅仅需要专业的体育与健康知识，还需要有创新精神，敢于突破现状，超越自我，锐意进取，勇于开拓与创新健美操教学思路。其一，对健美操教学树立理性的眼光，不断审视教学意图，站在学生的角度去审视健美操教学存在的问题。创新思路，积极进行健美操教学改革，明确自身教学意图与学生学习意图，合理选择教学内容和方法，积极组织形式多样的健美操交流学习活动，探索独特的方法与策略吸引更多的学生。其二，选择性应用他人的健美操教学动作，促使他人教学内容与自身思维积极产生共鸣。革新教学方法和策略，增强同一个健美操动作运用的范围与领域，把握健美操教学的主流方向。其三，增强终身学习的愿景，在进行教学的过程中增强自主学习能力。在探究性学习中不断更新意识和能力，将积极先进的观念、经验、体验应用到健美操教学中，辐射学生的经验、感想与体验。

2.具备高尚的职业道德

作为一名合格的健美操教师，应该具备高尚的职业道德，全面负责教学过程中学生的学习、思想和后期成长。首先，对自身工作充满热爱和信心，拓展学生的优势领域，将健美操学习中学生所体现的意志品质迁移到整体学习和生活中，以较高的责任心认真上好每一节健美操课，保持坚定的信念认真辅导学生，不断提高自身知识和素养。其次，积极承担健美操教学以外的教育教学工作。追踪、尊重、组织和指导学生养成较好的人格魅力，保持人格的坚韧性和独特性，帮助学生增强个体的价值。最后，充分了解和尊重学生的意愿，在健美操教学的过程中不把自己的意志强加给学生，善于引导和激发学生的长处，有针对性地赏识教学，宽容和善待学生，与学生建立民主、合作的共同关系，并以身作则，以高尚的道德品质引导学生提升人格魅力。

综上所述，在健美操教学中教师应充分发挥自身的主导作用，以学生为主体探索健美操教学的新路子，激发学生学习健美操的愿望和兴趣，充分表现出健美操的艺术性和感染力，在取得较好教学效果的同时，引导学生树立终身体育的价值观。

二、健美操的指导技巧

为进一步提高健美操教师的教学水平，在进行健美操教学的过程中，运用一定的健美操教学技巧进行教学，对健美操学习至关重要。健美操教学过程中的教学方法与技巧如下。

（一）培养学生观察动作的习惯

培养学生观察动作的习惯，是健美操教学过程中的一种重要的教学方法。观察是一种特殊形式的知识，在健美操学习的过程中，培养学生观察动作的习惯，使健美操动作与学生的思维活动相联系，对于学生熟悉健美操动作，增强对健美操动作的记忆具有重要的作用。对于健美操教学而言，健美操教师教会学生观察动作是为了发展其感知能力。有目的地知觉是动作技能学习的起始环节，也是发展思维的直接基础。所以教师在动作技能的定向阶段，加强对学生观察能力的培养。在观察动作前，要明确先观察什么，后观察什么，根据教学内容，向学生提出不同的观察要求，引导学生细致地、有顺序地、多层次多角度地进行观察。

（二）发展学生自主学习的能力

发展学生自主学习的能力也是健美操教学的重要环节。在学习健美操的过程中，通过学生自学可以起到较好的教学效果。对健美操教师而言，健美操教师在健美操教学中，发展学生自主学习能力的方法与技巧，要把握好三个关键点：一是提出问题。在健美操教学中应明确定位健美操教学目标，引导学生抓住健美操学习的重点和难点。二是指导学生独立学习。在这一阶段，健美操教师要有目的地发展学生自主学习的能力，发挥学生的主观能动性，使学生在今后的健美操学习中主动学习。三是为学生答疑解惑。学生在学习健美操的过程中，有不清楚、不明白的地方，健美操教师应发挥教师的主导作用，组织学生进行交流汇报演示，帮助学生解决疑难问题。

（三）启发学生创编舞蹈的思维

启发学生创编舞蹈的思维在健美操教学中也不容忽视。对健美操教师而言，在启发学生创编舞蹈思维方面的技巧与方法方面，应使学生在体验和感受健美操的基础上，运用启发式教学方法，启发学生创编舞蹈的思维。在课内要求学生自己动脑筋创编新动作，启发学生的运动智力。要有明确的目的和针对性，并追求整套动作的科学性、艺术性和实用性。创编要有一定的顺序，并合理安排整套动作的难易、时间及运动量。同时，要选配与动作创意一致的音乐。通过加强对学生创编能力的培养，以丰富健美操现代教学及社会对健美操运动专项指导人员的需要。

第四节　健美操教学效果研究

什么是教学效果？这里有两层含义，一是教师完整且有重点地将教学内容以合适的形式传递出去，并获得了学生的适当反应的整个过程；二是学生以良好的状态获得了充分的学得与习得的体验，并将其真正内化于心，也就是我们所说的课堂教学成与效。在21世纪健美操逐渐成为人们喜爱的体育项目之一，健美操学习风潮扩大，其教学效果也越来越受重视。那么如何提高健美操的教学效果呢？下面将从几个方面进行分析。

一、健美操教学效果的评定

与健美操有关方面的专家学者等就健美操教学效果的评定指标等问题

进行了专题访谈，为确定健美操教学效果的评定指标获取了权威性的理论资料。依据相关文件中关于对学生的学习评价应是对学习效果和过程评价的要求，本着有利于操作的原则，运用特尔菲法经征求三轮专家问卷确定反映学生健美操课学习的较适宜的五个方面的考核评价指标（表 3-4 和表 3-5）。

表 3-4　教学效果评定指标的认同程度的调查情况

评价指标	体能和健美操成套动作技能（B）	体能和健美操动作进步幅度（A）	学 习 态 度（C）	情意表现合作意识（D）
权重	0.359	0.269	0.234	0.138
排序	1	2	3	4
分值	36	27	23	14

从表 3-4 中可以看出，健美操教学效果评定指标的四个方面，其中体能和健美操成套动作技能排序第一，分值是 36 分，其他三方面体能和健美操动作进步幅度、学习态度、情意表现合作意识各占 27 分、23 分和 14 分。

表 3-5　专家学者对教学效果评分标准认同程度的调查情况

序号	合适程度	人数	百分比
1	非常合适	12	60%
2	比较合适	5	25%
3	一般合适	3	15%
4	不合适	0	0

从表 3-5 中可以看出，有 60% 的专家学者认为此评价指标非常合适，有 25% 的专家学者认为此评价指标比较合适，只有 15% 的专家学者认为此评价指标一般合适，没有专家学者认为此评价指标不合适，从以上数据可以看出，教学效果的评分标准得到了专家学者的高度认可。

二、混沌理论对健美操教学效果影响的研究

混沌理论也称为混沌学，是一门研究混沌现象的机理、特征以及描述、控制和利用混沌现象的科学。混沌理论作为现代系统科学的重要基础科学理论，从 20 世纪 60 年代起，其蝴蝶效应、内在随机性、奇异吸引子等相关原理对各个领域产生了重要影响。大量的资料表明混沌理论用全新的视角和方法重新刻画了世界图景，深刻地改变了人类原有的许多观念，而且更重要的是向人类本身的智力提出了最严峻的挑战，或许将使人类重新诠释自身的认识能力。而进入 21 世纪后，我国高校在招生形式和方法上进行了重大的调整，各院校都在极力扩大招生数量，致使学生人数激增，原来

的教学形式和方法已远远不能适应新形势下的教学要求，为此，在高校体育教学中对最优化教学的应用与研究就显得尤为重要。体育教学最优化是指发挥体育教学系统的整体功能，争取最大可能、取得尽量好的教学效果，20世纪70年代末，混沌理论已渗透到教学领域，然而，目前国内外学者对于混沌理论在学校体育教学中的应用研究还是比较欠缺，尤其是混沌理论对其教学效果究竟有何影响的研究更少了，是否能为体育教学最优化提供好的教学设计，健美操作为学校体育中的重要课程，本节就混沌理论对健美操教学效果影响进行实验性研究，以期为今后的健美操教学改革和体育教育最优化提供理论和实践的依据。

笔者随机选取学校公共体育健美操选修课学生60人（全部都为女生）进行调查研究，由于华东交通大学是面向全国招生的大学，学生的生源比较分散，因此对于研究总体具有较好的代表性。

（一）研究方法

1. 文献资料法

检索国内相关文献资料及相关方面的专业论文，参考健美操教程、混沌理论、体育统计学、心理学等相关资料，为本节的研究提供许多借鉴成果。

2. 专家访问法

与健美操有关方面的教练和专家学者共20人就混沌理论与健美操教学效果问题进行专题访谈，为本节获取权威性的理论资料。

3. 数理统计法

运用统计学方法对各数据进行统计、处理。

4. 逻辑分析法

以规律为指导，根据观点和方法对客观事物进行客观全面深入分析，把握它们的内在联系，形成科学理论。本节研究无论是借鉴前人研究成果，还是进行创新研究，都将逻辑分析法作为一种基础研究方法贯穿于整个研究过程中。

5. 实验法

将课题研究结果应用于华东交通大学公共体育健美操选修课学生，通过实验法，将学生分成两组，用两种不同的方法进行健美操的教学，通过对比分析研究混沌理论对其教学效果的影响。

①参与研究人员界定。校公共体育健美操选修课学生60人，将60名

学生随机分为两组，分别为实验组和对照组，每组 30 人，评定每个学生当前完成健美操锻炼标准二级的动作的教学效果并作为原始数据。

②对两组实验人员采用不同的教学设计，实验组在教学过程中运用混沌理论进行干预，对照组采用传统的教学法即我们经常使用的教学方法，按照既定的要求进行教学。

③16 周（32 学时）后，对每个学生完成教学任务的教学效果进行评定。

④分析实验结果，得出结论。

（二）混沌理论下教学设计的新发展

教学设计是 20 世纪 60 年代系统方法在教育中运用后逐渐形成和发展起来的一门新兴的实践性很强的交叉学科，它以多学科理论为基础，综合多种理论而自成体系，主要是通过对学习过程和学习资源所做的系统安排，着重创设教与学的系统，以优化教学、促进学习者的学习。对于一般的理论，人们主要关心的是理论的科学性，但对于教学系统设计理论，由于其设计导向或目标导向特征，使人们不仅仅关心其理论的科学性，更加关注其优越性，具体来说就是能否有效地解决教育教学实践的具体问题，能否在促进学生的学习和发展方面提供更为直接的、明确的、有效的理论指导。从这样一个角度出发考察教学系统设计理论，我们不难发现，一般系统论指导下的系统方法并不十分适合复杂的人类教学系统，这种传统教学设计具有一定的局限性，所以试图将混沌学的非线性开放系统，非决定论的不可预测性、正反馈循环等基本概念引入教学系统设计，以克服传统教学设计观的机械性。

以混沌理论为指导思想，教学设计强调以学习者为中心，教师只是学习者的辅助者和引导者。现阶段，计算机网络等信息化教学使得教学环境变得更为复杂，而复杂的教学环境就必然导致教学系统内部各种不确定因素的增加。比如面对复杂多变的网络环境，学生会产生不同的心理反应以及学生之间的个性差异等，而这些因素会加剧系统对初始条件的敏感性。系统对初始条件的敏感性即"蝴蝶效应"有双面性：破坏的作用和创造的作用。而"蝴蝶效应"创造性的作用更能促使设计者有效地设计教学策略。因此，在进行信息化教学设计时，首先要认识到学生思维的敏感性和学生的心理特征、个性差异及认知建构的规律，充分把握学生的心理特征，通过合理的引导，调动学生的积极性，激发学生的创造性，使学生能够在有限的教学时间内得到较大的学习收获。

总之，作为现代科学与现代技术相结合的产物，混沌学给传统教学设计带来了巨大的冲击，但更为重要的是，也为教学设计的研究提供了全新的视角，促进了教学设计的进一步发展。正确地理解"蝴蝶效应"、分形与奇异吸引子的认知观点，运用混沌系统的方法论与认识观，从宏观的角度来看待教学设计这一复杂系统。值得注意的是，教学系统是一个线性与非线性、有序与无序的辩证的对立统一体，教学过程不能强调非线性就否定线性，非线性的教学过程需要线性的教学策略，线性的教学过程又需要非线性的教学策略，应该是由线性到非线性再到线性的螺旋认知发展，即混沌中蕴含着有序，有序的过程中也可能出现混沌。

（三）混沌理论对教学效果影响的实验结果分析

1.混沌理论在实验组的应用

在实验组的教学中，以混沌理论为指导思想，学生是学习的中心，教师成为学习的引导者，意义建构是教学目的，以综合能力培养为主，教学设计由一维转向立体化设计，重视学习的过程，从学习方式的单一化向多样化开放，如集体学习、研究性学习、协作学习等；培养人的信息素养，强调个人对信息的获取、分析、加工、评价、创新的能力；利用开放的视频把教学内容呈现在学生面前，让学生能够随时随地获取信息；在培养学生创造性思维过程中，应有意识地运用"蝴蝶效应"原理和教学活动的混沌吸引子，认真对待学生的新奇思维火花，加以正确引导，帮助学生正确建构认知结构。

2.两组学生教学效果情况的分析

从表3-6可以看出，实验组在实验前学生的测试成绩85～100分的人数只有3.3%，而经过32学时的教学，学生的测试成绩85～100分的人数达到了26.7%，平均分从原来的65.3分提高到了77.2分；从表3-7也可以看出，对照组在实验前学生的测试成绩75～84分的人数只有20%，而经过32学时的教学，学生的测试成绩85～100分的人数达到了23.3%，平均分从原来的65.7分提高到了70.6分，从两表可以很明显地看出实验组和对照组的学生成绩提高幅度都有上升，实验组学生实验前与实验后的成绩存在着显著性差异（$P<0.01$），实验后的明显好于实验前的；而对照组的学生实验后的成绩虽然有所提高，但实验前后并不存在显著性差异（$P>0.05$）。

表 3-6　实验组，实验前后学生教学效果的显著性分析

组别	85 ～ 100 分	75 ～ 84 分	60 ～ 74 分	60 分以下	平均分	P
实验前	3.3%	16.7%	60%	20%	65.3	$P<0.01$
实验后	26.7%	36.7%	33.3%	3.3%	77.2	—

表 3-7　对照组，实验前后学生教学效果提高效果显著性分析

组别	85 ～ 100 分	75 ～ 84 分	60 ～ 74 分	60 分以下	平均分	P
实验前	0%	20%	60%	20%	65.7	$P>0.05$
实验后	0%	23.3%	66.7%	10%	70.6	—

从表 3-8 中可以清楚地看出实验前，实验组学生的平均分为 65.3 分，对照组的平均分为 65.7 分，两组学生成绩相当，并不存在着显著性差异（$P>0.05$）。但从表 3-9 中可以很容易看出实验后，实验组和对照组的教学效果具有显著性差异（$P<0.05$），实验组学生的平均分为 77.2 分，对照组的平均分为 70.6 分，实验组的教学效果明显好于对照组，实验后实验组学生成绩 85 ～ 100 分有 26.7%，而对照组的为 0%，将实验后学生成绩提高程度比较发现，两组学生成绩的提高程度具有显著性差异（$P<0.05$），实验组的大大高于比对照组学生的成绩。

表 3-8　实验前，两组学生教学效果显著性分析

组别	85 ～ 100 分	75 ～ 84 分	60 ～ 74 分	60 分以下	平均分	P
实验组	3.3%	16.7%	60%	20%	65.3	$P>0.05$
对照组	0%	20%	60%	20%	65.7	—

表 3-9　实验后，两组学生教学效果显著性分析

组别	85 ～ 100 分	75 ～ 84 分	60 ～ 74 分	60 分以下	平均分	P
实验组	26.7%	36.7%	33.3%	3.3%	77.2	$P<0.05$
对照组	0%	23.3%	66.7%	10%	70.6	—

（四）结论与建议

从实验结果来看，实验组学生的教学效果数据实验后与实验前的相差较大，存在着显著性变化。对照组学生的教学效果数据实验后与实验前的相差不大，不存在着显著性变化。而实验后，实验组学生的教学效果数据

与对照组学生的相差较大，两组学生的教学效果存在着显著性差异，实验组的教学效果明显好于对照组。

在今后的健美操教学中，以混沌理论为指导思想，学生是学习的中心，教师成为学习的引导者，意义建构是教学目的，以综合能力培养为主，教学设计由一维转向立体化设计，从而来提高健美操的教学效果。

第五节　高校健美操课程的设计、构成与实施

一、健美操课程的设计

（一）课程的类型与内容

1.基础课型

（1）根据动作难度分类

根据动作难度分为初级课、中级课、高级课。

①初级课：内容为基本动作和技术。初级课动作简单，重复较多，速度较慢，对身体协调性要求较低，并以低冲击力动作为主。适于初学者和所有健康水平良好的参与者。

②中级课：动作变化较多，音乐速度加快，高低冲击力混合。适于有一定的技术基础、身体协调性较好、身体健康的参与者。

③高级课：动作较复杂，变化较多，音乐速度也较快，以高低冲击力混合或高冲击力动作为主。适于技术水平较高、身体素质好的参与者。

（2）根据冲击力分类

根据冲击力分为低冲击力课、高低冲击力课、高冲击力课。

①低冲击力课：以低冲击力动作为主，负荷强度较小。动作可以简单，也可以很复杂。适于所有的人，尤其是初学者和有一定基础但健康水平欠佳或有关节病的学员。

②高低冲击力课：是高低冲击力相结合的课，负荷强度中等。此类课型是目前实施最多的课型。适于有一定的锻炼基础和健康水平较高的学员。

③高冲击力课：以高冲击力动作为主，负荷强度较高。适于锻炼水平和健康水平均较高的学员。一般此类课型较少安排，尤其是高难度或复杂动作的高冲击力课，不仅要求学员具备较高的技术水平和身体协调性，而且要求很高的健康水平和运动能力。因此，从健身的角度来说适合的对象

较少。另外，高冲击力动作容易造成下肢关节的损伤，选择此类课时应慎重考虑。

（3）根据心率曲线分类

根据心率曲线分为单峰课、多峰课。

①单峰课，在整个课的实施过程中，运动负荷可低可高，但强度基本一致，学员的心率曲线始终处于较平稳的状态（图3-1）。适于所有健康水平的学员。

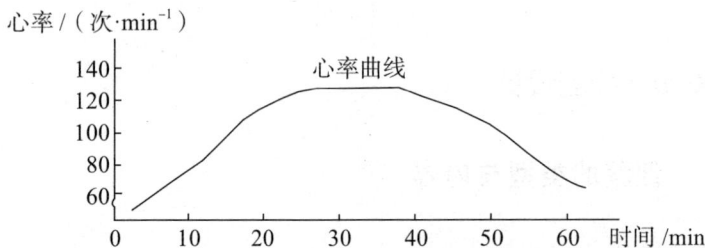

图 3-1　单峰课心率曲线

②多峰课，或称间歇练习课，是在整个课的实施过程中，高强度的练习和低强度的积极性休息相结合。由于高低强度练习交替进行，使学员的心率曲线呈多峰状态（图3-2）。在积极性休息阶段一般结合肌肉力量练习或低冲击力的有氧操练习。适于具有中高健康水平的学员。

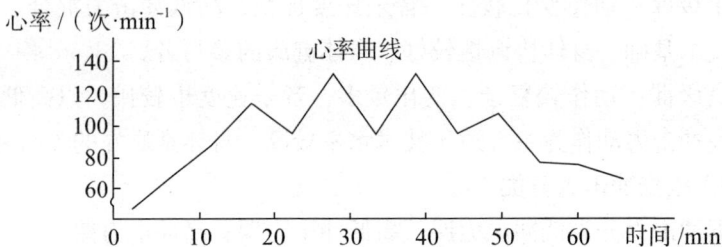

图 3-2　多峰课心率曲线

2.不同内容的课型

①根据所使用的器械和设备分类：踏板操课、水中健美课、哑铃课、杠铃课、健身球课、自行车课等。

②根据身体素质分类：徒手健美操课、轻器械操课、柔韧伸展课、大脑—身体协调课等。

③根据动作的风格分类：拳击操课、拉丁操课、瑜伽操课、街舞课等。

④根据特殊人群的不同需求分类：儿童课、孕妇课、母子课、老年人课等。

⑤根据不同的组织形式分类：循环练习课、间歇练习课、交叉练习课等。

（二）课的综合

①不同类型与动作难度的结合课（表3-10）。

表3-10　不同类型与动作难度的结合课

类　型	课的名称	初级课	中级课	高级课
素质	徒手健美操课	初级徒手健美操课	中级徒手健美操课	高级徒手健美操课
	轻器械操课	初级轻器械操课	中级轻器械操课	高级轻器械操课
	柔韧伸展课	初级柔韧伸展课	中级柔韧伸展课	高级柔韧伸展课
器械	踏板操课	初级踏板操课	中级踏板操课	高级踏板操课
	水中健美操课	初级水中健美操课	中级水中健美操课	高级水中健美操课
	哑铃课	初级哑铃课	中级哑铃课	高级哑铃课
	杠铃课	初级杠铃课	中级杠铃课	高级杠铃课
冲击力	低冲击力课	初级低冲击力课	中级低冲击力课	高级低冲击力课
	高低冲击力课	初级高低冲击力课	中级高低冲击力课	高级高低冲击力课
	高冲击力课	初级高冲击力课	中级高冲击力课	高级高冲击力课
风格	拳击操课	初级拳击操课	中级拳击操课	高级拳击操课
	拉丁操课	初级拉丁操课	中级拉丁操课	高级拉丁操课
	瑜伽操课	初级瑜伽操课	中级瑜伽操课	高级瑜伽操课
	街舞课	初级街舞课	中级街舞课	高级街舞课
心率	单峰课	初级单峰课	中级单峰课	高级单峰课
	多峰课	初级多峰课	中级多峰课	高级多峰课

②不同身体素质的结合，有氧练习和力量练习相结合，如踏板操和哑铃操等。

③类型与心率的结合，如搏击单峰课、踏板多峰课等。

④不同难度不同类型的结合，如初级健美操和中级力量课等。

⑤花样课，一次课中包括3种不同的练习形式并不断轮换。一般包括高低冲击力、低冲击力、间歇多峰、集体练习、踏板、循环练习、形体塑造、哑铃、轻器械操和柔韧练习等。特点是动作的编排一般较简单，包括两个

有氧练习部分，适于所有健康水平的学员。例如，高低冲击力＋街舞＋轻器械操或瑜伽＋踏板操＋哑铃操或搏击操＋循环练习＋柔韧练习等。

二、不同级别的健身性健美操课的设计

（一）初级课的设计

1.适应人群

初学者、身体较弱者、年龄偏大者。

2.课的目的

①介绍健美操的基本动作，使学生了解基本动作的名称，掌握基本动作的技术要领。

②使学生了解健美操课的基本形式，熟悉动作间的连接方法。

③提高学生的健康水平和协调性，为进入中级课做好准备。

④培养学生的健身意识，形成健康的生活方式。

3.编排原则

①以低冲击力的基本动作为主。

②一堂课最多3个组合，每个组合不能超过4个基本动作。

③可以没有上肢的动作，或者在课程结束前5～10分钟加入一些简单、随意的上肢动作。

④可以没有动作方向的变化，或只加入1～2个90°的方向变化。

⑤采用面朝前或前后、左右、V字形的移动路线。

⑥音乐速度不能超过145拍/分。

4.教学基本要求

①在教基本动作时，要反复给出每个动作的名称，使学生熟悉。

②做示范动作时，要求基本姿态和技术要领要正确。

③教动作要慢，每个动作都要反复练习多次。

④两个动作之间的连接节奏要慢，形成组合后要多练习。

⑤上肢动作要简单，不要有小动作。

⑥向学生讲授健康知识、健身常识，要求学生遵守课堂纪律等。

（二）中级课的设计

1. 适应人群

具有一定健康水平和技术基础的参与者。

2. 课的目的

①继续初级课的学习过程，开始学习新的动作。

②介绍一些有创造性的动作，让学生在掌握基本动作和技术的基础上，感受一些个性化的动作风格，增加健美操课的趣味性。

③课的强度提高到中等强度，更有效地改善学生的健康水平。

3. 编排原则

①高低冲击力动作结合，但高冲击力动作不宜过多，一般不超过 1×8 拍。

②创编一些新的动作或组合。

③一堂课有 4～6 个组合，每个组合不能超过 6 个基本动作。

④当基本步伐多时，上肢动作要简单，不要有方向的变化；当基本步伐少时，可以增加上肢动作难度。

⑤增加动作方向变化，可以加入转体的动作。

⑥移动路线多样化。

⑦变化动作的节奏以增加动作的难度和趣味性。

⑧音乐速度不能超过 150 拍 / 分。

4. 教学基本要求

①创新动作可以难一些，但要容易理解和学习。

②动作组合较复杂，要特别注意各种教学方法的灵活运用，使学生在练习的过程中容易学习。

③可以改变练习形式，不一定总是左右对称。

④继续对学生进行健身知识的教育。

⑤肯定学生的每一点进步，促进学生不断提高。

（三）高级课的设计

1. 适应人群

健康水平和技术水平较高，身体素质较好，希望接受挑战的参与者。

2. 课的目的

①设计更加复杂和强度更大的动作，使整堂课更具有挑战性。

②课的强度从中等强度提高到高强度。

③整堂课的练习形式要复杂、多样，使学生有成就感。

3. 编排原则

①设计出更有特点和创造性的动作组合。

②增加一堂课中的组合数量，可以把一堂课设计成一个大的组合。

③增加每个组合中的基本动作。

④加入更复杂的上肢动作。

⑤加入更多的方向和路线的变化。

⑥音乐速度不能超过 155 拍 / 分。

4. 教学基本要求

①高级课的教学比较容易，在教难的动作时注意分解教学。

②方向和路线变化多，动作复杂、变化快，要求提示要非常及时、准确。

③因为音乐速度的加快，要注意对速度的控制，避免受伤。

三、健美操课的构成

健美操课的基本结构一般包括 3 个部分：热身部分、中间练习部分、整理部分。在课的结构比例中，热身和整理部分均占课的 10% ～ 20%。课的结构变化在于中间练习部分的变化，有以下 3 种形式。

1. 二段式

①热身（10% ～ 20%）；

②有氧操（60% ～ 80%）；

③整理与伸展（10% ～ 20%）；

④有氧操部分包括任何其他种类的练习，如拳击操、街舞等。

2. 四段式

①热身（10% ～ 20%）；

②有氧操（40% ～ 50%）；

③轻器械操（30% ～ 40%）；

④整理与伸展（10% ～ 20%）。

这是目前最常见的课的结构形式。有氧操部分可以是不同风格、不同形式的有氧练习，如踏板等。中间两段一般应包括一段有氧练习和一段力量练习。在有氧练习后和力量练习前应有一个简短的整理。

3.五段式

①热身（10%～20%）；

②有氧操（30%～40%）；

③轻器械操（20%～30%）；

④柔韧（瑜伽）（20%～30%）；

⑤整理与伸展（10%～20%）。

中间3段一般应包括一段有氧操练习、一段力量练习和一段其他形式的练习。

但上课时间较短，如只有60分钟，则应包括两段不同形式的有氧操练习，以保证一定的有氧锻炼时间和效果。

四、热身与整理

（一）热身部分

1.热身练习的时间

热身练习是一堂健美操课的开始部分。热身练习是全面又特定的，它应占总锻炼时间的10%～20%。一堂60分钟健美操课，热身练习至少需要6～12分钟或根据天气和季节变化适当地做一些调整，夏天可以把热身的时间做一些压缩，冬天则应延长。

2.热身练习的目的

热身练习的目的是使身体较好地适应即将进行的健美操基本练习，以达到人们在生理和心理上的需要。锻炼时，人体的机能和工作效率不可能在一开始就达到最高水平，而是在运动开始后的一段时间内逐渐提高的。

3.热身练习的作用

一方面通过肌肉活动使机体各器官的活动加强，另一方面为即将开始的健美操课上练习做好准备。

（1）使体温升高

体温升高会带来一系列的有利于运动的体内指标的变化，如使神经传导速度加快、肌肉的黏滞性降低、酶活性提高、血流量增加、氧的扩散加快等。这些变化的总效果是肌肉的收缩速度加快、肌肉供氧增加、物质代谢和能量释放过程加强，有助于练习能力的提高以及防止肌肉和关节损伤。

（2）预先提高内脏器官的功能

热身练习可以克服自主神经的功能惰性，提高内脏器官的功能，并较好地动员其他器官与之相适应，更快地投入到锻炼中来，提高效率。

（3）提高神经系统的兴奋性

热身阶段进行的各种练习，能在大脑皮层留下相应痕迹，这一痕迹效应可更快提高中枢神经细胞的兴奋性，更快接通各中枢间的暂时联系，使神经系统对外周器官的调节更加完善。

（4）调节学生的心理状态

对于运动前学生出现的兴奋性或淡漠性，可以通过热身做一些调节。兴奋性高的学生可以做兴奋性低的动作，而淡漠性的学生可做兴奋性比较高的动作。每个学生都需要在心理上为锻炼做好准备，大部分的热身活动应是比较轻松的、有节奏和复合性的动作，能使全身关节和肌肉都得到活动。

4. 热身的内容

（1）低冲击力动作

选择一些低冲击力动作或组合可逐渐提高体温和神经系统的兴奋性。动作应简单，速度要由慢到快，还可选择一些和中间练习部分有一定联系的动作。为避免运动损伤，在热身阶段一般只采用低冲击力动作，在气温较低或某种特殊情况下可适当选用1～2个高冲击力动作，但要注意安全。

（2）特定部位的伸展

热身时做伸展练习的目的是增加肌肉和关节的灵活性，避免运动损伤，因此应伸展即将参与运动的特定部位。在健美操课中，参与运动的特定部位，如小腿、股二头肌、腰部和踝关节等都是伸展的关键部位。可以通过动力伸展来达到目的。动力伸展是一种在整堂课中重复进行的、慢速的、有控制的节律运动，还可以用静态伸展动作加以补充。静态伸展动作是指一个动作保持10～30秒，这能使新学生把注意力集中在身体协调和正确的姿态上。伸展动作可以贯穿整个热身阶段或主要安排在热身结束的时候。在伸展动作之间可以穿插一些其他动作，使热身练习不单调，保持一种活力。

5.热身过程中应特别考虑的因素

在热身阶段，为了能顺利地进行锻炼，还应考虑以下 7 个因素。

①重视开始阶段的准备工作：教师介绍本课内容，提出课堂要求，检查学生服饰，确保没有危险。

②正确选择音乐：课前要试听音乐。热身阶段的音乐可以是轻柔的或是振奋人心的，但必须适合课的内容、学生的年龄和锻炼经历。

③正确选择节奏和速度：过快或过慢的音乐都会影响热身的效果，根据国内外资料显示，一般选用每分钟 120 ～ 138 拍的音乐。

④初始阶段不宜过多采用过头顶的手臂动作：血液送到高过心脏的部位会给循环系统增加压力，对身体机能不健全的学生来说，会迅速加快呼吸和心跳速度。同时，过度或持续使用三角肌也是不科学的，因为锻炼过程中将主要使用这一部分肌肉，不宜太早让这个部位感到疲劳，简单的手臂动作比复杂的动作更适合热身阶段。

⑤尽量利用站位做伸展动作。用坐或躺在地板上的动作，会降低心率而且耗时。做伸展动作要适度，可增加一些低冲击力动作，以保证适宜的心率水平。

⑥动作编排的难易程度要根据学生的水平来定，课前做好充分准备。

⑦多样性因素。热身阶段应采用多种不同的教学方法，如采用多种动作、组成不同队形等。教师还可以转移位置进行教学，动作安排要动静结合。安排热身练习的强度和时间时，还应考虑年龄、锻炼水平、季节等特点。

（二）整理部分

1.整理练习的时间

整理练习是健美操课非常重要的一个组成部分。整理练习是一堂健美操课的最后一部分，是通过调节呼吸和轻松的身体练习平复身心的过程。为了更好地促进学生身体机能的恢复，在结束健美操锻炼前应做一些整理练习。整理练习应占整个上课时间的 10% ～ 20%，可根据实际课时的长短适当调整整理练习的时间。

2.整理练习的目的

健美操课整理练习的目的是使身体由紧张激烈的活动状态逐步过渡到安静状态，促进身体恢复。

3.整理练习的作用

有效的整理练习可以防止受伤，进一步增强身体的灵活性。同时，整理练习也是加速代谢产物消除，加快体力恢复的重要手段。做整理练习时，运动负荷要小，动作要尽量缓和、放松，使身体逐步恢复到安静状态。

4.整理练习的3个阶段

（1）调整阶段

调整是整理练习的重要组成部分。只有进行调整后，才能更好地进行伸展牵拉与放松。调整是指学生在结束主要练习后慢慢过渡到停止运动的身体练习。在这一阶段可以做一些与热身阶段类似的节律运动，如弹动、半蹲等，并可配合上肢的动作。进行健美操锻炼后立即停止运动，血液会集中在腿部和其他运动部位，回心血量明显降低，心量也随之减少，容易导致脑部供血不足，出现呕吐、眩晕现象。这就违背了健美操锻炼者练习的目的。

调整过程较简单，以较慢速度和较低强度继续进行练习是常用的方法。学生可以从练习的高冲击力动作或者跑跳步伐过渡到低冲击力动作或非腾空的移动步伐，如交叉步、V字步等，然后再做一些原地练习，如半蹲、移重心等，最后慢慢停止运动，这样有助于加速机体代谢产物的消除。有试验证明：研究者让受试者运动至筋疲力尽后，再继续轻微运动一段时间；而另一次让受试者运动至筋疲力尽后，立即停止运动。结果发现，继续轻微运动的受试者乳酸的消除速度比静止休息者快一倍。调整练习还可以促进血液循环，进行健美操锻炼后立即停止运动，就会影响氧的补充，这将会影响身体的恢复。因此，调整阶段是整理练习的重要组成部分，能够加速疲劳的消除和促进机体的恢复。

（2）伸展阶段

进行调整练习后，学生的心率已基本降至正常值，此时进行整理练习的第二阶段——伸展练习。伸展是指将处于休息状态的肌肉组织拉长。它可以减轻学生在健美操锻炼后由于乳酸堆积而造成的肌肉酸痛感觉和僵硬状态。乳酸是运动时需氧量大大超过摄氧量，肌肉进行无氧代谢过程中葡萄糖分解生成的。虽然健美操是有氧运动，但由于一开始学生身体机能水平较低，以无氧代谢为主，导致健美操锻炼结束后会有少部分乳酸堆积在体内。伸展可以加速乳酸消除，从而加速肌肉疲劳的消除。在伸展过程中，参与运动的主要是肌肉和结缔组织。健美操锻炼后进行有效的伸展练习有助于拉长肌肉和结缔组织，增强灵活性；缓解肌肉紧张，使其更加放松；防止外伤，促进血液循环，从而更好地促进恢复。

另外，学生进行健美操练习后，由于代谢产物的积累，可能引起部分肌纤维（肌纤维是构成肌肉的基本单位）收缩过度而又得不到完全放松，容易导致局部肌肉痉挛。因此，在整理练习中做一些局部和全身的肌肉伸展练习，有助于缓解肌纤维痉挛，改善肌肉血液循环，加速乳酸的消除。有效的伸展练习，可使肌纤维拉长、变细，这对于爱美的女性来说，更应引起重视。

不进行伸展练习，肌肉和结缔组织不能被拉长，就会失去灵活性，从而影响学生的运动能力。

整理部分的伸拉练习时间可长一些，可采取多种练习形式，如站位伸拉和垫上伸拉。可采取下面 3 种伸拉方法。

①静态伸拉：是指肌肉逐渐伸展到超过正常范围的某一点，然后保持一段时间，如感到不适，可适当地调整以缓解紧张。由于静态伸拉在伸展肌肉和结缔组织时非常有效且很安全，因此静态伸拉是目前健美操锻炼中最常用的伸拉练习方法。

②动态伸拉：是指肌肉被拉到运动范围的极点而过度伸张。由于伸拉反射引起的收缩量和收缩率与伸展量和伸展率成正比，所以这种反弹性伸拉形式常常会使肌肉发生撕裂。目前，这种方法一般不被采用。

③ PNF 伸拉：代表本体神经肌肉促进，是静态伸拉的一种进化。机体在进行静态伸拉后，相对另一固定阻力进行强烈的等距收缩（6 秒钟），激活高尔基腱，引发相反的伸展反射（肌肉放松），然后进行进一步的 PNF 伸拉。目前，PNF 伸拉是提高肌肉灵活性和柔韧性的最佳训练方法。

在做伸拉练习时，应保持轻松愉快的心情。伸拉的最佳点是有"伸"的感觉但不疼痛，应避免疼痛现象的产生以防止运动损伤。

（3）放松阶段

健美操锻炼后，可以更好地促进身体恢复。做放松练习时，应调节好自己的呼吸并配以平静、柔和的音乐，使整个身心都处于一种放松状态。

总之，整理练习是健美操课的一个重要组成部分，对学生的身体健康、锻炼效果和运动后疲劳的恢复都有着重要的影响。因此，不论上课时间的长短，都不能省略整理练习，且应该包括整理练习的 3 个阶段，即调整、伸拉和放松阶段。

五、健美操课的实施

（一）课前准备

1.动作设计

课前应明确课程的目标，通过授课使学生达到什么程度。然后根据课的类型、课的目标和学生的能力选择和编排动作。在学生能够接受的情况下，还应适当增加新的变化，并使学生有"容易"和"相对难一些"的选择。

编排完动作组合后，应反复练习直到动作熟练。必要时可先进行试讲，这样做不仅增加教师的自信，而且保证了上课的效果。

2.教导方法选择

如何把设计的动作组合通过有效的教学方法教给学生，并在教学的过程中使学生达到锻炼身体和娱乐的目的，是衡量一堂健身操课成功与否的重要因素。因此，教学方法的选择占据了非常重要的地位。在选择教学方法时，要注意学生的接受能力，针对不同水平的学生应选择不同的教学方法。总之，要使学生既能够接受又不感到枯燥，使看起来很复杂的动作组合学起来并不困难，使学生在练习过程中不仅能锻炼身体，心理上也能得到满足。

3.音乐

健美操课应选择节奏感强、速度合适的音乐，教师应在课前熟悉音乐的旋律与节拍，做到在上课时心中有数。一般同一首音乐可用几节课，但要避免长时间地使用，应及时更换新的音乐，或轮流使用几首音乐。每节课都应携带备用带。

4.撰写教案

每节课前撰写教案可使准备工作更加充分，上课更有信心。有时教师可能同时教几种不同的课，因此教案的撰写将给教学提供很大的方便。另外，长期在教案中记录动作组合，也有利于进一步提高创编能力和不断提高课的质量。健身操课的教案是比较简单的，可以根据授课内容、授课目的等来撰写教案。

5.场地器材的准备

课前应提前10分钟到场。首先，检查音响设备和场地状况是否正常，如有问题应及时解决。其次，准备好上课要用的器材，如哑铃、踏板、垫子等，并布置在不影响其他课的进行且便于取放的地方。

（二）课的组织

1.介绍课程

在课程正式开始前，应用几分钟的时间介绍一下本课程的主要内容、特点和目的，使学生心中有数。如有新学生，应适当打个招呼，不要让新学生感到陌生和受到冷落。如果是第一次课，那么应首先进行自我介绍，让大家了解你，感到你是很容易亲近的，这样做对后面的课具有积极的作用。

2.练习队形与示范位置

练习队形应根据参加练习的人数和场地的具体情况来确定。首先，学生之间的间隔和距离要适宜，每人应有大约两米的空间，左右以学生两臂侧举不会相碰为宜、前后可适当插空排列。这样学生不仅有足够的活动空间，而且能有效地观察到教师的示范动作和面部表情，有利于相互间的沟通。在进行器械练习时，应根据器械的特点和大小适当增加练习队形的间隔距离。在取放器械时，教师要进行一定的指导与组织，在练习有序的同时减少伤害事故的发生。

决定示范位置的第一要素是使全体学生都能看到，以便于指挥和观察。目前，有些教学场地有示范台，为教师上课提供了良好的条件。在没有示范台的情况下，应通过调整队形使每一个学生都能观察到教师，这是保证练习效果的一个至关重要的因素。

目前，国外有一些流行的课程，如循环练习课、力量练习课等，需要教师走到学生中间去进行交流与指导，这要求教师要处理好个别与集体的关系。

3.练习形式

健身操课多采用集体练习的形式，因为有氧练习要求中低强度、长时间的运动。在课程进行过程中，要保持学生的心率稳定在最佳心率范围内。因此，集体练习就成为一种最有效并被广泛采用的健身操课练习形式。

集体练习又分为两种不同的形式：集体同时练习和集体分组练习。集体同时练习即所有的学生同时做同样的动作，其优点是比较简单、便于教师的指挥，容易达到练习的强度和密度要求；其不足之处是形式比较单一，容易使学生感到枯燥，从而失去对练习的兴趣，需要教师特别重视与学生的沟通和激励方法的运用。集体分组练习即把学生分成若干个组，同时或依次做不同的动作。这种练习包括目前在国外非常流行的循环练习以及加入各种队形变化的练习方式。集体分组练习加强了学生之间的配合与联系，增加了练习的乐趣。同时，把教师的主要工作从单纯的领操中转移至课堂的组织，从而对教师提出了更高的要求。

在一堂健身操课中，可结合运用集体同时练习和集体分组练习两种不同的组织形式。如在热身和整理练习时采用集体同时练习形式，在中间的主要练习阶段采用集体分组练习形式。这样可使课程的组织更加丰富多彩，提高学生的兴趣和锻炼的效果。

4. 观察与调整

虽然每一个教师在课前都有一定的设想，甚至一些人已写了教案，但在课程的进行过程中，仍然需要教师随时观察学生的练习情况，并根据实际情况对动作的难度、教学方法等进行及时的调整。因为学生每天的身体状况和情绪都有一定的变化，也可能教师原先的信息来源与事实有出入，设想不一定符合当时的实际情况，也许个别人有特殊情况需要特别的照顾。总之，应使课上所有的学生都感觉良好，所有学生都能跟上动作，没有人感到枯燥，这样才能保证课堂效果。因此，细心观察和及时调整对一堂成功的健身操课是非常必要的。

5. 激励

采用各种各样的方法及时对学生进行激励，是健美操教师应具备的意识。激励在一堂课中应贯彻始终，包括对学生的每一点进步都及时进行表扬，使学生明确自己的进步，增强其锻炼的信心，并鼓励其向更高的目标努力。

（三）课后交流与总结

1. 交流与反馈

在课程结束后，教师不应马上离开场地，而应留有一定的时间与学生进行交流，及时了解他们对课程的感受和想法。

2.总结与改进

　　结合自己的感受和学生的反馈信息，教师应对自己的上课情况进行及时的评估和总结。肯定优点，明确不足，找出存在的问题和解决办法，为下次课程的改进提供依据，从而不断提高自己的能力和教学的质量。

第四章　高校健美操教学的现状及问题

第一节　中国体育教育发展现状——以江西省为例

一、高校体育教育课程现状研究

（一）大学体育选项上课的调查研究——以华东交通大学为例

目前，推进素质教育已成为我国教育的主要目的。体育作为教育的重要组成部分，在素质教育中起着重要的作用。党中央国务院第三次全国教育会议上《关于深化教育改革，全面推进素质教育的决定》指出："如何在学校体育中落实素质教育，是当前我国学校教育工作者面临的重要课题。"为此，建立起一套行之有效的，与素质教育相适应的，与素质教育相匹配的大学体育教学体系，是当前最需要解决的问题。

笔者试图通过对华东交通大学部分学生的问卷调查以及与华东交通大学（简称交大）领导，体育学院院长以及学院老资格教师的座谈，清楚地了解了该校的体育教学以及改革的现状。

笔者对华东交通大学大一和大二200名学生和体育教师进行了问卷调查，并走访了体育学院的院长和教师，得到下述结论。

1.体育项目的设置

交大现在实行学生选择项目上课，但在项目上可以选择的范围只有10个项目：篮球、排球、乒乓球、羽毛球、健美操、武术、跆拳道、散打、网球、旱冰。笔者就学生对现有体育项目的满意程度进行了调查，结果见表4-1。

表 4-1　学生对体育项目的满意程度调查表

态度	满意	一般	不满意
人数	42	76	82
比例	21%	38%	41%

从表 4-1 可以看出对现有的体育项目不满意的学生最多，占到 41%，通过对问卷的总结，究其原因归纳为以下几点：①项目太少；②开展的项目有的器材设备跟不上；③有器材的项目没有场地，密度大；④好的项目开班太少。

2.体育考核评分办法

该校的体育考核评分办法采用以下公式：

总分 = 技评项目（70%）+ 课外体育锻炼（20%）+ 平时考勤（10%）。我们就该校学生对该考核评分方法的态度进行调查结果见表 4-2：

表 4-2　学生对现行的考核评分方法的态度调查表

态度	满意	一般	不满意
人数	146	50	4
比例	73%	25%	2%

从表 4-2 可以看出 98% 的学生是认同现有的评分方法的，这说明大部分学生都想在自己特长上拿高分，这也完全符合学生的心理。其实，每个学生都有自己相对较好的项目，这样让他们自己选择喜爱的项目，势必可以提高他们的热情，即使他本身在此项目上不是很优秀，也会在此下一番苦功。这样既激发了学生的自主性，又提高了其体育锻炼的积极性，更重要的是以自身喜欢的方式达到了锻炼身体的目的。

3.体育课程设置及体育活动安排

除每周安排 2 节体育课外，学校没有组织其他集体课外活动，但每天下午都有自由活动的时间。因体育课是必须参加的，我们对学生每周其他时间参加体育活动的次数进行了调查，结果见表 4-3 和表 4-4：

表 4-3　学生额外参加体育活动的周次数调查表

次数	0～1 次	2～3 次	4 次以上
人数	132	52	16
比例	66%	26%	8%

表 4-4　影响参加额外体育活动的因素

因素	体育设施	学习紧张	不喜欢运动	课程设置已够
人数	88	68	26	18
比例	44%	34%	13%	9%

从表 4-3 可看出，除学校安排的体育课外，有 66% 的学生几乎不再参加体育锻炼。只有 8% 的学生能额外坚持 4 次以上的活动次数，不管每次时间的长短，这部分学生至少有较强的自主锻炼意识。从表 4-4，我们可以得到有的学生是不喜欢体育运动的，而且这里面女生占多数。除设施影响外，学习紧张也是一重要原因。

4. 体育设施

该校的体育设施应该在大学中算比较齐全的，有室外田径场 2 块，室外网球场 2 块，室外羽毛球场 4 块，室外排球场 6 块，室外篮球场 12 块，游泳池 1 个，还有室内篮球、排球馆、健美操馆、乒乓球馆、体操馆、武术馆等。表 4-5 是学生对体育设施的态度调查。

表 4-5　学生对体育设施的态度调查表

态度	满意	一般	不满意
人数	22	70	108
比例	11%	35%	54%

表 4-5 可以看出对体育设施不满意的学生最多，占到 54%。通过对问卷的总结，究其原因归纳为以下几点：①体育馆开放时间限制，使用太少；②体育器材数量有限，以致到了集体活动时不够用；③场地小，密度大；④没有指导教师，不敢使用；⑤体育器材质量问题。

5. 教师配备

该校有体育教师 61 名（男 46，女 15），以下是通过学生对教师能力和素质情况的调查结果（表 4-6）。

表 4-6　学生对教师能力和素质的调查表

体育教学能力	胜任（52%）	一般（38%）	不胜任（10%）
创新意识	好（20%）	一般（20%）	不好（60%）
思想政治素质	高（37%）	一般（56%）	差（7%）
知识面	广（34%）	一般（30%）	窄（36%）

工作能力	强（59%）	一般（23%）	差（18%）
心理素质	好（56%）	一般（37%）	不好（7%）
自我完善能力	强（29%）	一般（59%）	差（12%）

从表4-6看出，学生认为对教师的能力素质还有待提高，尤其是创新意识方面，有60%的学生认为教师创新意识不好。而最基本的教学工作90%通过了学生这关，在知识方面也显得较窄，只有心理素质、工作能力得到了学生的基本好评。看来学生对教师的要求越来越高，教师如果没有自我完善能力，将来越来越不胜任自己的教学工作。从表中我们也发现学生不单单是喜欢自己的教师就就业业，而是更多的喜欢教师的灵活、应变等能力。

针对上面提到的问题，笔者认为应从以下几方面进行调整。

1.调整体育项目，增加项目内容

体育内容丰富多彩，我们应该根据学生爱好增加更多的项目来满足学生的需要，把现有的但场地器材无法保障的项目进行调整，让学生个性爱好得到发展空间。同时我们应对学生进行必要的体育理论指导，以鼓励学生发展特长、培养兴趣、进行创造思维和培养学生学习锻炼的意识和习惯。

2.改进评分体系结构，利用相对评分法的优势

目前的评分体系结构深受学生欢迎，但我们还应改进利用相对评分法优势，更加体现考核对进步程度的重视，使评价尺度更能体现学生的个体差异，使考核更加公正、客观。

3.配备专门的教师指导学生的课外锻炼

大学生对课外锻炼大部分是凭兴趣的，他们对某项活动兴趣非常浓厚，可是时不时地会碰到这样那样的困难，例如，对游戏规则的陌生、对技术动作的改进，以及集体活动的组织等。在这种情况下，如果没有教师进行及时的指导、讲解，他们会渐渐对此失去兴趣，相反，有一位专门的教师负责各种各样的指导，对学生问题进行及时处理，不仅更加增强了他们的信心和兴趣，也使学生能够学到从中发现问题、解决问题的方法和能力，这也恰恰符合素质教育的要求。

4.提高教师素质，适应素质教育的发展

在素质教育的形势下，改革无时无刻不在进行着，这就要为人师表的

教师首先提高自身的素质。只有高素质的教师，才能大力推动素质教育；只有具有创新意识和创新精神的教师，才能不断的改革教学方法，培养学生的创造能力。这就要求教师对新的体育教学成果和科研成果有敏感的感知力和学习、实践的精神。另外，教师也要有广博的知识和再学习的能力以及较强的工作能力和自我调节、自我完善的能力，这样才能培养出跨世纪的新一代人才。

5.增加体育投资，完善体育设施

体育设施是进行体育活动的硬件条件，硬件条件的薄弱，直接导致整个体育教学面临困难，因此，适当增加体育投资，完善体育设施也是在大学体育进行素质教育过程中不可或缺的一个重要部分。交大虽然体育设施较少，但利用情况更不理想，尤其是对体育馆的利用与其投资还有一定差距。想进一步提高其利用情况，要在管理方面加强。当然进一步投资是要进行讨论的，因为这关系到许多方面，但现有的设施的利用应当是当下考虑的问题。

（二）体育专项课男女合班上课调查分析——以江西科技师范学院为例

体育专项课已成为我国高等院校体育课程教学或改革的重点。然而，采用何种形式上课，男女合班上课或男女分班上课哪种更具有优势，笔者就此问题对已经采用男女合班上课的江西科技师范学院（简称师院）体育学院体育教育系各年级学生进行调查和研究，以期能为全国普通高校体育专项课采用何种形式上课提供一些参考依据。

笔者根据当代大学生的身心特点，在查阅文献资料和专家指导的基础上设计问卷，对江西科技师范学院体育学院体育教育系的体育专项生进行随机问卷调查，发放问卷120份，回收120份，有效率100%，并在此基础上进行统计分析。

1.结果与分析

（1）体育专项课男女合班上课的理论基础

体育专项课是指根据学生的兴趣爱好和体育专长，结合学校的实际开设的一门专项体育课。其较普通体育课具有以下几个特点：①以满足学生直接体育需要为主；②由被动学习直接变为主动学习；③注意动作技能的提高；④教材专项化、兴趣化；⑤教学组织简单化；⑥采用以练为主的授课形式。所谓男女合班上课是指异性同堂上课，即男女学生组织在一起进行课堂教学。

国内外有关研究资料表明，男女合班上课易引起学生学习的兴趣，能充分发挥学生的内部潜能，在课的安排上也有较大的机动性，在教材的选择上灵活多样，在各个体育运动项目中，都能让每个学生在异性面前充分表现自己，从而提高教学的趣味性，增加学生学习的积极性，为顺利完成教学任务创造条件。以排球教学为例，上手传球的技术动作比较复杂，学起来有一定的难度。教学时，如把男女学生安排在同组进行练习，学生便会认真地学习动作，体会要领，努力使自己的球传到位，让对方满意，这就无形中加速了对动作的掌握，扣球人也能手下留情，不至于将球打得又重又偏，能较好地控制扣球的路线和落点；而接球人也全力去救起对方的扣球，这对于男女双方练习者来说，都是有好处的。而在田径方面，比如接力跑分组时，力争使各组男女人数相等，在顺序编排上最好是男女间隔，这样做的好处在于男女双方都不甘于落后，在交接棒时，也有一种潜在的默契配合，缩短了交接棒时间，为进一步赢得胜利奠定了基础。这样既增加了比赛的严肃性，又培养了学生的集体荣誉感，同时又能尽自己最大的努力，达到较理想的效果，对完成教学内容，提高学生技能都有益处。

2. 江西科技师范学院体育专项课合班上课的调查与分析

一个措施的实施关键在于实施对象的支持，通过问卷调查，师院学生对合班上专项课的支持率非常高，其中很满意的占31%，满意的占43%，一般的占21.8%，不满意的占4.2%。由此可见，师院学生非常支持这一措施的推行，这也进一步说明了男女合班上专项课的正确性。

有关资料表明，活跃的课堂气氛是上好一堂体育课的关键。而良好的课堂气氛很大程度上取决于学生的学习兴趣。通过问卷调查，师院学生认为男女合班上课更能提高学习兴趣的占65%，有18.3%的人认为无所谓，仅有16.7%的人认为男女分班上课不能提高兴趣，这说明男女合班上课适应了青年学生的身心特点、情感特征（对异性的关心、向往等）。

所谓动作技能是指通过练习巩固下来的自动化的完善的动作活动方式，而体育专项课是学生学习动作技能的重要环节。师院采用男女合班的形式已经有几年的时间，其上课形式是否会影响学生的动作技能的形成，为此进行了问卷调查，结果表明，大多数学生认为男女合班上课不但没有影响动作技能的形成，反而有20.8%的学生认为有很大帮助，58.3%的学生认为比较有帮助，只有少部分人认为男女合班上课会影响动作技能的学习。

在动作技能的学习上，对江西科技师范学院体育学院体育教育系 03 级甲、乙两班共 83 名学生的排球专项课进行一个学期的教学对比实验，甲班男 23 人，女 20 人，合班上课。乙班男女共 40 人分班上课。经测试，实验前两班水平相同。

调查结果显示：男女合班上课对促进学生个性的发展、增进友谊、协调人际关系是有利的。有 74.2% 的学生认为男女合班上课能促进学生个性的发展，只有 1.7% 的学生认为男女合班上课不能促进学生个性的发展；81.7% 的学生认为男女合班上课能增进友谊、协调人际关系，没有一个学生认为男女合班上课不能增进友谊。

由此可见，大学体育课不仅是学生学习动作技能的场所，同时也是培养学生个性、增进友谊、协调人际关系的场所。

3. 结论

①师院体育专项课男女合班上课有利于培养学生的学习兴趣，提高学习的积极性。

②师院体育专项课男女合班上课可促进学生技术、技能水平的全面提高。

4. 建议

①全国各高校在确定专项选修课时，一定要从实际出发，根据自身的师资、场地、器材等来确定选修学生的数量，但在上课形式上不要强求男女分班上体育专项课，采用男女合班上课也是一种积极有效的方法。

②男女合班上课在一定程度上能促进学生技能的提高，只要组织得当，进行男女合班上课比男女分班上课更具有优势，即使高校在师资、场地、器材较为充足时，对学生采用男女合班上课也是行之有效的。

二、课余体育活动开展现状——以华东交通大学课余篮球活动为例

毛主席曾在《体育之研究》一文中谈道："德育皆寄于体，无体是无德智也。"这说明随着学生学习压力的增大，没有良好的身体素质作保障，是不可能完成学业的，也就更谈不上成为一名建设中国特色社会主义社会的合格人才。高校大学生是祖国未来的栋梁之材，高校体育事关重大。大学生的课余时间相对较多，因此课余体育是高校体育的重点，而课余篮球运动因其易普及和趣味性强的自身特点，深受广大学生的喜爱，是校园中最受欢迎的体育项目。课余篮球活动的开展使越来越多的人走到篮球场，加入这一运动中来，它的普及和开展不仅丰富了校园文化生活，提高了学

生身体素质和心理素质，更进一步培养了学生的集体主义精神和团队协作能力。

通过对课余篮球活动开展现状的调查研究，可以更加客观地了解到大学生课外篮球活动状况，进而以小见大，窥探高校大学生课余体育活动的状况。探究影响大学生课外篮球活动的主要因素，并在此基础上提出相应的对策，在一定程度上可以帮助高校教师对课余篮球活动的指导，完善课余篮球管理制度，为学生创造更好的有利于课余体育活动发展的良好环境。

（一）研究结论

通过对华东交通大学的学生进行问卷调查，得出了以下结论。

①学校喜欢篮球的学生很多，课余篮球活动的开展也很活跃，但在开展时间上分配不合理，使得学校原本就紧缺的场地更紧张。另外，学校现只有为数不多的标准篮球场和两个室内篮球馆，这样的硬件条件早已不能满足学校每年增多的学生参加篮球活动的要求。再者，女生的自身条件与男生不同，很难一起训练，而场地往往被男生占用过多，使得女生没有单独的场地，导致很多女生不能参加篮球运动，只能在球场旁边观看男生比赛。

②课余篮球活动总体形式很好，是开展范围最广、人数最多的课余活动，但由于缺乏指导和组织，使得学生参加课余篮球活动的形式单一，大部分同学都是在进行自由的篮球活动，没有合理有效的锻炼方法，同时也缺少篮球同伴，这些原因使得同学们的技战术不能很快地得到提高，并且抑制了学生参加课余篮球活动的积极性。但随着我国篮球运动的不断发展，越来越多的同学加入篮球运动中来了，因此，大家对篮球的关注度也不断提高，对课余篮球活动的改善具有强烈的期盼心情。

（二）建议

①首先，建议学校加大对篮球场地设施的投入，加强体育场馆的经营管理，采用多种方式招商引资，充分利用校外的力量来开发我校课余篮球这块土地。其次，建议学校合理安排课程时间，错开上课时间，给不同的学生不同的课余时间段，减缓场地不够的压力，使场地器材得到充分的利用。最后，建议学校分开男女篮球场地，设立女生专用篮球场，增加场地管理员，维护场地秩序和使用，让女生也有锻炼的地方。

②建议学校在篮球运动方面多加重视，多组织一些篮球活动，多举办篮球比赛，多向非体育院系派遣指导体育工作人员，让更多的同学参加篮

球活动，使各个院系的篮球运动得到充分的开展，使学生的课余生活更加丰富。

三、江西高校体育产业发展思考

（一）发展高校体育产业的意义

江西高校体育产业的潜力首先来自其拥有比较完备的体育设施。据统计，全省近 30 所高校有室内体育馆的占 60%，部分学校甚至是一校多馆；田径场拥有率达 95% 以上，游泳馆、羽毛球馆、乒乓球馆、网球场地的普及率都达到 50% 以上。各大高校完全可以利用如今人们"花钱买健康"的心理，借国家推展全民健身运动之机，进军社会健身娱乐业，对社会开放部分场馆，校方辅以咨询、指导教练之责，这样势必会吸引众多消费者。此举既可扩大学校知名度又能取得良好的经济效益，实现体育自身造血功能。另外，高校间还可以通过举办各种体育比赛与地方企业合作，发展体育赞助业。这样的成功例子很多，如一年一度的全国大学生足球联赛就吸引了菲利普这样的国际知名企业的垂青；由安踏体育用品等企业赞助的全国大学生篮球联赛每年也进行得异常激烈。各校球队通过企业的赞助，大大改善了球队的训练、服装、器械等条件。与此同时，也为企业的形象宣传、产品促销做出了贡献，双方皆大欢喜。而更为重要的是通过这些比赛，培养了一大批"体育高材生"，提高了当代大学生的体育素质。其中还可能会出现"体育明星"，为赞助企业树立良好的品牌形象。

（二）发展江西高校体育产业几点建议

1.树立产业化经营的理念和目标

高等院校体育场馆实施产业化经营的理念就是要改变长期以来以行政管理为主导的学校场馆管理体制，注重在体育场馆产业化经营中导入商业化市场经营机制，严格按市场经济的规律、手段和方法去经营现代大学体育场馆的运作。以市场为导向，不断拓展现实的体育市场和努力培育潜在的市场，深入开发各种各类有形、无形的体育资源，引导公众体育消费和满足公众的体育需求。

江西高校体育场馆不仅要为高等院校的体育教学、运动训练、竞赛、科研和全体师生的健身活动提供完善的体育服务；同时也应构建面向市民提供全方位、多层次的有偿体育服务体系，充分发挥高等院校体育场馆最大的经济功能与体育功能，为江西经济发展作贡献，并在获取经济效益的同时不断创造社会效益。

2.明确产业化经营的内容

高等院校体育场馆产业化经营的内容应依据自身可开发的体育资源及目标顾客的各种体育需求，通过市场细分，合理定位各类体育服务产品的经营。体育场馆产业化经营的内容主要有：提供社会各类体育有偿服务产品；举办各类体育知识、技能培训；商业化运作各类赛事；设置特许销售区；参办各类体育博览会和体育用品展销会；协助与参与其他市场热点产业的运作；无形体育资产的开发与销售。

近年来全球体育发展进程已证明，对体育无形资产的开发和利用，直接影响到产业化经营的经济效益。高等院校体育场馆产业化经营过程中，除了要重视对场馆各类有形资产进行包装使用外，尤其要重视对场馆各类无形资产进行优化组合并经包装后进行销售，以实现体育资产的整合效益。与高等院校体育场馆有关的无形资产包括很多方面，如场馆和设施的冠名权、租赁权、特许经营权和使用权，各类赛事活动举办权，专有技术（包括场馆经营秘密），商业信誉等。体育场馆冠名权这项无形资产的销售，已成为体育经营者获取营销效益的重要手段。此前，全球高等院校的体育场馆多数采用地理位置命名，如北京体育馆；或以纪念某个名人方式命名，如中山体育馆等。现今新建体育场馆的冠名权则多数为企业所购买，而企业愿以巨资购买场馆命名的主要原因是它能有效提高企业的品牌价值，美化企业形象，提高知名度。此外，此项举措可成为企业拓展新市场的助力，亦可在体育场馆内进行联合促销活动，命名企业可获得购买体育场馆内豪华包厢及其他各种体育设施的优先权，命名费用可抵免税收等。出售冠名权也给体育场馆经营者带来巨大的经济利益。

（三）高等院校体育场馆产业化经营的几个问题

1.高度重视体育场馆的安全

解决安全问题现今已成为全球体育场馆经营过程中的首要工作。当体育场馆举办大型竞赛和活动时，人群蜂拥而至，加上媒体的推波助澜，体育场馆更是公众注目的焦点。历史上国内外体育场馆内发生的安全事件仍记忆犹新。因此，必须采取切实有效的管理措施，随时防护各种突发事件的发生，以确保体育场馆运营过程中的安全。

2.以市场为导向，不断适应和满足市场的需求

当前江西潜在的体育市场已具备了广阔的发展前景和开发潜力，江西人民对体育的需求将持续高涨。为此，体育场馆产业化经营过程中必须随时对市场的变化以及市民的消费动机、行为和消费心理进行研究和预测，明确市场定位，以不断满足市民日益高涨的体育需求。

3.突出品牌，兼顾综合经营

高等院校体育场馆产业化经营应以创建自己的品牌作为奋斗方向，这已成为现代体育场馆经营者的共识，同时注重各类体育商品服务的综合经营并不断开发新的体育商品服务，以满足消费者的多种需求。此外，还应设法以体育场馆作为营销平台，在推销体育商品的同时，尽量延伸体育场馆与其他市场热点产业的合作，如举办演唱会，大型人才招聘和咨询会等，以提高体育场馆的使用效率。

4.经营计划的制订必须以市场调研和预测为前提

要制订切实有效的体育场馆经营计划，明确经营的眼前和长远目标，经营的内容和策略、资源配置、目标顾客等，切忌凭想当然进行，必须认认真真进行市场调研和市场预测，全面深入细致的了解高等院校内部的体育需求和外部环境（如周边人口数量及人口构成、恩格尔系数、周边交通和经济状况、公众体育意识和消费观念以及竞争对手情况等）以及预测未来内部和周边环境的变化及对体育场馆产业化经营的影响，在此基础上制订的场馆经营计划才既有针对性和前瞻性，又有可行性和实效性。

（四）以体育消费促进产业化发展

体育消费作为生活性消费中较为重要的一部分，在社会上对于体育消费的普遍定义是：消费者为了满足自身的物质或精神生活的享受和自身发展的需要，从而通过消耗体育资料或劳务来满足实际的自身需要的这一过程。体育消费市场化是发展体育产业的必由之路。

体育消费怎样通过市场途径得以实现？满足体育消费的体育产品泛指能够满足人们参与、观赏各种竞技运动，健身运动需要的一切有形、无形的东西。当一个人花钱观赏某种技术体育项目，比如观看一场甲 A 足球比赛时，他花钱购买到的是整个比赛给他带来的无形的喜怒哀乐，这是一种兴趣的追求、情绪的宣泄、心理需要的满足。如果一个消费者的这种心理与情感需要的满足程度越高，该消费者花钱观看甲 A 比赛的动机便越强，

因而他不断地产生这种特殊购买行为的可能性便越大。同样，当一个人花钱亲身参与到某一体育项目中进行体育锻炼时，他的这种购买行为让他得到的是什么呢？得到的是情感上的愉悦以及对身体健康的希望。可见，体育产品的核心是它能满足人们的某些需要。

一旦人们为了满足其自身的某些体育消费需要而必须通过付费的方式去获得相应的体育产品时，一个重要的行为便必不可少，这种行为就是"交换"。交换是市场的核心概念，没有交换便没有市场。当观赏竞技比赛或进行体育锻炼必须通过以货币为媒介的交换行为才得以实现时，传统意义上的体育项目便被赋予了当代体育产品的概念，计划经济下的体育运动便被赋予了市场经济下的体育市场的概念。

体育实际上是否通过交换而被消费？或者说，体育在现实中是否已经具有市场的特征？要回答这一问题，只要简单地看看体育的发展过程便不难清楚地找到答案。在过去的计划经济体制下，各种体育设施、体育队伍、体育竞技比赛均在大一统的管理模式下运行。体育设施虽然极为不足，但是人们使用体育设施不需要通过货币媒介来实现，竞技比赛虽然很少，但人们观赏比赛基本无须付费。在那个时候，体育消费无论是作为体育实践还是作为体育观赏都不需经过交换，体育当然也就没有市场的特征。伴随经济体制改革进程的不断推进，前述情况也已发生巨大的变化。比如，足球作为体育改革的突破口，仅仅五年的光阴，便发展成为年产值近7亿元的第一大体育项目，而在此之前，国家给中国足协每年的经费才不过500万元左右。足球还是那个足球，足协还是那个足协，为什么短短几年便产生了如此之大的变化？个中缘由，不是因为找到了"芝麻开门"的暗语，而是"市场化"产生的巨大魔力。今天，谁都知道去足球现场观看比赛必须付费，赞助商要在足球比赛现场获得其广告的曝光度必须付费，媒体为了提高收视率而想转播足球比赛必须付费。付费使足球比赛这一体育项目变成了体育产品，这种产品只有通过以货币为媒介的交换才能获得。这样，发端于足球并以交换为核心的体育市场开始形成。

消费人口的多少决定了体育市场规模的大小。中国人口数量多，对体育产品具有消费欲望的潜在消费者在中国人口中占有相当大的比重，因为获得"健康"和"活力"是人类永恒的追求，观赏竞技体育实现心理与情感的满足则日益成为当代一部分人的生活方式。从这个意义上说，中国潜在的体育市场规模极大。

体育的市场化必然要求体育设施使用的货币化。随着经济的发展，人们收入水平的提高、可支配收入的增加，体育消费观念的改变，体育市场容量将十分可观。从世界范围来看，世界体育市场的年规模已达 4000 亿美元，且以每年 20% 的速度增长。早在十年前，美国的体育市场规模就超过了石油化工、汽车等市场。从 1984 年洛杉矶奥运会起，世界各国众多城市争办奥运会已成为全球一大景观。

在中国，仅 1998 年，全国足球甲级联赛和足协杯赛的观众就达 500 多万人次，创造了近亿元的收益。与发达国家比较，中国目前的体育市场容量固然微不足道，但市场潜力却不可低估。体育消费的市场化会随着人们体育消费观念的转变、收入水平的提高而日益成为一种普遍的现象。

除此之外，体育消费还可以促使人们增强锻炼意识和健康习惯。如在高校中，高校教师这一庞大群体，具有固定的闲余时间和经济稳定的收入这两个先提条件，就形成了在体育消费中的基本条件。高校教师的一些行为习惯也会给学生带来一定的影响，他们的行为习惯与消费观念更容易受到他人的模仿与借鉴。高校教职工不仅有一定的体育锻炼意识和健康保健意识，而且体育消费能够激起教职工的运动欲望，使其在体育锻炼方面更加投入，提升其体质健康，并且这种观念能够影响学生的体育消费观念及对健康的认识也是对自身体质状况的充分认识与肯定。

第二节　高校健美操教学的现状

一、健美操课程开设状况

有研究调查显示开设健美操课程的大学中，有的采用了统一的教学材料，包括编译教材或讲座资料；有的大学没有课本，只有一些音频、视频信息和动作图片。在有体育运动系的高校，健美操的普及率和影响率最高，除了有使用教材外，还在教学中运用多媒体的教学形式。体育馆、楼前空地、操场为主要的学习场所。可见大部分高校无法提供具有专业规模的健美操场地及相关设施，没有齐全的硬件设备和场地保障是不利于健美操课程的开展的，如没有地毯就无法完成垫上教学，没有镜子学生就无法了解自己动作的缺陷。

二、健美操的教师队伍现状

（一）健美操师资状况

教师的年龄结构直接反映出师资队伍在教学和科研方面的能力。比例适宜，老、中、青三者结合的年龄结构有利于保持健美操教师队伍的相对稳定性、连续性和继承性。因此，教师的来源有两种途径：主要来源为体育院系毕业的本科生及研究生，他们是最具专业水平的教师队伍，拥有一定的体育运动教学的理论基础，具有一定的健美操训练经验和专业能力，可以按照教学方法进行动作组合教学；另一部分是接受过舞蹈项目训练的人，由于健美操的内容具有高度的艺术性、强烈的节奏感和运动协调、流畅、弹性的特点，对于一些要求柔韧性非常高的项目对于从事过舞蹈训练的人来说很容易。

目前，普通高校健美操教师队伍建设不是很健全。在年龄、原始专业情况和男女教师比例方面参差不齐。有研究数据表明，高校健美操教师年龄普遍较为年轻，35 岁以下的教师占到 53.6%，45 岁以上的占到了 18.5%。另有研究表明，在所调查的 38 名健美操教师中，健美操专业的占 31.6%，其他专业转过来的占 55.2%，且这些非专业教师只参加过短训班学习或自学，进修或培训健美操课程时间大都没超过半年；兼任教师则占 13.2%。在男女教师性别上，男教师人数不及女教师的 1/4。男女教师比例严重失衡，在某种程度上，大多数学校仍然将体育健美操作为女学生的体育项目。

（二）健美操教师再培训情况

教师肩负着提高学生的身体素质，养成锻炼身体的好习惯，培养健康体质的教学重担。随着时代迅速的发展，健美操课程应运而生，而且不断在高校开展。对于健美操教师来说，不断自我培训才能与时俱进适应工作需要，提高业务水平和科研能力。大多数高校健美操教师的在职培训不是很多，只有少数教师有 1 ~ 2 年的学习机会。目前，虽然高校健美操教师资质参差不齐，而健美操教师在职培训的重要性尚未得到重视，只有少数教师有培训进修机会。

此外，拥有健美操裁判等级的教师不多，对健身健美操的基本技术（落地技术、弹动技术、半蹲技术和身体控制技术）的教学产生一定的不利因素，对于更加注重艺术性创新、动作技术的完成更加完美以及难度动作向多样化方向发展的竞技性健美操的教学将会更加困难，这将会影响到健美操的锻炼效果以及健美操项目的发展。

三、健美操的教学方法

在健美操教学中，大部分教师没有更多地研究和思考健美操教学方法的选择与运用。大多数教师采用了传统的教学方法：讲解和示范结合，分解动作熟练后整合是教师用得最多的教学方法。其中在课堂的讲授还是比较单调和呆板，而且 1 名教师要带教 1～2 个班级，每班人数在 30 人以上，很难发掘学生的特性，教学中难以做到因材施教，所以学生在学习起来缺乏兴趣。只有少数教师能够结合国内外最新的教学方法，鼓励学生在规定动作之余，加入自编自创的新元素以及器械的运用，追求在动作的设计上更加多样化，并严格避免重复动作和对称性动作。不仅突出动作"健"和"力"的特点，而且更强调"美"。

四、学生对健美操课程的认识情况

由于健美操练习形式多样，运动量可大可小、容易控制，加之对场地器材的要求也不太高。因此，它不受运动参加者的年龄、性别、身体素质、技术水平以及活动场地等条件限制，各种人群都能从健美操运动中找到适合自己的练习方式，并从中得到乐趣，获取健身效果。健美操是时代进步的产物，具有现代感强，接近生活，舞步丰富，贴近生活，动作快速多变，表象形式夸张、新颖独特而又富有激情，音乐伴奏轻快，所以深受大学生的青睐。有研究显示开学时只有 80% 的学生喜爱健美操，学期结束所有的学生都喜爱这门课，并且学习目的明确，学习态度端正。

男女生对健美操课程的喜好上存在显著差异，男生喜欢更能体现他们的团队精神和竞争意识的球类竞技体育运动。相比较而言，女生健美操活动的态度是积极的。在大学阶段这个重要时期，许多女生都追求健美的体质和身材美，所以在选修健美操课时首选率居第一位的是女生，男生只占很小的比例。

五、健美操的课程内容安排

健美操教学没有一个统一的教材和内容。各高校已经建立了自己的健美操教学大纲，健美操分别为公共体育课和选修课。健美操的实践课课时最多，因为其教学内容是实现健美操教育目标的保证之一，选用的各种健美操动作是为实现健美操教学目的和任务而设。实践技术课的内容安排一般包括健美操基本动作（基本步伐和手位等）、健美操专项身体素质（柔韧与平衡技术点和力量技术点）、健美操组合动作（手臂组合、步法组合、跑跳组合和不同风格的组合等）和健美操成套动作技术等。

开设理论课学时安排一般为一学期 2 学时，其教学内容一般包括健美操的概念、健美操运动的分类、健身性健美操的运动特点、健美操运动的功能及健美操的审美和音乐欣赏等。教学方式以课堂教学、示范、讲解、提问应答、结合组织小组教学、比赛为主，同时采用视频配合讲解。使学生初步了解健美操运动的基本知识，为将来上好健美操实践课做好准备；通过健美操运动功能的介绍激发学生学习健美操的动机和热情；通过健美操运动技术和要求的讲解，使学生建立正确的健美操概念，端正学生学习健美操的态度，为将来科学有效地上好健美操课打好基础。

　　健美操现代感强，但是普通高校很少根据健美操发展将流行舞蹈加入教学大纲，如流行的肚皮舞、普拉提训练、拉丁有氧健身操等，学生所学的内容与社会需要脱节。教学内容仍旧是陈旧的规定的套路，基本动作和身体素质方面的练习课时量少，教学方式比较单一，限制了学生的个性发挥。

　　健美操教师除了要不断提高专业技术水平外，还要通过自身形象、姿态、服饰、举止等方面去展现健美操的特点和魅力，还有示范动作要求美观大方，通过肢体动作表达积极向上的健康之美，让学生通过感性认识感受到美，为之陶醉，产生主动学习的愿望。

六、健美操课程的学生选修情况

　　目前，在校大学生在进行选修健美操体育课程时，普遍存在女生蜂拥而上，而男生却望而却步的失衡现象。以华东交通大学为例，经过调查发现，影响男生选修健美操的原因有：男生缺乏对健美操运动的正确认识；健美操运动对外宣传上存在着女性化误导现象；教学场馆严重缺乏，多个课程只用一个健美操场馆，公体课与专修课常常撞课，健美操馆供不应求。为此，应该加强高校男生对健美操运动的认识，提高其学习自信心与积极性；增强高校健美操教师自身的能力，拓展健美操的教学内容；增加教学设施的投入等，以此改变健美操课程学生女多男少的情况。

第三节　高校健美操教学开展的对策分析

　　健美操课程的开展有利于学生的身体素质和心理素质的提高，学校开展健美操运动尤其重要。但通过对普通高校健美操课程开展的现状来看，健美操课程的开展有很多局限之处。因此提出如下对策。

一、提高健美操教师素质

　　加强健美操师资队伍建设，是提高健美操课教学质量的关键。教师只有不断用新的知识充实自己，拓宽知识面才能跟上时代发展的步伐。学校也应采取相应的措施，如组织教师参加培训活动，或者外出观摩学习交流，应经常鼓励健美操教师积极参加学习和培训，增加教师之间的经验与技术交流，跟上健美操运动的新发展，不断提高健美操教师的专业素质水平。

二、设立专业的健美操教学活动场地

鉴于健美操课程开展的必要性以及为积极培养学生学习健美操运动的兴趣，高等院校应开设健美操专项发展基金，加大加强场地器材建设投入，设立专业的健美操教学活动场地，满足教学基本要求，营造一种学、练健美操的氛围。

三、适时更新教学课程内容

进一步完善健美操课程体系，选编丰富多彩的教材内容。建立健全健美操课外俱乐部，保证课程教学的连续性，为学生终身体育意识和习惯的形成打下良好的基础。教学内容应打破传统的教学大纲，重新编制一套体现基础性和时尚性、科学性与实用性的统一的健美操教材，广泛听取高校学生的心声，选编适合其特点的活力操、流行操、器械操和形体操等。根据男生所特有的力量和形体，适当选择一些器械练习满足男生的求知欲，发展身体各部位肌肉群的力量，消除健美操选课的男女生差异。此外，把课堂教学与课外实践相结合，延伸课堂教学的功能，养成经常参加体育锻炼的习惯，使学生充分体会到健美操运动的乐趣。健美操教师应不断改善教学方法，教学讲解教授应该生动、形象，使学生容易理解和接受，做到教与学的充分结合，从而调动学生学习的积极性，同时提高课堂教学效果。

四、积极开展健美操比赛活动

健美操作为一项群众性体育活动，只有"比赛"才能使其成为一个真正的体育运动项目。通过竞赛促进健美操教学和健美操运动纵深发展。学校应每年组织1次健美操比赛，通过院、系间的比赛，可以让健美操更好地在学生中普及，此外学院应建立健美操俱乐部或学生社团，有效促进健美操在高校的发展。进行多渠道互补型学习，学生可通过自发组织的社团组织，同时聘请校内外的兼职辅导老师进行指导。在不同高校之间开展友谊赛，通过竞赛的机制促进健美操的开展，如参加团体操表演、文艺演出。还可以事先编排好专为表演而设计的成套健美操，时间一般为2～5分钟，为各类球赛担当啦啦队员等活动。

　　健美操是集体育、音乐、舞蹈、娱乐、健身为一体的综合运动，集中体现了人类按照美的规律去改造世界，并在这个改造过程中不断完善自身的愿望。大学阶段不仅是学生接受新知识，掌握新技术的过程，而且对社会体育人才的培养，对推广健美操运动的开展有着重要的作用。大学生通过健美操的锻炼和影响，可以提高学生正确的审美观念，提高学生对"美"的内涵的认知提升，达到了解美、鉴赏美和创造美，这样"外健身"和"内健心"的有机结合是需要高校的不断努力和学生的实践来实现的。

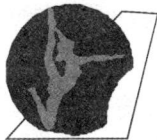

第五章　高校健美操教学的创新改革

第一节　高校健美操音乐节奏感的培养

一、音乐在健美操中的作用

节奏、旋律、和声构成了音乐的三大要素。而相对于健美操来说，音乐主要涉及节奏和旋律两大要素。在节奏的基础上赋予一定情调便形成旋律。健美操练习是在强劲的音乐伴奏下进行的，所以音乐的节奏和旋律影响着健美操动作的幅度与力度。音乐节奏能加强对动作的记忆。同时，健美操是由类型、方向、路线、幅度、力度、速度等多种动作组成的，而这些动作只有和音乐的节奏和旋律完美地统一起来，才能产生较好的审美效果。健美操是一门艺术性的项目，在音乐和动作双重节奏的旋律法则作用下，可以提高动作质量，增强动作的表现力。

体育美学认为"节奏就是使不整齐、不规则的动作或声音，在单位时间里达到相对规则的次序。它是体育和艺术（尤其是音乐、舞蹈等）都必不可少的要素之一"。实践证明，音乐节奏可以控制和诱导运动员动作的频率、幅度及比赛中的心理状态。因此，在有音乐或类似音乐节奏变化的环境中进行体育训练、运动竞赛等，有利于改善神经反应的节律性规律，提高运动员肌体协调能力；同时音乐还有助于约束运动员的注意力和思维，控制其心理活动的指向，使技能练习更具实效，从而达到提高训练和比赛成绩的目的。音乐的节奏性规律对运动员心血管系统和呼吸系统能产生积极影响。从生物学的角度讲，音乐节奏能改善神经反应的节律性规律，使运动员正确感知动作的不同阶段和在不同阶段采取的不同动作节奏、速度，并且音乐节奏直接影响运动员的动作速度、节奏以及动作之间的连贯效果。

　　健美操是随着音乐节奏的起伏变化来完成动作的，而节奏是体现力度、情感的基础，舞者只有准确地把握住节奏，人体线条的流动和情感流动才能水乳交融地结合在一起，各个健美操动作才能在方向、力度、幅度、速度等方面显得更有性格、特点和意义。健美操作为一项体育运动项目，它体现了人体在力量、柔韧、节奏感、表现力等多方面的综合能力，是音乐节奏与身体动作节奏相结合的产物，音乐节奏决定动作的节奏。练习中借助音乐节奏使练习者找到动作节奏，找到做操的正确感觉。健美操的连续性运动伴随着音乐节奏，通过动作之间的长短关系、力的强弱关系、速度的快慢关系、幅度的大小关系等各种动作要素的对比，有机地编织在一起，展现出人体动作的"健、力、美"的效果。音乐节奏是健美操动作节奏的关键。同时也提高了动作的准确性，更加准确掌握和运用肌肉的收缩和松弛，充分表现出动作的自然、弹性及波浪起伏，有利于正确的掌握动作，增大动作的幅度，增强动作的力度；使动作协调较快地形成动作的动力定型，提高教学效果。

　　在健美操练习中，音乐伴奏使练习者产生联想和想象，进而在其头脑中形成情感的意象，能激发人体做有节律的、美观大方的动作，使练习者得到健美操运动的节奏感和韵律性的提议，从而得到情感与运动共鸣的享受，并激起练习者在较长时间里唤醒人体运动情绪的狂热，并使练习者的内心受到音乐的感染，起到振奋精神的作用，并将进一步渲染、强调、烘托动作。利用内在情感的表达、情绪的渲染，刺激练习者在练习时能进入角色，随着音乐节奏、旋律的起伏变化，做到内在情感和外部动作的和谐统一；通过音乐直接作用于中枢神经系统，提高大脑皮层的兴奋性、灵活性和协调性，增大动作的幅度与力度；还可以创造出良好的教学氛围，激发一种跃跃欲试的情绪，增强取胜的信心，增强表现力；可以使人的情感运动与音乐的情感发生直接的联系，产生出人体运动美的深刻内涵，使人体的动与情、形与神、身与心相互交融产生共鸣。健美操动作只有与音乐的内在形象达到高度统一，才能完美、准确地表现出动作的刚劲、连接的巧妙、起伏的柔美，以及动作套路的艺术性和创造性。通过音乐的烘托作用，更加突出了健美操的艺术感染力，使两者达到"操中有乐，乐中有操"天人合一的境界。在健美操教学中如果忽视了音乐这一重要环节，教学效果会受到很大影响。

　　音乐是健美操的灵魂，而表现力则是实现音乐灵魂的唯一，是健美操艺术的升华；音乐是健美操的基石，没有音乐就没有健美操。为使健美操教学获得更好的效果，必须重视音乐的作用，运用听、讲、看、练、编等教学方法，来提高学生的音乐素质、节奏感，提高学生动作的韵律感及完成动作的协调性。同时，还可以提高学生学习健美操的热情，激发他们的内在情感和表现力。

由于音乐在健美操教学中有着不可取代的作用，其意义是十分深广的，音乐教育在促进学生德、智、体、美、劳诸方面的全面发展有着特殊的作用及意义。所以我们的教学内容不应当仅仅局限于体能、技巧的训练，同时应加强学生音乐素质的培养，以便学生在健美操运动中能与音乐进行充分的交流和体验，并使之体现在健美操运动的动作之中，体现出健美操运动所应当具备的内容美和艺术美，从而提高健美操的教学效果。

二、有关音乐节奏感方面的研究

（一）有关音乐、乐感作用的研究

在关于音乐、乐感作用的分析中，各专家、学者发表了自己的看法。世界著名音乐教育家卡尔·奥尔夫认为：节奏教学是音乐教学的第一教学。

节奏是音乐的精髓，是组成音乐的核心要素之一，是音乐生命力的源泉，固有"旋律之本，音乐之命"之说，节奏是音乐的支柱、乐感的核心。节奏是音乐的灵魂，对音乐的形象塑造和情感表达具有非常重要的作用。

肖晓莲指出：节奏之所以能引起人们心理上的美感，一是由于它与人内在的生物性结构有潜在的照应，特别是与心跳的频率有非常紧密的关系。心脏的跳动往往是随着节奏地击拍速度而发生变化，也直接刺激神经细胞的活跃和大脑皮层的兴奋。二是出于它的规律性运动，产生的运动性美感。节奏、旋律、和声构成了音乐的三大要素。

彭汉群提出：音乐是情感的艺术，音乐是最善于表达和激发情感的。音乐尽管没有故事情节，但通过身体的动作能表现音乐的内在情感。

邵桂兰、王建高指出：乐感作为一种把握对象世界的基本方式，在音乐艺术中有着极为特殊的作用和意义。没有好的乐感，就不可能感受和领略音乐内容及形式的美。

李月丽指出：从心理学的角度分析，音乐与人的情绪、内脏器官、精神状态有着十分密切的关系。实践研究结果表明，具有一定规律和变化频率的声乐振动作用于人体各部位时，可以引起胃收缩、肠蠕动、肌肉舒张、心脏和脑电波随之产生的和谐共振，促使各器官节律趋于一致，从而可以改善各种器官的紊乱状态，起到改善疾病，促进康复的作用。当优美的音乐声波作用于人的大脑时，会提高人的神经和神经体液调节，改善血液循环，调节内分泌系统，促进唾液分泌，加强新陈代谢等。音乐的美学形象对人有强烈的感染力，其心理效应可以缓解躯体的应激状态，解除心理扭曲和紧张。

谭莲英提出：音乐教育在整个素质教育中有着不可取代的地位及作用，其意义是十分深广的。她认为音乐教育在促进学生德、智、体、美、劳诸方面的全面发展有着特殊的作用及意义。

龚斌指出：音乐作为体育运动的一种表现形式和运动训练的辅助手段，在近代体育运动的发展中已逐步被一些体育项目所采用。音乐的运用，不仅增加了体育运动的表现力和美感，而且合理地运用音乐伴奏可以提高在很多体育项目中的运动成绩，音乐已成为它们不可分割的重要组成部分。他通过分析体育与音乐的节奏性规律，揭示了"节奏性规律"是联系体育与音乐的决定性因素。

龚斌，包卫平指出：随着体育运动的发展，在学校体育教学中音乐被广泛运用到体育课堂中，同时也引起了大多数体育教师的重视，充分利用音乐的韵律、节奏，以及艺术的美感引导学生学习体育知识，提高技能、技术。音乐教学，要求简单，易教易学，音乐的感染力可以迅速调动学生学习的积极性，有效地锻炼学生协调性和节奏感，深受广大青少年学生的喜爱。

孙丽珠指出：随着教学改革的不断推进，音乐在体育教学和训练中的促进作用越来越明显，音乐应用在体育教学中对提高教学质量具有一定的促进作用，对于大中小学的体育教师在教学中具有普遍的启发作用。

刘玉芬认为：在体育教学中，音乐不仅能激发学生的情趣，活跃课堂气氛、振奋精神，更能提高教学效果，同时音乐还有利于稳定情绪、消除疲劳、恢复体力，有利于体育教学的基本任务的完成。

常月俊认为：在体育教学中引入音乐，不仅可以激发学生的学习兴趣，提高注意力，帮助学生理解和掌握动作，而且可以使教学达到更完美的效果。

（二）有关健美操课教学效果与乐感关系的研究

从以上文献综述我们可以看出，学生的乐感水平是十分重要的，那么对于健美操项目来说，学生的乐感水平与其教学效果有着怎样的关系呢？我们有必要了解一下各专家、学者的观点。

李莘提出：在健美操运动中，音乐对练习者（神经、肌肉）发生作用，主要是靠节奏。而对于健美操来说，节奏是它的命脉，健美操是随着音乐节奏的起伏变化来完成动作的，而节奏是体现力度、情感的基础，练习者只有准确地把握住节奏，人体线条的流动和情感流动才能水乳交融地结合在一起，各个健美操动作才能在方向、力度、幅度、速度等方面显得更有性格、特点和意义，才能培养良好的身体姿态。

龚英翔指出：音乐是健美操的灵魂。在健美操课中，音乐起到很大的作用，良好的乐感水平，能激发学生的情绪，激励学生的积极性，提高学生对动作技术的掌握程度，促进学生身心的全面发展，使健美操达到完美的效果。

陆美琳指出：健美操作为一项体育运动项目，它体现了人体在力量、柔韧、节奏感、表现力等多方面的综合能力，是音乐节奏与身体动作节奏相结合的产物，音乐节奏决定动作的节奏。练习中借助音乐的节奏使练习者找到动作节奏，找到做操的正确感觉。

彭汉群指出：健美操是一项具有广泛表现性质的项目，对于需要表现情感的项目来说，练习者在做动作过程中，仅靠气氛是不够的，在表现内心情感的变化中，旋律是情感的流淌，是动感与情感的结合物，"动""情"双赢才能显示出强大的生命力，这样的健美操动作才富有艺术感染力。

郑鸿提出：练习者具有良好的音乐节奏感，有利于正确地掌握动作，增大动作的幅度，增强动作的力度，使动作协调较快地形成动作的动力定型，提高教学效果。

张虹、张晓扬提出：练习者具有良好的乐感水平，能通过音乐直接作用于中枢神经系统，提高大脑皮层的兴奋性、灵活性和协调性，增大动作的幅度与力度；还可以创造出良好的教学氛围，激发一种跃跃欲试的情绪，增强取胜的信心，增强表现力；可以使人的情感运动与音乐的情感发生直接的联系，产生出人体运动美的深刻内涵，使人体的动与情、形与神、身与心相互交融产生共鸣，取得较好的教学效果。

以上可以看出，在健美操教学中，学生的乐感水平与其教学效果有着非常密切的关系，学生的乐感水平是十分重要的，那么我们就有必要进一步了解当今高校大学生在健美操教学中乐感方面的现状与存在的问题。

李群英、周静指出：首先，长期以来，高校的健美操教学一般只局限于技能、技巧、体能等形式的训练，而忽视了对学生乐感的培养。而健美操的艺术美不仅体现为形式要素的统一和谐，更是内容要素的统一以及由形式和内容完美统一而体现出的美。技能、技巧的训练只能培养出健美操运动的外在形式美，学生在健美操运动中容易出现与音乐脱节、不协调，缺少节奏感等普遍问题，使动作缺乏力度、幅度等不能表现健美操运动内容美。而乐感的培养才能使学生体现出健美操运动的内容美。学生学习健美操只是为学习而学习，根本不会重视乐感水平的培养，而这些直接导致了学生在运动中缺少神韵和艺术表现力，使健美操运动缺少了艺术美。其次，健美操音乐不断地发展创新，融合了不同风格的调式，健美操的动作也吸收了不同风格的动作，这就使健美操的内涵也得以大大地延伸和丰富，对学生乐感水平的要求也就更高。

马跃、杨辉指出：在健美操教学中，当今的大学生存在音乐素质偏低、节奏感较差、音乐视野狭窄、兴趣爱好单一化、音乐的感悟能力限制了表现能力的发挥等乐感水平方面的问题。

陈更昌、余芳、饶旭华、王葵指出：在健美操教学中存在着动作与音乐脱节、选用的音乐没有鲜明的特点、片面追求音乐的节奏等方面的问题，影响了动作的幅度与力度、动作的动力定型，使动作的节奏与音乐的节奏无法吻合，影响健美操的表演效果。

何淑娟、蒋凯指出：由于有些教师在教学中过多地侧重学生动作整齐统一和记忆动作的顺序，没有重视学生乐感水平的培养，在考试中也经常会出现音乐与动作不协调的情况，达不到理想的教学效果。

那如何提高大学生的乐感水平，笔者查阅了相关的文献资料，总结、归纳了以下观点。

石爱华提出：音乐是健美操的灵魂和基石，没有音乐就没有健美操。为使健美操教学取得更好的效果，必须通过对学生乐感的培养，运用听、讲、看、练、编等教学方法，来提高学生的乐感、节奏感，提高学生动作的韵律感及完成动作的协调性。同时，还可以提高学生学习健美操的热情，激发他们的内在情感和表现力。

何淑娟、蒋凯提出：讲、听、动是获得乐感的三部曲。讲就是分解讲、反复讲。从段落开始，然后章节，最后单元。要通过正确的语言刺激，不断强化学生对音乐节奏的辨识；乐感的获得主要还是来自听力，听是为了熟悉，熟悉为了更好地理解。动是让学生在纠正动作的时候，相互结对练习，一方喊节拍，一方做动作，之后互换。

陆美琳提出：三种提高乐感的方法：一是在慢跑的准备活动中加入音乐，随着音乐的节奏跑，并在每四拍加以击掌；二是教学中通过理论讲解和实际操作，使学生了解音乐节拍，在教师指挥下集体或分组进行击掌练习，如根据音乐节拍一拍一击、两拍一击等；三是身体素质配乐练习。

郭义玲指出：乐感是人的重要审美能力，高等师范院校的非音乐专业教育，应通过唱歌教学、欣赏教学、视唱与乐理教学、课外音乐活动等多种途径增强大学生的乐感培养，以提高全民的音乐素质。

徐菁菁提出：两种提高乐感水平的节奏训练方法：一是可以采用律动教学进行节奏训练，即拍球操节拍练习，用拍球的动作表示强拍；二是采用模仿教师节拍，即教师先按一定的节奏做击掌练习，学生之后模仿教师的节拍来进行节奏训练。

伍星提出：通过五种途径来培养乐感：一是有表情地进行各种练习；二是对表情、力度记号做夸张性的练习；三是多听、多看、多参与；四是重视基础训练；五是重视姐妹艺术的学习。

郑亚林、张志峰通过与音乐欣赏、识谱教学相结合来培养乐感水平。胡效芳通过音乐欣赏培养乐感。

李淑清提出：通过上好音乐基础课，乐感理论的研究与探索来培养乐感水平。提出可以通过一听、二看、三练的方法来把握好音乐的节奏和旋律，深刻理解音乐的内在含义，把音乐美用动作肢体语言更好地加于展示。一听是利用不同时间、采用不同形式和方法听音乐；二看是观看教师的正确示范、同学间相互观摩、利用现代化教学工具播放健美操比赛的实况。

（三）有关健美操教学中音乐节奏感培养方法的研究

目前有部分学者也关注到对学生音乐节奏感的培养方式方法。例如，何宗红通过问卷调查法、专家访谈法以及实验法等研究方法，对健美操教学中的音乐节奏感培养进行了深入的分析。并提出了学生实践练习培养音乐节奏感教学方法以及强化节奏感刺激培养音乐节奏感教学方法，最后证明了加强音乐节奏感培养对提高健美操教学质量的效果。在其研究中将实验对象分为实验班和对照班进行对比实验教学，实验班进行有目的有针对性的音乐节奏感教学，对照班采用一般性健美操教学，在实验后对两个组进行对比发现，实验班的学生对于音乐节奏的提高具有显著性，对于音乐的节拍感，健美操技术动作的掌握具有明显的效果。实验班的学生在健美操学习中的音乐能力、学习兴趣、学习态度、审美能力以及协调能力上比对照班都有所提高，通过音乐节奏感的培养，激发了学生学习健美操的兴趣，增强了学生学习的信心，对于健美操技术动作的掌握具有很好的效果。

李鑫春在《竞技健美操音乐选配及音乐节奏感培养研究》中以竞技健美操音乐选配及音乐节奏感培养为主要研究对象，分析了在竞技健美操中音乐选配及音乐节奏感培养的相关问题。在其研究中指出：在当前的健美操音乐选配要节奏明快并指出在健美操大型专业比赛中的国外裁判对于流行音乐的内容理解较为深刻，认知度较高的原因，流行音乐成了当前健美操音乐选配的重点。在当前健美操运动发展过程中，完美的健美操动作离不开音乐的陪伴。而音乐是灵魂，选配是关键。培养音乐节奏感是掌握健美操动作的前提。如果音乐节奏和健美操动作韵律不能完美融合，会极大地影响健美操的表演效果和比赛成绩。

田琛对健美操中如何培养运动员音乐节奏的方法进行了研究。他指出：要培养健美操队员的音乐节奏感，在训练过程中，尽量以音乐为背景，尊重音乐规律，保证音乐的完整性和节奏感，在此基础上指导学生建立正确的音乐节奏；训练方法上主要采用改变音乐节奏的训练方法、语言与手势提示训练法以及循序引导法等训练方法。

李海雁在《变奏—表象法对大学生健美操动作技术质量及节奏感的影响》中，选取内蒙古农业大学 2008 级健美操选课女生为实验对象，探索变奏—表象法对大学健美操节奏感的影响。通过实验法研究发现：实验班变奏—表象组与对照班相比，实验班在节奏感上要明显好于对照班，而且，变奏—表象训练方法对于提高学生健美操节奏感具有很好的效果。

另外，岑叶波针对健美操课堂教学中，学生"不会听音乐"这一现象，提出运用"游戏法"训练学生的音乐节奏感，提高学生的健美操音乐听力能力。陈梦对音乐素质的培养提出了相关建议。目前有关音乐素质的组成是多方面的，因此影响学生音乐素质的因素也是多方面的，在加强音乐素质的培养方面，提出了加强学生对音乐基础知识和节奏感的培养等方法。

程婷婷在其硕士论文《高校健美操公共选修课学生音乐素养培养的实验研究》中指出，在普通高校健美操选修课中加强学生音乐素养的教育，有利于提高学生对乐理知识、音乐感觉、乐感以及节奏感的认知。另外，学生音乐素养的教育有利于培养学生在健美操运动中的表现力以及音乐欣赏能力。针对公共选修课学生音乐素养的培养方法可以采用语言强化法、乐与动作的协调培养法、持续音乐刺激强化法、音乐练习法等。

谢媛媛在《高校健美操教学中学生音乐素质的培养》的研究中也指出，培养学生音乐素质需要注意激发学生音乐兴趣、注意提升任课教师音乐素质、注意传授基础乐理知识等。

综合来看，目前有关健美操教学中音乐感培养方面的研究还比较宏观，研究成果大多集中在对音乐节奏感的作用或意义方面的探讨，只有极少数学者研究了提高音乐节奏感的方法和途径，且没有相关的实验数据进行支撑。因此本研究尝试从提高音乐节奏感可操作化的方法出发，并通过实验对比的方式对学生音乐节奏感的培养进行研究。

三、健美操中乐感的主要内容

在健美操中，练习者的乐感水平具体讲是指对音乐节奏感和音乐旋律所表现出来的感情的把握能力，节奏、旋律、和声构成了音乐的三大要素。而相对于健美操来说，音乐主要涉及节奏和旋律两大要素。在节奏的基础上赋予一定情调便形成旋律。健美操练习是在强劲的音乐伴奏下进行的，音乐的节奏能加强对动作的记忆。音乐的节奏和旋律必将影响健美操动作的幅度与力度。健美操是一门艺术性的项目，在音乐和动作双重节奏的旋律法则作用下，可以提高动作质量，增强动作表现力，提高教学效果。

通过与健美操有关方面的教练和专家学者就乐感与健美操课教学效果的问题进行专题访谈，得到以下结论：对于健美操项目来说，乐感主要包含以下两个内容：音乐节奏感和音乐情感。

（一）音乐节奏感

节奏感是人对节奏感应的综合能力，音乐节奏感是人对音的长短、强弱、快慢、停顿等的感受能力。它是人的听力、理解力和想象力的综合反映。

人体对音乐的节奏感，实际上是一种时间运动感。这种运动感存在于人的意识之中，表现为种种对客观外界信号的心理反应和运动（肌肉）感觉，这即是人能参与健美操活动的生理基础。音乐节奏感好的人能有良好的动力节奏感，肌肉用力地紧张和放松能自然交替，达到最佳状态，从而可用最省力的方式完成最大难度的动作。音乐节奏感有利于建立条件反射，可以改善练习者运动器官的协调功能。通过音乐节拍，可以控制和诱导动作，有利于练习者动作速度与力量的分配，便于练习者对动作的重点和表达力度有一个统一而和谐的把握。我们通常说某人节奏感好，主要是指这个人对节奏的反应能力强，能够准确快速地把握节拍律动，并能够保持这种符合音乐节拍律动规律的速度贯穿全曲。节奏感主要基础是人的心理活动。这种心理活动不仅源于人们听觉神经的生理特性，更多的是受益于后天的节奏训练。因而，培养节奏感的关键在于后天对节奏的训练。这种训练的目的在于受训练者在听辨音乐时，能够依据音乐节奏律动的基本观念，主观地将一系列在力度、长度上相同的拍子组合起来，从而分成按强弱律动划分的节拍和小节，并能够以此律动为背景在其基础上感知、组合各种节奏形态，从而把握对音乐作品动力性发展的整体感知。当表演者将这些因素合乎机宜地加以处理（即合乎规范而又以艺术性为目的——一种向前行进的效果，并非仅是机械性的准确），我们就能体会到表演者具有了"节奏感"。

　　音乐节奏感给人的心理、生理上带来巨大影响。人对节奏的表达和感知的程度，与人的中枢神经指导下的听觉系统的发达程度有着极为密切的关系。人的心跳脉搏、呼吸频率、步伐的快慢、工作的节奏等都可以成为人类理解音乐节奏的生理基础，人们在听音乐时，会根据这些律动本能地将节奏按相同拍子组合起来，从而形成了有强弱律动的节拍和小节及在此基础上的节奏形态。也可以说，人们正是通过律动来认识节奏的。因此，"节奏感"作为一种感知能力，其强弱直接影响到专业的发展潜力。培养节奏感的意义在于增强学生对各种节奏、节拍的识别和感受能力，缩短与实践之间的距离，培养学生艺术性地处理动作与音乐中的一切有关时间问题的能力，从而准确地再现音乐作品，达到提高乐感的目的。

　　健美操动作的节奏一定要遵循音乐的节奏。而动作本身的节奏，如动作的快慢、用力的强弱、幅度的大小、方向的转换、身体姿势高低起伏等均与音乐许多节奏紧密相连。而健美操动作节奏的编排以音乐的节奏为依据，并使两者有机地结合起来，进而突出了健美操运动所独有的动感风格，也更好地体现节奏美这一美学特征。练习者具有良好的音乐节奏感，可以促进健美操项目教学的效果，使练习者的中枢神经高度兴奋，这种兴奋迅速传导到全身，指挥机体以适宜的节奏去完成动作，可以使练习者在音乐中体验到健美操动作的最佳节奏感，使动作的节奏和音乐的节奏配合一致，就会产生"共振"的效果，给人以和谐统一的感觉。在使之更好地衬托出快节奏音乐的速度与力度的同时，可以使音乐的节奏与动作节奏相得益彰，从而使整套动作编排跌宕起伏，达到起、承、转合的功效；可以使音乐的节奏与动作的形象在大脑皮层中形成一定的联系，音乐节奏的强弱变化、音乐的和谐美均会使健美操动作产生联系，引起联想和对动作的自然反应。由于健美操的音乐具有鲜明的节奏，每分钟 120～156 拍。所以乐曲的速度较快、刺激、具有连续性、良好的音乐节奏感，对练习者进行强化刺激，促使他们更好地掌握和完成成套动作。健美操音乐本身具有表现性和造型性，因此，可以说健美操音乐的节奏是对练习者一种外来的、有效的良性刺激。在健美操音乐的伴奏下，练习者会自然的增加动作的幅度和力度，同时身体血液循环加速，呼吸加快，心跳频率增高，练习者将承受较大的体力和心理负担，提高运动能力，从而轻松自如地完成动作，增强技术动作所要求的特定节奏感；有助于练习者速度力量的合理分配，产生一种精确的时间感觉；同时也提高了动作的准确性，更加准确掌握和运用肌肉的收缩和松弛，充分表现出动作的自然、弹性及波浪起伏，有利于正确掌握动作，增大动作的幅度，增强动作的力度，有利于动作的协调性，提高教学效果。

练习者具有良好的音乐节奏感，可以使音乐的节奏与动作的形象在大脑皮层中形成一定的联系，音乐节奏的强弱变化、音乐的和谐美均会与健美操动作产生联系，引起联想和对动作的自然反应。健美操训练过程中我们可以根据音乐节奏的特点，触发动作的记忆，通过一定时间的练习，使动作与音乐形成一种融洽关系，听到一个节奏，就知道此时此刻该做什么动作，这样反复有目的培养练习者对音乐的意识，有利于动作的记忆，也可以使练习者在完成动作过程中产生回忆和联想。当动作达到一定熟练程度时，根本就不用思考，能在音乐旋律中不断出现动作形象，使练习者对动作美、音乐美的认识达到更高欣赏境界，从而提高教学效果。

（二）音乐情感

情感是心理学的一个名词，情感是人对客观事物是否符合自己的需要而产生的体验。情感是人的心理生活的一个重要方面，它伴随着认识过程产生。客观事物只有当它被人们认识了的时候才有可能引起人的情感。因为人在接触事物并对其发生了认识（了解、理解、掌握等）的同时，就会产生不同的态度。人对自身态度的体验则是情感。情感可以分为情绪和情感，情感一般较稳定，是较为本质的东西，它是人对现实事物的比较稳定的态度；情绪一般比较不稳定，带有情景的性质，它是不断变化着的一时状态，是较为现象的东西。情感体验的心理过程进行的具体形式称之为情绪。在某种意义上可以说，情绪是情感的外部表现，情感是情绪的本质内容。情感是体验，又是反应，是冲动，又是行为。它是有机体的一种复合状态，是以特殊方式来表现的心理活动。情绪心理有情绪体验、情绪表现和情绪生理三种因素所组成。情绪体验与表现有和缓的和激动的、细微的和强烈的、轻松的和紧张的等形式，情绪的生理因素也是细微多变的。情绪可以影响和调节认知过程。对信息的加工起组织和协调作用。它帮助人选择信息和环境相适应，并驾驭行为去改变环境。

一系列的研究表明，情绪与情感的生理基础是复杂的。概括地说，它是在大脑皮层起主导作用下，皮层和皮层下的神经过程协同活动的结果。大脑皮层对情绪有抑制的功能，对情绪起整合的作用。大脑皮层下中枢的下丘脑是快乐与痛苦情绪的直接中枢。边缘系统调节着与有机体的生理需要相联系的情绪的机构，它是产生情绪体验的中心。内分泌系统的分泌物也是调节情绪的因素。

音乐是表达人类固有情感的最有效形式，而情感是音乐的内在脉搏。人的感性欣赏来自人的感官知觉，它是靠人的直觉进行的音乐感知，感知的形式要素中最重要的是节奏和旋律。音乐可以激发练习者的情绪，音乐是培养和提高表现力的灵魂。音乐是完成健美操动作的指挥者。动作伴以情感表达，使人体的动与静、形与神、肉与灵、身与心相互交融，产生强烈的情感共鸣，在运动的时空意境中得到精神的升华。也正是这种共鸣，使人的身体运动与音乐的情感运动发生直接联系，创造人体运动美的深刻内涵。

良好的音乐情感，使练习者在音乐伴奏下产生联想和想象，进而在其头脑中形成特有的情感意象，能激发人体做有节律的、美观大方的动作，练习者的节奏感和韵律性可以促使自身得到情感与运动共鸣的享受，并激起练习者在较长时间里人体运动情绪的狂热，并使练习者的内心受到音乐的感染，起到振奋精神的作用，并将进一步渲染、强调、烘托动作。利用内在情感的表达、情绪的渲染，刺激练习者在练习时能进入角色，随着音乐节奏、旋律的起伏变化，做到内在情感和外部动作的和谐统一；通过音乐直接作用于中枢神经系统，提高大脑皮层的兴奋性、灵活性和协调性，增大动作的幅度与力度；还可以创造出良好的教学氛围，激发一种跃跃欲试的情绪，增强取胜的信心，增强表现力；可以使人的情感运动与音乐的情感发生直接的联系，培养良好的身体姿态，产生出人体形体美的深刻内涵，使人体的动与情、形与神、身与心相互交融产生共鸣。

四、高校健美操教学中培养音乐节奏感的教学方法

经研究表明，一套优秀的健美操必须配有优秀的音乐，因此，要在健美操的教学过程中积极的培养学生的音乐节奏感，通过视觉、听觉、感官、动作的练习，来提高学生的音乐节奏感，促进学生对音乐的理解。

（一）教师要注重对学生听觉的培养

音乐给人以听觉上的冲击，音乐听觉是学生培养音乐节奏感的重要体现，音乐的感受能力、音乐的操作能力、音乐的记忆力和想象力、音乐的智力、音乐的情感都离不开听觉的发展，因此，高校教师应提高学生对音乐听觉的辨别，提高学生的音乐节奏感。通过提高学生的音乐节奏感，从而促进高校健美操的发展。

例如，教师可以带领学生走进大自然，去聆听大自然的声音，如鸟儿

清脆的叫声、树叶的沙沙声等，同时，教师也可以让学生去分辨各种汽车的喇叭声、寺庙的钟声、闹钟的滴答声等，通过对这些声音的对比，通过聆听各种美妙的声音，让学生利用音乐乐器将听到的声音表达出来，加深学生对音乐的理解，在聆听的过程中体验音乐的美好，感受音乐带来的变化。

（二）注重对音乐语言节奏感的培养

语言是音乐节奏感的主要来源之一，学生每天都生活在各种各样的语言世界中，因此，教师可以通过对语言节奏感的培养来提高学生的音乐节奏感，语言在音乐节奏感的培养中起着重要的作用，在进行训练的过程中，可以培养学生的语言节奏感，让学生进行即兴的创作，这样的培养方式不仅能够促进学生音乐节奏感的发展，还有助于增强学生的创造力的发展，有助于在进行健美操的练习过程中，充分地发挥音乐节奏感的作用。

1.训练尽量以音乐为背景，调动学习激情

节奏感的培养对健美操队员来说，训练过程中应采用节奏鲜明强烈、旋律优美动听的音乐，如迪斯科、爵士乐、摇滚乐、歌曲大串烧等现代风格的音乐和具有上述特点的民族乐曲等为训练背景，并在音乐伴奏下结合基本的动作练习如"击掌、踏步、屈膝弹动、点地"等手段加强对音乐节奏感的培养。学生的音乐节奏感得到锻炼的同时也可以避免教师的声带疲劳，有效地提高教学质量，同时可以树立健美操队员学习健美操的信心。

2.指导学生理解音乐的节奏，在此基础上建立正确的音乐节奏感

在最初帮助学生提高音乐节奏感的时候，教师所喊的口令长短、强弱必须与音乐的节奏相符。按乐曲的"节拍"强弱要求，采取强拍重声，弱拍轻声的口令喊法，即使口令也要有节奏与韵律，让学生逐渐适应节奏；教师也可以用击掌的方式，采用重拍时重拍手，轻拍时轻拍手来代替喊口令。待队员较好地掌握音乐节奏感后才有可能更好地形成正确的动作节奏。

3.改变音乐节奏的训练方法

可以先采用慢速度的节奏来完成组合动作，然后采用快节奏的音乐来完成同样的组合动作。通过这种训练方法，既可以提高健美操队员的音乐节奏感，也可以提高其速度素质、灵敏素质、身体姿态和操化动作的控制能力。

4.语言与手势提示

在欢快的音乐节奏中，运用简洁的语言或手势提示，采用二拍一动变一拍一动，先做下肢再做上肢的教学方法，让学生直观的感觉配以形象的思维。在强化健美操成套动作时，教师的一举一动，直接影响学生的心理活动。在练习中教师随音乐的节奏人为的给他们一些"动响"效果。在有转体动作时，教师可以用"转"的语言及手提示节奏与方向及转的角度，提示学生的动作与音乐相吻合，越练越合，越练越自信，越练越投入。因此在教学中教师要抓住音乐的主旋律在动作的关键转换环节上，用简单的语言或手势提示，给学生必要的视觉听觉信息，帮助学生记忆完成动作，使学生获得成功的经验。

5.循序引导

对于有一定基础的学生而言，应以学生自己的体验为主导，让学生自己掌握健美操音乐的节奏，而不是把教师的体验强加给学生，给学生以充分的活动空间和想象空间，让学生随音乐做出自己喜爱的且符合音乐情绪和节奏的动作，同时教师通过运用启发法，引导学生运用身体的各部分和各种动作来体现音乐的节奏。在音乐的背景下让学生结合基本的动作练习，先进行踏步、击掌、屈膝弹动等原地的简单动作练习，待学生有一定的基础后加入如开合跳、吸腿跳、后踢腿跑等行进间的步伐练习。

6.尊重音乐规律，保持音乐的完整性

在编辑和健美操动作编排时，要与音乐的乐句和乐段一致，以符合音乐规律，保证音乐节奏的完整性。让学生随着即兴的乐曲，去做即兴的动作，那么培养他们音乐节奏感的效果就更好了。

（三）完善教学环境

教师在教学的过程中，可以完善教学环境，从而促进学生音乐节奏感的提高，在课余时间或者休息时间，播放健美操的音乐，利用多媒体播放健美操的教学视频，通过长时间的听觉熏陶以及视觉感官的冲击，激发学生对音乐节奏感的学习动机，从而促进高校的健美操的发展。

例如，教师在健美操的教学过程中，要充分了解每一个学生的特点，因材施教，同时教师要掌握每一个学生的学习情况，以弥补学生的不足，可以让音乐节奏感较强的学生和动作要领较强的学生进行互补式的学习，从而提高学生健美操的发展。

（四）强化学生音乐节奏感的方法

健美操教学中强化音乐节奏感的方法有很多，资料调查显示，常见的音乐节奏感训练的方法有：讲解法、听力训练法、视频影像模仿法、表象训练法、口令法或击掌训练法等。

1. 讲解法

在健美操教学过程中，有计划地给学生讲解音乐中的乐理知识，是提高学生音乐节奏感的有效途径。通过讲授基础的乐理知识使学生掌握简单的乐曲分析能力，了解音乐与健美操之间的内在关系，指导学生辨别和区分不同节奏的音乐、强度，只有按照音乐节奏做有节律的动作，才能体会到健美操的韵律感。如在教授新动作、组合或者套路时，先听音乐，引导学生感受音乐、理解音乐，让学生逐渐体验到音乐与健美操动作融为一体的美感。

2. 听力训练法

首先要从培养学生的音乐兴趣开始，在教学中健美操音乐选择尽量是学生比较熟悉的、节奏清晰的音乐，因为这样可以让学生比较容易接受，尽快进入角色。听是为了熟悉，熟悉是为了理解，这样能够激发学生内在的情感，提高动作表现力。在课程准备部分选择与教学内容相关的音乐，由教师领做，学生在音乐的伴奏下进行身体练习，这样不仅可以有效热身，而且使学生能够熟悉音乐节奏，还可以进一步理解音乐节奏与动作节奏间的联系。在组合动作教学中，教师也可以通过变换音乐节奏的方法来提高学生音乐节奏感，在初步建立动作概念阶段，采用音乐节奏较慢的乐曲，随着动作熟练度的提高，采用音乐节奏较快的乐曲来完成动作，进而提高健美操动作质量。

3. 视频影像模仿法

在教授新的教学内容前，充分利用音像设备在学习前让学生观看视频影像，建立音乐节奏与健美操动作节奏协调一致的直观概念。在教授过程中，要求学生耳听音乐，眼看视频或示范，心数拍节，做到眼、耳、身、心一体，提高学生对音乐节奏与动作节奏相配合的准确性。此外通过观看视频资料，培养学生欣赏和接受美的能力，要求学生进行模仿性练习，鼓励学生相互观摩，对照视频影像中的正确动作，进行针对性的练习。

4.表象训练法

表象训练法是指在暗示语的指导下，在头脑中反复想象某种运动动作或运动情境，从而达到提高运动技能和情绪控制能力的一种训练方法。健美操是体操、舞蹈、音乐为一体的追求人体健与美的项目。健美操动作变化多、节奏快，要求练习者有强烈的节奏感和较强的身体协调能力，教学中教师要有正确标准的示范和讲解，让学生不断地对健美操外部形象和结构进行感知。运用这种练习方法要求学生边看示范，边听讲解，同时在视觉表象的基础上练习动作。据资料显示，表象训练法运用于健美操教学，不仅能加深学生对动作的记忆，加速掌握动作技能，而且能够提高学生在练习动作时的准确性、协调性和节奏感，使音乐与健美操动作更加协调统一，从而提高教学效果。

5.口令法或击掌训练法

口令法也是在教学中常用的一种练习方法，要求学生在了解音乐的前提下，按音乐节拍的强弱喊口令，"强拍重声，弱拍轻声"的口令喊法。通过口令的节奏和韵律让学生逐渐的理解音乐的节奏，建立起音乐节奏的概念。这种方法被广泛应用在教学的初级阶段。

在教学过程中通过讲解音乐节拍的构成，要求学生在不同的节拍做不同的手势和动作，根据音乐的节拍做一拍一击，两拍一击或一拍两击等不同的击掌练习，使学生逐渐掌握并适应音乐节奏。

如果说动作构成了健美操的锻炼与原始的冲动，那么健美操队员的音乐节奏感便是健美操队员发挥表现力的协调、统一、支配的指导因素。队员具有了较强的音乐节奏感，通过神经中枢协调统一支配生理机能即人的肢体和器官，准确地完成符合节奏律动的肌肉或肢体动作技巧。队员音乐节奏感影响着队员整套动作的发挥，是决定学生表现力的重要因素。因此，培养健美操队员的音乐节奏感的重要性与必要性应兼具。

第二节　高校竞技健美操运动员表现力的培养

在健美操竞技水平高度发展的今天，无论是从运动员技术水平还是从难度、发展、裁判技术等方面来说都达到了一个相当的高度，而完成一套竞技健美操要求运动员在短短的 1 分钟 40 秒到 1 分钟 50 秒内将这些素质全部展示出来，达到灵与肉、力与美的最佳展现。那么什么是表现力呢？表现力是一套竞技健美操的色彩与灵魂，表现力是通过人的各种器官表达出内心的思想和情绪并能感染他人的能力，表现力形式因不同的艺术领域而不同，健美操的表现力是在音乐的伴奏下通过身体运动，综合反映存在的情感，是运动员的内在精神气质和外在动作的统一，是表演艺术水平的体现，同时也是运动员自信心、自我陶醉、超越观众、渴望感染观众能力的综合体现。从国内外的有关研究来看，对高校竞技健美操运动员表现力培养的专门性研究，十分欠缺，本节就竞技健美操表现力的培养进行多方面的探讨，为今后这方面的训练提供参考。

一、研究对象与方法

（一）研究对象

以华东交通大学（简称华东交大）体育学院健美操专项班运动员为研究对象。

（二）研究方法

①问卷调查法：对华东交通大学体育学院健美操专项班运动员进行问卷调查，发出问卷 100 份，回收 100 份，回收率 100%，有效率 100%。

②专家访问法：与健美操有关方面的教练和专家学者约 20 人进行访问座谈，了解有关意见。

③统计分析：对收集到的有关材料进行归纳、整理并进行统计分析获取有关数据。

④文献资料法：查阅有关健美操心理学、训练学文献资料，为本书提供有关理论依据。

二、结果与分析

本研究对影响表现力的因素进行了广泛的调查访问，详情见表 5-1。

表 5-1　影响表现力因素的调查访问结果

（多项选择）分类	气质和性格因素	赛前心理准备	兴趣	乐感	表情	其他
（单项选择）百分比	28%	20%	12%	10%	25%	5%

注：总人数 100 人。

从表 5-1 百分比中反映大多数的意见，从表中各项统计可以看出，85% 的人认为前四种因素是很重要的，10% 的人认为乐感是很重要的，其他因素只占 5%，这就说明前 5 种因素的重要性。为了便于研究，将对这五个方面的培养方法分别加以研究。

（一）气质和性格因素

从运动心理学的角度来看，气质是人的心理稳定的动力性特征，动力性特征所指的是心理活动发生时力量的强弱、变化的快慢和均衡的程度等特点。气质不仅影响着感情的表现，也影响着其他心理过程，表现力是健美运动员内在精神气质和外在动作表现的统一。运动员的不同气质表现对其表现力水平的发挥也起着不可低估的作用。运动员的性格是运动员自身相对稳定的心理特征，通过对华东交通大学体育学院健美操专项班的调查，75%的人认为气质是天生的，后天的影响也起到一定的作用。通过访问有关教练和专家学者认为，姿态训练和舞蹈训练的途径与方法如下：姿态训练中首先要解决的是站立姿态、头正颈直、挺胸收腹、两腿挺直，找一种向上耸立的感觉，姿态训练的另一个重要方面是腿脚和手型的训练，身体姿态训练在规定的动作练习中要时刻提醒，同时单独抽出来集中强化也是较好的手段，使他们逐步掌握动作姿态来增强表现力，舞蹈训练可以通过芭蕾的基本练习，培养运动员身体各部位肌肉的控制力；通过古典舞身韵练习，让运动员掌握完成动作表现不同风格的形象能力，严格的姿态训练，更重要的是教会运动员比赛中的表演技能和体现身体最佳表现力的各种方式方法。

（二）赛前心理准备因素

1. 比赛失误原因调查

赛前心理准备是影响运动员表现力发挥的重要因素，为使运动员能具有良好的赛前心理准备，本书对比赛失败原因进行调查，（详情见表5-2）发出问卷100份，回收100份，对失败原因进行单项选择。

表5-2　华东交大体育学院专项班运动员参加比赛失败原因的调查结果

分类	人数	百分比/%
技术准备不足	35	35
心理因素	48	48
其他	17	17
总计	100	100

由表 5-2 可以看出，运动员必须充分做好赛前心理准备，心理训练的方法很多，不同运动项目的心理训练也有所不同。在健美操运动中，根据每位运动员个性特征，采用不同心理训练方法。

2.运动员心理训练方法调查分析结果

据访问北京体育大学有关健美操教练和专家学者及交大专项班的运动员，得出最常见的心理训练方法有五种，详见表 5-3。

表 5-3　健美操运动员心理训练方法的调查结果表（多项选择）

方法	表象训练	赛前感知适应	自我暗示调节	自信心训练	放松训练
人数	120	84	108	60	36
百分比	100%	70%	90%	50%	30%

由表 5-3 可以看出，有 100% 的人都选择了表象训练，70% 的人选择了赛前感知适应，90% 的人同时也选择了自我暗示调节法，由上可以说明，前三种训练方法被绝大多数运动员所选用，是最行之有效的。

（1）健美操运动员的表象心理训练方法

由表 5-3，我们可以看出 100% 的运动员认同表象训练在健美操心理训练中的重要地位，表象训练又名念动训练，它是一种用词唤起表象，并借助表象进行演练的方法。表象有视觉表象和动觉表象。健美操比赛中，要求必须具有较强的抗干扰能力和集中注意力的能力。通过表象训练就能提高这几方面的能力，增强表现力。心理学研究认为运动员产生一种动作表象时，它伴随着产生实践这种动作的神经冲动，这时大脑皮层的相应的肌肉引起难以觉察的动作，这种效应有利于建立和巩固正确动作的动力定型，有助于快动作的熟练和加深动作的记忆。赛前重点回忆以往比赛成功的体验和顺利完成动作的情景，将能使运动员逐渐恢复到最佳竞技状态并具有最佳表现力。这种训练方法最好在放松训练后进行，表象一套动作的时间长短尽量和比赛现实相近。

（2）健美操运动员的自我暗示调节法

这是用语言、思想或表情对心理活动施加影响的方法。当前很多国家都非常重视暗示调节的研究，它是增强运动员表现力的一种行之有效的方法，而"默念"是一种有效的自我暗示方法，它能使运动员保持一定的心理稳定状态，临场充分发挥自己的运动水平。不仅是自我暗示能影响运动员的心理状态，他人暗示有时也能对运动员心理状态产生影响，一名经常参加全国健美操比赛的运动员说"每次比赛前，看到教练员鼓舞信任的目光，我总是信心百倍，原有的紧张、害怕转化为动力，使技术得以发挥。"由此可见自我暗示调节在健美操的心理训练中占重要地位，从表 5-3 中可以看出，90% 的人认为自我暗示调节是非常重要的。

（3）健美操运动员赛前的感知适应训练法

从表 5-3 中看出，70% 的人认为感知适应训练是必要的，占据大多数。说明感知适应训练是很重要的，达尔文有一句名言叫作"适者生存"。在健美操比赛中，能适应才能竞争，才能获胜。因为不适应，运动员比赛时的表现力就必然会受影响。所谓感知适应，就是有意识地设置和正式比赛相类似的各种复杂条件，具体方法见表 5-4。

表 5-4　感知适应训练方法

1. 公开测验和课堂测验，一切程序按比赛要求进行
2. 训练时限制准备的时间
3. 按已知的本队比赛时间进行训练
4. 测验时对成功者进行奖励，未达到要求者补测

适应训练是赛前训练的核心环节，通过适应训练，可使感觉朝着适应比赛条件的方向发展，因而感知上适应可保证运动员最佳竞技状态的形成。

（三）兴趣的培养

1.兴趣对表现力的作用

从表 5-1 可以看出兴趣被认为是影响表现力的重要因素，心理学认为兴趣是一种特殊的意识倾向，是动机产生的重要主观原因。就其内容来讲，兴趣可以是稳定的或不稳定的，广泛的或专一的。对健美操而言，一方面，运动员从事该项目有稳定和专一的兴趣，可以唤起他们训练和比赛的积极性、坚定性，从而渴望更好、更快地掌握技术，提高竞技水平。这种渴望的产生就能够引起大脑皮质的兴奋性增强，进而有利于运动员表现力的发挥；另一方面运动员广泛的兴趣对全面提高自身的艺术修养有积极的促进作用，而艺术修养的提高又可完善自身的表演水平，增强表现力，增强感染力。

通过对华东交大体育学院专项班进行的问卷调查，做了统计，得出以下结果：训练前有 24% 的运动员对健美操训练不感兴趣，原因见表 5-5。

表 5-5　对健美操不感兴趣原因调查

1. 从未接触过健美操，担心难学，跟不上进度，产生一种畏惧心理
2. 身体素质差，运动不协调，不优美而产生自卑心理和厌烦情绪
3. 对健美操缺乏正确认识和了解，知之甚少

2.培养健美操兴趣的途径与方法

（1）明确学习目的，提高对健美操的认识

训练是一种有目的的活动，训练目的性越明确，训练的积极性就越高。第一次训练课要向运动员宣布健美操的训练计划、任务、内容和要求、考核办法与评分标准及教练采取的训练方法和将要达到的目标，这样运动员对健美操才会有正确的认识，明确训练目的，唤起他们的训练兴趣，训练起来劲头才足。

（2）直观教学法

教练的示范动作对运动起着不可低估的作用，几乎每位运动员都希望观摩，欣赏教练的漂亮、规范、优美的动作。在高质量示范动作之后，运动员会心服口服，激发内心对健美操训练的兴趣。除此之外还要不失时机地采用其他直观教学手段，如看图片、看视频，让运动员多欣赏一些健美操比赛，健美操表演给运动员直观上形成一种优美、大方的印象，给运动员以美的启迪，得到美的享受。同时，自然而然地产生向往、模仿的心理，从而产生兴趣。

（3）区别对待教学法

在训练中，教练针对运动员的接受能力、身体素质等个体差异分别对待他们，提出不同的标准和要求。如在教新的动作时，对基础好的除掌握好规范动作外，还要求有力度，有美感。而基础差的开始多鼓励他们，帮助他们分析动作原因，制定一个适当的目标，逐渐提高运动员的能力和水平，使运动员在训练过程中产生兴趣，喜欢做健美操。

（4）灵活多样的教学法

在训练时，采取比较法，请掌握较好的运动员和掌握差的运动员各出列示范一遍，随后结合动作要领给学生做前后对照讲解，这样对照运动员就能自觉纠正自己的错误动作，把动作做得更规范、更优美一些，也可调动运动员的学习主动性，从而提高训练效率；另外采取竞赛法，如将运动员分成人数相等的若干组，该小组做练习时，其余小组给予评分，依次轮转，最后按分数的高低排列名次，教师对掌握较好的小组及时表扬，较差的给予鼓励。这样可以提高运动员的积极性，激发他们向上的进取心和对训练的兴趣。

（5）及时反馈动作效果

教师在学生做完单个动作或成套动作练习后，及时把完成动作的情况反馈给运动员，使运动员看到自己的成绩和进步，反馈越及时，就越利于运动员尽快掌握规范动作或成套动作，以利于增强信心，激发进取精神。训练前后运动员兴趣比较见表5-6。

表5-6　训练前后运动员兴趣比较表

训练前后	训练前				训练后			
程度	十分感兴趣	感兴趣	不感兴趣	无所谓	十分感兴趣	感兴趣	不感兴趣	无所谓
人数	20	42	24	14	42	44	6	8

由表5-6可以看出，通过有限的训练学时，运用上述5种方法对培养运动员的兴趣是十分有效的，绝大部分运动员可达到优秀的程度。

（四）乐感的培养

由于音乐具有节奏鲜明、旋律优美、风格各异的特点、各种健美操动作在不同风格音乐伴奏下，通过动作节奏的强弱、幅度的大小、速度的快慢变化，使整套动作错落有致，从而提高表演效果，增强了感染力。运动员在做动作时，伴随着优美的音乐旋律，可激发其艺术创造的激情，尽情而自如地展现动作，抒发情感，使动作、音乐和情感达到完美的统一，从而提高其表现力。

通过问卷调查和专家访问，查阅有关文献资料，归纳以下四种乐感培养的方法：第一种：要求运动员多听音乐，在训练前和训练的准备过程中，根据训练内容反复播放有关的乐曲，课后每天坚持1小时的音乐训练，可不断提高乐感。第二种：讲、听、动相结合，讲就是对音乐以及动作节奏的讲解；听即听音乐，听讲解；动就是音乐与动作间的配合问题。讲、听、动三者相互渗透，协调一致。第三种：多观看，多模仿。充分利用音响教学设备，培养欣赏和接受美的能力，对有启发性的动作，通过慢镜头进行分析，启发想象力和创造力，在课上有意识、有计划地安排表演所模仿的动作，起到画龙点睛的作用。第四种：想与练相结合。在训练之余要求运动员伴随着音乐的想象进行训练，对教学起到事半功倍的效果。

表 5-7　训练前后运动员乐感比较表

训练前后	训练前				训练后			
乐感程度	好	较好	一般	差	好	较好	一般	差
人数	15	36	31	18	30	38	27	5

由表 5-7 可以看出，通过有限的训练学时二年，运用上述 4 种方法对培养运动员的乐感是十分有效的，绝大部分运动员可达到较好的程度。

（五）表情的培养

表情是表现力不可缺少的一部分，一个优秀运动员的临场表现是精心训练培养出来的，特别是表情，人的表情肌分布在面部的眼、耳、鼻、口周围，表情肌的运动构成了喜、怒、哀、乐。

竞技健美操运动员的面部表情可以借鉴舞蹈、艺术体操等相关项目的表演知识，吸取一些有利于自身的技巧、方法，但竞技健美操激烈的比赛性质决定了运动员表情必须适应本项运动的特点。有三种最简单的训练方法，分别是照镜子训练、互相观察训练、多看视频训练。据调查，绝大多数运动员认为这三种方法是行之有效的。

第三节　高校健美操教学慕课平台的构建

一、慕课的概述及特点

（一）慕课的概念

所谓"慕课"（MOOC），是 Massive Open Oline Courses 的英文首字母缩写的中文音译，意为大规模在线开放课程。MOOC，第一个字母"M"代表 Massive（大规模），一是指注册人数多，二是指课程资源的规模大，不仅仅是一两门课程；当然"大规模"也是相对的，第一门"慕课"只有 2200 多名学生，而且每门课程容量可达数万人，一门课程最多的注册人数是 16 万学生。第二个字母"O"代表 Open（开放），指的是学习空间和学习资源的开放，学生以兴趣为导向，凡是想学习的，都可以注册学习。即使是一些盈利公司建设的课程，学生也可以免费利用其课程资源。第三个字母"O"代表 Online，指的是教师教授、学生学习、师生或生生的讨论、作业完成和提交、作业批改等都是通过互联网在线实现的。

这一课程不同于传统的电视广播、互联网、辅导专线、函授等形式的远程教育，也不完全等同于近期兴起的教学视频网络共享公开课，更不同于网络的学习软件或在线应用。就目前看到的"大规模在线开放课程"而言，可以发现，在慕课模式下，所学的课程、课堂教学、学生学习进程、学生的学习体验、师生互动过程等被完整地、系统地在线实现。慕课在2008年出现，在2011年下半年发生了井喷式发展，被誉为"印刷术发明以来教育最大的革新"。

（二）慕课的特点介绍

1. 大规模

大规模意味着学习者数量不做限制，与传统课程只有几十个或几百个学习者不同，一门慕课要有成千上万人参加，学员来自全球各地，可能有相当高的学生—教师比例，没有学生人数限制。MOOC 的目的就是让来自世界各地的学习者从最好的大学、最好的导师中免费学到最好的课程。除开放式在线教育网站（Udemy）之外，MOOC 各平台中的大部分课程都由大学教授来提供。肯·马斯特斯（Ken Masters）对慕课的概念解释如下：大规模主要是指大量的学习者，也可以指大规模的课程活动范围。那么，多大规模才是"大规模"呢？现实表明：慕课的学习者远超常规，可轻易达到几千人。这种学习模式会日渐扩大，若在不久的将来随着该模式的普及以及影响力的增大，学习慕课课程的参与者还会增多。

2. 开放

开放性是说慕课的学习者可能来自全球各地，信息来源、评价过程、学习者使用的学习环境都是开放的。在美国，慕课是以兴趣为导向的，凡是想学习的，都可以进来学习，且不分国籍，只需注册一个账号，就可参与学习。因而，"慕课"学习是一种将分布于世界各地的授课者和学习者通过某一个共同的话题或主题资源联系起来的方法。

3. 课程结构较为完整

与传统的网络公开课不同，慕课课程具有较为完整的课程结构，它不仅有基础理论知识的讲解，还有实际的操作，知识点讲解精致，用6～15分钟的时间来讲解知识点内容，使学生运用碎片化的时间进行学习，同时慕课课程中还嵌入在线测试和老师的在线答疑，使学生能及时获得反馈，更为深刻地理解知识点。教师可以将视频教学作为主要教学方式，也可以将视频作为教学的辅助手段，这些都是根据课程的性质来定的。例如，健美操的理论教学内容可以把慕课视频作为主要教学方式，而技术课的教学内容就只能将慕课视频作为辅助教学手段，而对于只涉及理论教学内容的课程来说，将慕课视频教学作为主要教学方法是完全没有问题的。

4.自主性

不同的学者对自主性有不同的理解，在大多数学者尤其是关注中小学慕课建设的学者看来，慕课的自主性主要意味着学生对自己的学习承担责任。根据教师提供的教学内容，学生可以自定学习的方式、步骤、时间，自主地讨论与研究，主动且积极地学习。与翻转课堂相联系则是保证学生自主且高质量学习的必要条件。以"短视频（一般 10 分钟左右）＋ 交互式练习"为基本教学单元的知识点或知识体组织模式和学习模式。这一特点要求我们要按照知识点来制作视频，便于"碎片化"学习，也有利于学生记忆与理解。

二、健美操教学平台的构建

健美操是教育部大力推广的学校体育运动项目之一，是体育院校体育教育专业的核心课程，它是集技术性、实践性、应用性于一身的体育项目，主要由理论教学内容、技术教学内容和实践教学内容三大部分组成。健美操课程主要包含健美操基础理论、健美操实践教学、健美操音乐与视频的制作等方面内容。因本研究主要是介绍在 Moodle 平台上开设健美操课程的设计理念与流程，对教学内容不做详细分类与介绍，教师可根据自己的教学内容自行设定教学内容。

（一）健美操教学平台构建的前期阶段

1.教学目标的设计

健美操作为体育教育专业的专业基础课，在课程设计上，应与办学理念相吻合，即应培养"能教学，能训练，能创编，能组赛，能裁判"的"一专多能"的健美操应用型人才。随着社会和健美操运动的不断发展，社会对健美操教师和教练员的需求也会越来越高，对健美操人才的相关能力的要求也越来越多。所以，本课程设计根据毕业生工作情况的调查反馈信息，即根据社会需求来定位培养目标。这种课程设计与社会需求的高度结合，能较大程度地提高学生的成才率，培养出对社会有用的健美操人才。健美操教学平台构建前期需要对平台所要面对的教学对象进行分析，并应分析学习者的学习动机和学习目标，从而确定自己的教学目标。

2.教学内容的设计

教学内容的选择既要符合教学大纲的要求，体现健美操课程中的核心内容又要符合学生的生理心理发展特点，还要综合考虑学生的学习兴趣、动机、起始水平等。同时该教学内容是否适合制作成慕课的形式以及容易程度等都是教学内容选择一开始要考虑的问题。

3.教学内容的选取

基于制作健美操慕课的可行性的考虑，笔者将健美操慕课平台所呈现的教学内容大体包括：健美操理论内容教学、健美操技术内容教学。健美操课程是技术科类课程，所以，教学内容中占主要比例的是健美操技术内容教学。其中，理论课的教学内容从健美操概述、健美操运动的发展、健美操术语、健美操成套动作欣赏等方面来进行介绍，标题内容看似简单，但具体内容却很新颖。例如，本课程对健美操运动发展的分类从学校健美操的发展、竞技健美操的发展、健美操理论研究的发展三方面来概述。其中，学校健美操的发展从课程建设、精品课程建设、高水平运动建设、教材建设等方面进行介绍；竞技健美操的发展从竞赛规则变化、规定动作变化、世锦赛成绩变化等方面进行分析。

技术课的教学内容从有氧舞蹈、健美操基础训练、操化动作训练、过渡连接动作训练和难度动作训练等方面进行介绍。其中，有氧舞蹈的内容包括健美操基本步伐的应用。通常，人们会认为健美操的基本步伐只有七种，而本课程根据各种步伐的规律特点，对健美操的基本步伐进行了分类，这些内容都会在在线开放课程中详细讲解。健美操基础训练分为地面训练、把杆训练、中间训练，此分类依托于古典芭蕾舞的基础训练，但又根据健美操的特点有别于古典芭蕾基训。为了培养学生的艺术表现力，教师融入了各种舞蹈的内容，包括爵士舞、街舞、踢踏舞等舞种，以培养学生的舞蹈感觉。本课程对难度动作的四个组分别选取两个具有代表性且在规定动作中出现频率较高的难度动作，对其教学及训练方法进行讲解。健美操又离不开音乐，所以，音乐的敏感度成为一个优秀的健美操学习者和教学者最基本的素养之一。一套健美操创编的是否成功，音乐的选取是最基本的因素之一；一套健美操最后的成果展示是需要有视频剪辑以及后期制作的。因此，不管对于健美操的学习者还是健美操的教学者，音乐与视频的制作都将成为健美操学习和教学的基本技能之一，其重要性不可忽视。

4.教学内容的制作

健美操课程的视频是健美操慕课课程的核心所在，是学生进行自主学习的基础，是整个健美操慕课教学平台的重中之重。制作慕课课程的方法多种多样，一般由视频、音频、文本以及 URL 等多种多媒体元素综合起来制作而成的，从视觉、听觉以及获取知识的途径等方面给学生以全新的体验，形成好的视觉冲击和全新的听觉盛宴。教师作为教学过程的基本要素之一，在整个教学过程中的作用不可小觑。建设一支教师特点突出、综合实力出众的师资队伍是制作教学内容的基础。一个教师综合素质的高低在很大程度上决定着一堂课的成败。尤其对于在线开放课程来说，对教师的综合实力有很高的要求，因为受教育者不只有一个班级，还有整个学校或者其他院校。所以，在建设在线开放课程前，授课教师要不间断地进行相关培训，争取打造一支教师特点突出、综合实力出众的师资队伍。教师要根据自己的特点和专长选择合适的教学内容制作成慕课的形式，将慕课的特点表现在慕课中，使之成为名副其实的慕课，在真正意义上做到为学生所想、为学生所用、满足学生所需的优质课程。

（二）健美操教学平台构建的核心阶段

1.学习资源的设计

（1）添加文件

在编辑状态下，单击"添加一个活动或资源"，在下拉列表中选择"文件"，在名称栏填写文件的名称，描述栏中简单介绍文件的内容，然后拖动要上传的文件到指定的位置，保存即可。"健美操慕课平台"课程的内容是从网站获得，通过账号登录，把课程内容转成 MP4 格式导出。而且下载网站课程提供的字幕，保存在 word 文档中，下载练习素材保存到文件夹中。因此，"健美操课程"上传的文件类型主要包括 MP4 文件和 Word 文件两种。在这个模块，文件内容可以添加一些竞技健美操以及大众、有氧健美操竞赛规则和各个周期等级规定动作的电子文档、大型健美操比赛视频以供学习者进行学习欣赏。

（2）添加网页

除了在课程中添加文件资源，教师还可以利用网页资源在 Moodle 课程中使用 HTML 编辑器编写网页，虽然说 HTML 的编写相对其他语言来说较为简单，但是对于从没有接触过编写代码的教师来说，还是有一定难度的。所以，在对教师提出熟练运用 Moodle 的同时，也要对教师在 HTML 编辑器环境下编辑 HTML 语言进行相应的培训，使教师能认识 HTML 语言，进而达到熟练的程度。在编辑状态下，单击"添加一个活动或资源"，在下拉列表中选择"网页"，则进入网页编辑页面，名称栏填写新网页的名称，如"健美操慕课平台"；描述栏简要说明网页的内容；页面内容中编写详细的网页显示内容，在"内容"里面有很多编辑图标符号，用于丰富、美化网页的字体内容。

（3）添加 URL 模块

利用 URL 模块，教师可以提供一个 Web 链接作为课程资源直接呈现在课程中。任何线上的可以自由使用的东西，如文件、图片、网页和视频都可以作为链接供给学生使用，教师可根据课程学习的需要，添加一些 URL，目的是方便学生对于一些有疑问的知识进行快速搜索，或者使学生掌握更多与课程相关的知识点。笔者在课程中添加了网页的 URL，从而丰富课程的内容，扩展学生的视野。设置过程如下：打开编辑功能，单击"添加一个活动或资源"，在下拉列表中选择"URL"，在出现的界面中，输入站点的名称、站点的描述信息和要链接到站点的网址，并设置"在弹出窗口中"显示。笔者添加了一个名称为"健美操竞赛网"的 URL，描述内容主要是向学生介绍该 URL 的主要内容，添加该链接的主要目的是什么，可以在该链接中获取到的信息分别是什么，让学生知其然，更知其所以然，从而锻炼学生的信息检索能力。

2. 学习支持的设计

（1）设置主题风格

Moodle 通过设置主题风格的方式来设置 Moodle 的外观。Moodle 中有很多内置的主题格式供用户选择，用户也可以到官方网站下载更多的主题，Moodle 自带的主题有很多种，可以满足大部分用户的需求。

（2）设置首页

网站首页是用户打开网站的第一个页面，首页的版面设计、资源的呈现、导航栏的使用将会影响学习的效果。根据需要，可在网站首页设置中对网站全称以及网站简称和首页说明进行设计，从而使网站首页的版面简洁、操作简单。其具体操作方式为：打开网站编辑功能，添加一个版块，并对首页进行设置。笔者将其设为"健美操慕课平台"的字样，网站的简称可与网站名称一样，也可以不一样，笔者在此设为一样，首页说明可出现在网页中也可隐藏在网页中，是对该网站的主要内容进行概括，表述要求精炼且有吸引力，吸引学生注意力从而选择学习这门课程。具体设置的内容和风格，管理员和教师可根据自身需要和特点进行选择，也可根据学生的心理特点进行设置。

（3）设置邮件服务器

当用户自主注册 Moodle 账号、讨论区有新帖子或者新的回复、作业被老师批改、登录时忘记密码时，Moodle 系统可以向学生发送邮件。在使用之前，一般需要设置发送邮件参数，以确保发邮件功能正常。

单击网站管理会出现"插件"的字样，再单击"消息输出"的字样便可出现"管理消息输出"的字样。网站管理员或教师可根据需要自行设定相关信息。

（4）设置用户注册

Moodle 平台的用户可以直接由管理员导入，也可以由用户自己注册。因为是应用于 MOOC，面向社会的学员，所以一般都是由用户自己注册的。用户自己注册，可以是不验证身份的注册，也可以是基于 Email 验证的注册。

3. 学习评价的设计

在 Moodle 的测验模块中有较为全面的试题类型库，笔者较为喜欢测验模块，其功能较为完善，整个测验模块相对较为智能化，可以省去教师很大一部分的工作量，具体使用方法如下。

①新建一个测验。首先打开编辑功能，单击"添加一个活动或资源"的字样，即可出现"测验"的字样，右方有具体的说明和使用帮助，单击"添加"即可。由于 Moodle 平台具有较为强大的测验功能，所以笔者编辑了几种代表性类型的试题，具体操作方法不再赘述，教师在设置的过程中可按照提示信息的步骤操作，有很强大的自主评价功能，值得使用。

②编辑试题。保存以后，单击"编辑试题"，进入试题编辑页面，然后添加试题。可以添加的试题有选择题、判断题、匹配题、填空题、简答题、计算题等 12 种题型，健美操基础理论知识测验的常用试题，分为客观题和主观题，分别为选择题、判断题、填空题和名词解释、简答题，Moodle 平台的测验模块对客观题有很强大的自主评分功能，这样可以免去教师在平时测验或期末测评的时候烦琐的阅卷环节。对于主观题而言，学生可以选择在线编辑，也可以选择以 word 的形式上传文件以提交试卷，需要说明的是，由于主观题目的特殊性，答案不易统一，则需要人工评分。

③预览题型并提交答案。在编辑完试题之后，会自动生成题库，点开

其中某一道题目，便可以预览并对所选择的题目提交答案。笔者针对健美操基础理论知识测验的常考题型各自编辑了一道题，在题干和答案的输入以及提交答案的过程中，体会到了 Moodle 平台下测验模块的强大，教师还可以设定反馈信息，分为通用反馈信息、正确答案反馈信息、错误答案反馈信息。通用反馈信息是指无论学生回答正确还是回答错误，给学生的都是同一个反馈信息，如"该题考查的是健美操的分类，请同学们及时复习相关内容"；正确答案反馈信息的表述是为了激励答对的同学，增强其自信心，一般用正面激励的表达方式来进行表述，如"恭喜你！答对啦，加油！"等之类的话；而错误答案反馈信息的表述是为了降低学生的挫败感，提醒学生题目做错了没关系，及时复习相关知识点就可以做对的，帮助学生建立自信心。这类反馈信息可以及时反馈，也可以答完所有题后统一进行反馈，看似小小的一个反馈信息，可以使学生感觉到教师与学生之间的亲密对话，增强学生对教师的仰慕，对学生的心理健康有着很大的帮助。

4. 教学活动的设计

（1）Wiki 协作

Wiki 被译为"维基"或者"维客"，是一种供多人协同创作和在线写作的超文本系统。Wiki 使用方便并且开放，所以 Wiki 系统可以帮助共享课程的知识。Wiki 的添加特别简单，先打开网页的编辑功能，单击"添加一个版块或资源"，出现"Wiki 协作"的字样，右方还出现了 Wiki 的功能介绍，它会详细地介绍 Wiki 的功能，还会有帮助功能，Moodle 平台的这种功能还是比较强大的。然后单击"添加"即可得出添加一个新"Wiki 协作"的字样，页面名称和描述都是网站管理员和授课教师根据自身需要自行设定的。

（2）互动评价

互动评价是在健美操教学过程中进行评价的一种方式或手段，分为自我评价、同伴互评和教师评价。学生本身可以对自己在课堂中的表现进行评价，即自我评价，包括身体的评价和心理的评价。健美操是一项集音乐、动作于一体的健身项目，除非有镜子或进行视频拍摄，否则学生很难观察到自己所做的一些动作。因此，把同伴当成自己的一面镜子或评价对象就显得尤为重要，学生之间可以通过观察同伴的动作技术错误出现在哪些地方，从而有效地提高各自的动作技术，即可称为互帮互助。而这种方法需要在健美操教学平台上先进行动作技术的拍摄，然后发布到平台上，因为学生个人是很难找到自己动作技术的错误的，所以需要同伴的互相帮助，通过评价对方动作技术的娴熟和生硬之处，从而扬长避短，最后达到改进动作的效果。

而对"互动评价"版块的添加也是非常简单的，即先打开"网页编辑"功能，单击"添加一个资源或版块"，单击"添加一个新互动评价"，即可完成它的添加。同理，互动评价名称和简介也是网站管理员或教师自行设定的，按照自己的需求设定即可。笔者对健美操慕课平台互动评价的名称设为"同伴互评"，简介里可以填写评价标准、评价方式等以供学生使用和参考。

（3）聊天

聊天室的功能类似于当下较为流行的聊天工具，如手机 QQ 和微信，从字面意思便可得出它具有聊天的功能。教师可将学员建成一个群，在里面发布相关信息和问题，其功能较为简单，也比较好添加。同样，依然打开编辑功能，在添加"一个资源或版块处"，单击添加"一个新聊天"，就可添加成功。笔者在此将聊天室名称简单易懂地称为"聊天室"，教师可根据需要自行设定聊天室名称。接下来有聊天室简要描述的字样，这也是需要管理员或教师对聊天室进行说明的，对学生说明该聊天室的主要用途，教师还要对学生的言论提出要求但又不禁锢学生的言论和思想，这对教师的教学艺术提出了一定的要求。

（4）讨论区

讨论区在健美操慕课平台中是极其重要的一个活动模块。教师可以在讨论区发布一个话题，引发学生的好奇心，从而开启讨论，这也是"产婆术"教学方法中的一种，这种教学方法可以激励学生对不明白的话题进行思考，通过查询相关资料或发布相关信息，使学生之间、教师与学生之间进行思维的碰撞，从而擦出智慧的火花。通过打开网页的编辑功能，单击"添加一个资源或版块"，即出现一个添加新讨论区的图标，其中有讨论区名称和讨论区简介，都是有教师自行填写。笔者对讨论区名称起为"七嘴八舌"，也就意味着在讨论区里说话人人平等，任何人都可以有权利发起一个新话题供给大家讨论，互相交流，不怕犯错，人人都有发言权。而讨论区简介也是教师在最初设置的时候应该填写的，对学生应提出的要求，如应该让学生在讨论区里讲与学习相关的事情，不应讲脏话或其他不利于学生身心健康的话语，虽说言论自由，但也是在讲文明的基础上，相对地讲究言论自由。

（5）添加课程

教师在将健美操教学平台搭建好以后，便可以以管理员或教师的身份向健美操慕课平台添加新课程了。界面中出现了"我的主页""网站管理"课程的字样，按顺序依次单击便可出现添加或修改课程的标题，单击它即可顺利完成课程的添加。由于此版本没有汉化完整，单击英文字母"Addacategory"亦可添加课程的类别。其中也有课程格式的选择、课程外观的选择、课程活动以及进度跟踪等选择，教师也可对所上传文件的最大长度给予设定，这一切教师都是可以根据自行需要进行相应的选择的。笔者根据需要以及自身经验在平台上添加了"健美操基础理论课""健美操实践课"和"音乐、视频的制作"三种课程分类名称。并在"专业课程"类别中添加新课程——"健美操课程"。

健美操属于体育类的课程，学生需要掌握理论知识和动作技能。而在传统的健美操学习中，教师一般只注重动作技能而忽视了理论知识。在调查中发现，高校健美操专业的学生或普修健美操课程的学生，只有在临近期末考试的时候才会对理论知识进行突击，因为教师也只有在学期末的时候才会对考试内容草草复习，教师和学生并没有充分意识到理论知识的重要性。其实，对于健美操的学习者尤其是健美操专项的学生，基础理论知识一定要扎实，因为理论知识是一切实践技能的基础，只有懂得原理才会将动作技术完成得更好。尤其是对竞技健美操的学习者来说，他们更需要懂得竞技健美操难度动作或过渡连接动作的动作原理，才会找到相应的教学与训练方法。所以，健美操基础理论知识尤为重要，它包括健美操的基本步伐技术、健美操的分类方法、竞技健美操竞赛规则解读、国际和国内重大的健美操赛事介绍等。健美操专业学生需要的能力有很多，有对健美操的教学与训练的能力、创编能力、赛事编排能力、裁判能力、音乐与视频的制作能力等，这些能力都需要理论知识作支撑。而这些知识都可以在健美操教学平台上，以慕课的方式表达出来，以供给学生使用。学生对于这些健美操慕课课程可反复观看，弥补了传统课堂上，学生对教师讲解的内容不理解或课上记得课下忘记而不知所措的缺点。在健美操教学平台的课堂上，学生对所学内容可反复观看，不理解的内容学生可以在讨论区交流或向教师提问，教师可在线解答。在 Moodle 平台上搭建的健美操教学平台还有在线测试的功能，对于巩固和评价学生当前所学的知识有很大的帮助。电脑可自动评分，这样就省去了教师一大部分烦琐的评分工作。教师和学生也可根据学生在实际课堂和健美操慕课中的表现进行自我评价或同伴互评。同理，虽说学习健美操更多的是动作的自身体会，但是对于一些难度动作或过渡连接来说，如果不能懂得辅助训练的话学习效率也是不太可能提高的。在健美操教学平台的视频中，教师应详细地分析学生学习的重难点，着重地对动作技术进行讲解，使学生能更好更快地理解动作技术，以便提高学习效率。因此，不论是健美操的理论知识还是动作技能，在健美操教学平台上开设慕课课程都是非常有必要的，而在 Moodle 平台上搭建健美操教学平台也是非常符合各自的特点的。

第四节　微课程在高校健美操教学中的应用

微课程的出现是时代发展的产物，促进了教师教学和学生学习的发展。它以其短小精悍、方便传播与学习等特征，受到了国内外众多学者和在校学生的欢迎。但是通过查阅文献发现，就目前已有的高校微课程资源来讲，还有部分教师对微课程的概念存在偏差，认为微课程是对传统课堂的浓缩，这种观念是不正确的。另外，国内高校对于微课程这种新型的教育资源的研究、设计及应用等方面还不够重视。微课程的教学模式与我国传统的教学模式差别大，因此国内教学模式的改革不能仅仅照搬国外的模式，应该结合国内教学现状，分析不同时期学生的特点，设计出符合国内学生特点的教学模式。高校健美操教学模式改革的不断深入，对教师教学提出了更高更严格的要求。教师必须要从教学内容、教学方法与手段、教学程序等做出相应的调整，以适应教学改革发展的需求。

本小节笔者希望根据高校健美操课程内容的设置、健美操教学的特点和学生学习方式特点等，分析出适合高校学生的教学模式，结合微课程的设计原则与流程，以 5 分钟的教学时间为限，设计出相应的 5 分钟的微课程教学案例。期望通过对微课程在高校健美操教学中的设计进行研究，能够为微课程在健美操教学中的应用提供理论和实践的参考。

一、微课程的概念和特点

（一）微课程的概念

在这个"百家争鸣"的时代，国内学者由于研究背景、研究思路等不同，对于微课程的解释也有多种说法，如单从名称上就有"微型课程""微课程""微课"等不同的提法，其含义也不尽相同，到目前没有统一界定。

在我国最早提出微课程概念的是胡铁生，2010 年 10 月，根据新课程改革的要求和学校教学的真实现状，他提出微课是教师针对课堂教学中的某个知识点或教学环节，以视频为主要载体呈现在课堂教学中。随后在 2012 年 10 月，他对微课的概念进行了修改，提出微课又名微型课程，是根据学科的某个知识点而构建的新型网络课程资源。2014 年，胡铁生在《微课程的属性认识与开发建议》一文中介绍到微课程的概念，他认为微课程是以微教学视频为主要载体，教师针对某个学科知识点（如重点、难点、疑点、考点等）或教学环节（如学习活动、主题、实验、任务等）而精心设计和开发的一种可视化的、支持多种学习方式的在线视频网络课程。

教育部信息管理中心在 2012 年 9 月对微课的概念做出解释，"微课"全称"微型视频课程"，它围绕学科知识重难点、实验操作、例题习题等，以微视频为主要呈现形式进行的教学过程及相关资源之有机结合体。

"凤凰微课网"提出：微课是一个课程教学应用，在 5 ~ 10 分钟甚至更短时间的微型课程。

焦建利，华南师范大学教授，研究的主要方向包括教育技术学理论和微课开发与应用等。他在 2013 年 4 月，发表名为《微课及其应用与影响》中提出：微课是以学习或教学应用为目的的在线教学视频，其特点短小精悍，以来阐释某知识点。

黎加厚，上海师范大学数理信息学院教育技术系主任、教授，他在《中小学信息技术教育》2013 年第 4 期《微课的含义与发展》一文中给出了微课的定义，他认为："微课程"是有明确的教学目标，内容短小，在 10 分钟之内重点说明一个问题的小课程。

郑小军，广西师范学院职业技术学院教授，2013 年 4 月在博客上发表一篇名为《我对微课的界定》中提到，微课是以微视频为载体，针对某个学科知识点或教学环节而设计开发的数字化学习资源包，支持翻转学习、移动学习、碎片化学习等多种学习方式。

分析总结众多学者的研究内容，笔者认为微课程是在 5 ~ 10 分钟内，以微视频为核心，把教学的重点、难点、疑点等内容以视频的方式呈现出来，是一段完整的教学活动。

（二）微课程的特点

在过去的几年中，国内学者对微课程的研究逐渐增多，经过众多学者不断的探索发展，如今，微课程在信息化教学中担负着越来越重要的角色。在教学组织形式层面，微课程以自主学习为主要形式，让学生根据自己的学习情况来调整学习节奏。在教师专业素养方面，因为微课程以某个知识点为内容，教学时间在 5 ~ 10 分钟，这种特殊要求也在一定程度上增加了教师组织教学的难度，促使教师在教学时语言尽可能简单明了，教学突出重点。正确把握和理解"微"字含义，是研究微课程内容的重点。微课程不是小段教学视频，并不是把传统教学的课堂视频简单分割为若干个 5 ~ 10

分钟的视频，也不是授课时间、授课视频本身的长或短。"微课"的"微"更主要是强调教学主题、教学内容和教学组织形式的微型化，但不能因"微"而盲目地减少教学的必要环节，若缺少某些必要的环节，此课则不再是真正意义上的"课"。

微课程的特点可以用"短小精悍"来概括，教学时间短、教学内容少、资源容量小等，具体来说，微课程具有以下特点：

第一，教学主题突出，内容明确。

传统的课堂教学需要解决多个问题，完成复杂的教学内容和教学目标。相对于传统课堂教学，微课程主要是为了解决某个学科的某个知识点，如重点、难点、考点和易错点等，一节课就一个内容，解决一个问题，教学目标单一，教学主题突出，教学内容更明确。

第二，短小精悍，灵活方便。

微课程要求在 5～10 分钟以内，50M 左右大小的简短视频，教学活动时间短，内容明确，便于学生注意力更集中，符合学习者的学习特点和心理特征，也方便学生随时随地通过网络下载或点播，能重复使用，利用率高。

第三，针对性强，传播方便。

因为微课程是针对某个知识点进行设计录制的教学活动，目标明确，学习者可根据自己的情况有选择性地观看学习。针对性极强，学习效果显著。微课程不但具有网络资源丰富、便捷、交互性等优势，还打破了资源的地域、时间、数量限制。实现了资源的充分共享，为教师的专业发展提供了更多可用的资源。

二、高校健美操微课程的设计原则

根据高校健美操的教学特点和微课程的设计原则，总结出微课程在高校健美操教学中应遵循的原则如下：

第一，时间短。根据心理学研究和脑思维理念，本研究将微课的时间设定在 5 分钟之内，这就要求教师要严格把控教学时间，既要简明清晰又要突出重点，确保学习者注意力集中，以期达到最好的学习效果。

第二，知识点细化。微课的"微"从另一方面来说体现在知识点微，即知识点细化，一节微课只选取一个知识点进行讲解。知识点的选择也要慎重，不能过于笼统，要在教学内容的基础上，对知识点进行细分，将知识点分割成一个个小的学习对象，经过反复加工提炼，有所取舍，以保证在最短的时间讲最精炼的内容。

第三，以学生为中心。微课程强调学生是学习的主体，目的是提高学生的学习兴趣，让学生更好地学习。因此，要根据学习者特点和学习需求，选择出有代表性的教学内容。在设计微课程过程中，要关注学习者的主体性，以学习者为中心进行设计、教学。

第四，内容精准。微课作为一种教学资源，是传统课堂教学的补充，教学内容必须是科学的、严谨的、没有知识性错误的。因此教师在设计制作过程中，一定要认真谨慎，选择合理恰当的教学方式，讲解知识点要注意语言表达的准确性和正确性；教学过程中出现的辅助性资源如图片、声音、视频等也必须要慎重选择，确保不能出现知识性错误。

三、微课程的设计流程

做任何事都要提前规划和设计，就像建一座大楼，首先要先设计出图纸，制作微课程也不例外。制作一节完整的微课程包括以下流程：微课程选择—脚本设计—选择制作方式—准备素材—制作微课程—后期处理。

1.确定微课程选题

微课程制作的第一步是选题，一节课设计的好坏，教学效果是否显著，取决于教学内容的选择。一节好的微课程要求主题突出，目标明确，因此教学内容的选择要非常慎重，一节课选取一个特定知识点或典型性问题，要考虑知识点的选取是否是健美操教学内容的重点、难点、疑点等典型性问题；所选择的知识点的内容选择要精准，避免语言、文字或图片上的错误性描述；知识点的选择要细，确保5分钟内能将教学内容清晰地传授给学生。

2.脚本设计

脚本的设计是做好微课程的基础，在确定教学内容后，要根据教学内容来设计出相应的教学步骤或方案，脚本的编写可以从以下几个方面进行整理，如教学内容、解说词、字幕、备注、时间分配等几个方面。脚本设计实际是将微课程制作的思路、教学内容、教学过程等用文字的形式记录下来，方便后面的制作与开发。脚本的编写一定要有明确的目标，计划好需要准备的东西，如课程所需要的文字、图片、声音、视频、动画、测试题目等内容，要清楚各素材之间的联系或出现时间。另外，编写脚本时还应清楚每个教学环节的时间分配，方便教师能够把握微课堂教学进程。

3.选择制作方式

根据制作方式的不同，可以将微课程分为拍摄型、录屏型、软件制作型、混合型四种类型。

拍摄型微课程是使用录像设备，根据已设计好的教学内容，按照设计好的脚本或实际教学要求进行拍摄。可以是课堂实拍型、专业室拍摄，也可以是室内拍摄或室外拍摄，场景地点不限，根据教学设计、教学内容进行合理选择。制作拍摄型微课程主要用到的设备主要有三种：摄像机、无线麦克风、视频编辑软件，其余设备是根据不同教学内容、教学要求而提前准备。该种类型的微课程是拍摄真实场景，有很强的带入感，教学内容也能清晰地展现在视频中，便于学生观看和学习。但在拍摄过程中投资大，可能会受到场地、资金等多种因素的影响；同时它也有较高的技术要求，需要有专业的技术团队进行辅助。

录屏型微课程是利用录屏软件，对教师的讲解过程和相应的课件演示过程进行同步录制所得的微课程。常见的有 PPT 录屏型微课、手写板录屏型微课等。录屏型微课程主要用到的设备是计算机、录屏软件和话筒，其余工具设备也是根据不同类型选择相应的录制工具。录屏型微课程最大的优点是技术要求低，制作简单方便，可以在较短的时间内完成制作，且投资相对较少，适合普及推广。但是在制作过程中，受外界噪声干扰影响大；若制作 PPT 录屏型微课程，教师要有较强的 PPT 课件制作能力。

软件制作型微课程是利用图片、动画或视频编辑软件，根据教学设计，将素材做技术合成后输出的教学视频，如利用二维或三维动画软件制作的动画微课。软件制作型微课程主要的设备包括计算机、Flash 软件，它适合比较抽象的知识点的教学，如模拟宏观或微观的运动过程。软件制作型微课程可以将抽象复杂的知识以直观的方式展现在学生面前，方便学生理解学习，但是受技术限制，制作过程消耗时间长，教师必须熟练掌握动画制作软件地操作。

混合型微课程是指根据教学内容，将上述三种类型制作方式结合起来制作而成的微课程。根据教学内容的需要，有时候使用其中一种方法并不能制作出令人满意的微课，这时候就可以根据每种制作方法的特点，将这三种类型综合应用，扬长避短。可以是拍摄型＋录屏型，或者是录屏型＋软件制作、拍摄型＋软件制作，当然还可以是拍摄型＋录屏型＋软件制作。

4.准备素材

准备素材是微课程制作的最后一步，它包括微课程所需要的文字、声音、动画、录像等。文字叙述简洁，有吸引力；图片、视频要求画面清晰，恰当选择，尽量不重复；声音除了教师讲解的声音外，还有调节微课程氛围的音乐、音效等，要慎重选择符合教学内容和课堂气氛的音乐、音效。这些都是需要制作者根据教学内容和教学脚本设计要求，提前将所需要的素材准备好。

5. 微课程的制作

微课程的制作是所有环节当中最重要的一步。根据技术手段、设备要求的不同，制作出来的微课程呈现方式也不同，制作者需根据教学内容的特点，教学形式、授课对象的特点等来选择最合适的制作方法，方便学习者观看学习，使教学效果最优化。

6. 后期处理

后期处理是对制作好的视频进行编辑、美化、处理加工，包括配图、配音、添加字幕、添加片头和片尾等，最后导出所需要格式的微课程视频。

四、微课程设计案例分析

查询中国微课网站上的微课程视频，笔者发现有关体育类微课程的内容相对较少。笔者输入关键词"体育"，共查询出 139 个相关资源，从播放次数上进行排序，对微课程视频进行观看浏览，发现并没有与健美操教学有关的微课程视频。笔者根据视频的教学内容、教师讲解方法、教学组织流程和微课程设计等多方面进行筛选，最后选取了两段播放次数与点赞评价较高的微课程案例并进行分析。

（一）实践课设计案例分析

1. 案例介绍

本课程的标题是《足球：正脚背运球》，时间为 2 分 52 秒，授课对象为小学阶段的学生。本节课为新授课，主讲老师首先介绍了几种常见的运球动作，然后重点讲解正脚背运球的动作技术。

2. 案例分析

教学过程：本节微课程片头（6 秒左右）介绍了本节课的教学重点是足球运球技术——正脚背运球。导入部分（30 秒左右）首先介绍了运球的基本概念，接着介绍了三种常见的运球动作，分为脚内侧运球、脚外侧运球、正脚背运球；正文讲解（1 分 40 秒左右），首先以幻灯片的方式，将本节课的教学目标呈现出来。紧接着插入一段正脚背运球（正面）的视频，配合着教师讲解动作的要领及要求。随后将本节课的易错地方分条列举，以幻灯片的方式清晰地展现出来，并针对错误地方提出改正方法。针对本节课教学内容相对应提出了四种练习方法，分别是熟悉球性练习、直线运球、脚背一步一触球、正脚背运球由慢到快，左右脚交替进行、正脚背运球折返练习，左右脚交替；结尾（40 秒左右）教师针对本节课学习提出四个思考问题，以幻灯片的方式呈现出来，结束本节课教学。

课程形式：本节微课程是拍摄型＋录屏型制作而成，概念类知识以 PPT 课件的形式，技术示范拍摄出视频来展示，两者结合出现，讲授者做旁白解说，不出现在屏幕上。

课程教学方法：本课程主要是讲解核心概念，配合示范动作为主。

课程评价策略：本节课是教学实践课，通过本节课的学习，对学习者有一定的目标要求。在课程最后，讲授者也针对本节课的教学内容，列出四种评价方式。

课程要求：本课程需要网络支持。

（二）理论课设计案例分析

1. 案例介绍

本课程标题是《体育安全知识之安全上体育课》，本节课内容选自人民教育出版社《体育安全知识》，时间为 4 分 21 秒，授课对象是初中阶段的学生。主讲人从服装和运动鞋的选择，以及各个活动项目的注意事项几方面详细介绍了体育课的注意事项，讲解了课堂上需要注意的安全问题。

2. 案例分析

教学过程：本节微课程片头（6 秒左右）主要介绍了本节课的教学内容是体育安全知识之安全上体育课。导入部分（12 秒左右）分别插入两张幻灯片，第一张幻灯片内容以目录的形式，简单明了地使学生了解本节课的学习内容，包括以下几方面：运动服、运动鞋、炎热天气、寒冷天气、准备活动、体育课应注意哪些安全事项、参加运动会应该注意些什么。第二张幻灯片以问题形式出现：参加体育锻炼对穿着有哪些要求？如何让学生集中注意力，认真思考？正文讲解（约 4 分钟）以教师讲解为主，以 PPT 的形式呈现教学内容，分别从以下几方面详细介绍了上体育课的注意事项，包括服装和运动鞋的选择，以及各个活动项目的注意事项，讲解了课堂上需要注意的安全问题。结尾（6秒左右）教师以简洁语言概括，结束本节课内容。

课程形式：此微课程以视频讲述为主，具体教学内容以PPT的形式来展示，讲授者做旁白解说，不出现在屏幕上，学习者只需听和思考，并适当做笔记。

课程教学方法：本课程主要是讲解核心概念，以教师讲述为主。

课程评价策略：此课程作为课题的延伸，仅仅是为了做知识的普及，对学习者没有具体要求。

课程要求：本课程需要网络支持。

五、高校健美操微课程的设计

（一）高校健美操微课程时间设计的选择

微课程是在5～10分钟之内，完成对某个学科的重难点、疑点等典型问题的讲解，一节选择一个知识点进行讲解，内容明确、教学时间短是微课程的两大特点。根据心理学研究，一个人的注意力是有限的，人们对比较无趣事物的集中力是2～3分钟，对比较有趣事物的集中力是5～6分钟，时间越短注意力越集中。结合健美操课程的特点，调查访问一些专家学者，综合专家的建议，并遵循人类的注意力保持规律和认知特点，本研究将健美操微课程的时长设置为5分钟，原因如下：

①在更短的时间内完成健美操知识点的教学，学生的注意力更集中，学习效率高。

②5分钟的课程时间，更便于学生把零碎的时间利用起来，方便学生随时随地完成一个健美操知识点的学习。

③5分钟的课程时间，学习安排紧凑，学习过程需要的时间和精力少，减轻了学生的学习压力和负担。

④5分钟的课程时间，教师能加快教学节奏，突出教学重点，使目标清晰地展示在学生面前，课堂效果更显著。

（二）高校健美操微课程教学内容设计的选择

1.对大学生学习特点的分析

与中小学生的学习特点不同，当代大学生多年的学习习惯和学习经验的积累，已经形成较为稳定的学习风格，他们这个年纪对自己的人生目标也比较明确，已经具备自主学习的能力，有自己独特的学习方法，能够自己选择学习内容和学习方法；其次，随着社会和工作的需要，他们更加注重对实践能力的培养，注重知识的实用性，会根据自己的情况和社会的需要来选择相关的学习内容；最后，大学生课外学习的时间较长，他们能够自觉地去学习知识。

2.对健美操微课程教学内容的选择

健美操运动源于人们对健与美的追求，其具有强身健体、改善形体和娱乐身心等功能。它是一门实践性较强的学科，随着社会的发展，该运动已成为大部分高校体育课程里面的一门学科。

在3月11日至12日举办的"2017年陕西省健美操、艺术体操、啦啦操及健身操舞教练员、裁判员培训班"中，通过和西安各个高校的健美操教师交流沟通，了解高校健美操普修课教学内容的现状。目前高校健美操普修课的实践课内容主要有健美操基本步伐、全国大众健身标准、全民健身操舞套路以及民族健身操套路等。其中民族健身操是把我国比较有特色的民族舞基本动作元素与健身操步伐相结合创编的套路，虽然难度级别有所增加但是颇受学生喜爱。理论课方面，主要以健美操概述、健美操的分类及特点、健美操的内容及锻炼价值等作为讲授内容。

通过专家访谈及与高校健美操教师的探讨，在健美操微课程教学内容的选择上，实践课可以选择学生较难接受、掌握的技术动作和舞蹈风格比较突出的部分，如健身健美操中技巧类难度动作，教师针对这一难度动作进行正确的示范并讲解动作的规范要求。本研究中分析的富有民族舞蹈风格特色的教学内容，民族健身操作为高校健美操教学内容的一个重要项目，它是将健美操基本步伐、动作特点与各民族特色舞蹈融合在一起，要想呈现一套完整的套路，重点在于对民族风格舞蹈的表现力，而在教学过程中，对于没有舞蹈基础未受过正规训练的大部分学生而言，把握不同民族舞蹈的风格特点有一定难度，教师要将此作为重难点着重讲解。也可以作为课题的延伸，提供一些健美操训练方法与手段，如有关柔韧性的练习方法、有关协调性的练习方法等。理论课部分，随着社会的发展和健美操运动项目的普及，学生除了掌握课堂内教师讲授的基础知识之外，还要掌握一些实用的知识或是核心知识点，有利于更高效学习健美操，教师可以根据不同项目的规则选择创编要求、评分规则、裁判法等进行教学设计。由于教学时间的限制，课堂上教师没有展开讲解的知识点，学生根据自己兴趣在课下自己学习了解，作为课堂教学的补充。

（三）实践课设计研究——傣族健身操

1. 微课程选题及前期构思

微课程选题及前期构思，如表 5-8 所示。

表 5-8　微课程选题及前期构思

微课程名称	傣族健身操
内容来源	傣族健身操套路中学习重点和学生易犯错误的地方
适用对象	在校大学生
微课程名称	傣族健身操
教学目标	使学生了解傣族舞的风格特点；学习傣族舞里"三道弯"基本身体姿态
教学重点	了解傣族舞的风格特点，学习傣族健身操基本手型
教学难点	通过教学，使学生掌握"三道弯"的基本身体姿态
教学方法	讲解示范法、分解教学法、练习法、纠正错误动作
知识类型	□理论讲授型□推理演算型□实验操作型□技能训练型□答疑解惑型□其他
教学应用	□课前应用□课中应用□课后应用
制作方式	拍摄型
预计时间	5 分钟

2. 录制脚本设计

录制脚本设计，如表 5-9 所示。

表 5-9　《傣族健身操》录制脚本设计

微课程结构	教学过程	教学内容
片头（约 20 秒）	教学内容介绍	本节课的教学内容是全民健身操舞——傣族舞套路组合动作，讲解傣族健身操的风格特点，运用膝关节的柔美弹动和身体姿态以膝关节、髋关节和肩部产生的丰富多彩的"三道弯"来展示傣族健身操的基本风格特点

微课程结构	教学过程	教学内容
导入 （约 1 分 40 秒）	介绍本节课的重点和难点	重点：介绍傣族健身操组合动作手型。掌型：四指并拢，大拇指打开，虎口张开呈 L 形。嘴型：大拇指和食指向内收紧，其余三指依次打开，形状像孔雀的嘴一样 难点：介绍"三道弯"的基本身体姿态。腿部动作的三道弯为立起脚掌到脚跟，脚跟到弯曲的膝关节，膝关节到髋关节。手臂的三道弯为指尖至手腕，手腕至肘，肘至肩
正文讲解 （约 2 分 50 秒）	傣族健身操组合动作讲解	1. 用分解法（手臂和脚步动作分开讲解），同时采用镜面示范和背面示范进行讲解教学 2. 教师带领学生练习，纠正错误动作 3. 配合音乐，完整练习一遍
小结 （约 10 秒）	提出问题	1. 什么是"三道弯"？ 2. 我们的基本手型有哪些？

本节课为教学实践课，教师讲解示范傣族操组合动作，主要以教师示范为主，因此决定采用的制作方式为拍摄型。教学实践课需要学生模仿练习，通过拍摄视频，可以将教学内容、教学活动等直观清晰地展现在学生面前，方便学生模仿学习。

3. 素材的准备

本节课为教学实践课，教师讲解示范傣族操组合动作，制作方式为拍摄型，主要以教师示范为主，前期需要准备素材较少，只需提供最后练习时的音乐。音乐选择是在傣族健身操成套动作原版音乐中，根据组合动作剪辑出来 30 秒的音乐。在后期处理过程中，为了使视频内容更加丰富，视频画面更新颖，需要在介绍不同内容时插入图片提示及转场特效，因此就需要根据教学内容提前找到合适的图片以及特效音。

4. 制作微课程

本节微课程类型是拍摄型，在拍摄过程中要注意以下问题。

教学环境的选择：要选择在周围环境相对安静，外界因素干扰少的地方。若在室内拍摄，一定要合理选择场地，要注意场地大小、教师说话是否有回音、室内光线等；若在室外拍摄，要注意周围环境是否安静，尽量选择人少车少的地方，室外场地空旷，因此教师需要佩戴无线麦，方便收音。本节微课程选择在专业的录音室拍摄，环境安静无干扰，方便拍摄。

硬件设备：拍摄微课程需要的设备主要是数码摄像机，按照存储介质可分为硬盘式和磁带式两种。此外，手机、平板电脑、数码相机也具有拍摄功能。如果经费条件允许，尽量选择数码摄像机进行拍摄。本节微课程采用磁带式录像机进行拍摄，视频画面清晰。

5. 后期制作

根据教学内容和教学设计，首先将拍摄好的视频剪辑为时间约 5 分钟的视频。然后利用视频编辑软件对视频里出现的问题进行加工处理。本节微课程在后期制作中处理的问题是，将教师讲解过程中出现卡顿、讲解错误的地方剪掉；然后在讲解不同内容时，按照教学环节插入图片并配上文字提示，加入特效音，添加转场效果；在讲解重难点时，基本手型和基本身体姿态"三道弯"利用线条、箭头进行标注提示，帮助学生理解和记忆；在课程最后，对教师提出的问题进行处理，插入图片，将问题以文字的形式出现在视频里，教师不出现在视频里，只保留教师的声音。

（四）理论课设计研究——民族健身操创编要求

1. 微课程选题及前期构思

微课程选题及前期构思，如表 5-10 所示。

表 5-10　微课程选题及前期构思

微课程名称	民族健身操（舞）创编要求
内容来源	全国全民健身操（舞）评分规则中的学习重点
适用对象	在校大学生
教学目标	1. 使学生了解民族健身操（舞）的概念 2. 使学习并初步掌握民族健身操（舞）成套创编要求
教学重点	民族健身操（舞）成套创编要求
教学难点	掌握正确的成套创编方法
教学方法	知识讲解
知识类型	□理论讲授型□推理演算型□实验操作型 □技能训练型□答疑解惑型□其他
教学应用	□课前应用□课中应用□课后应用
制作方式	录屏型
预计时间	5 分钟

2.录制脚本设计

录制脚本设计，如表 5-11 所示。

表 5-11 《民族健身操（舞）创编要求》录制脚本设计

微课程结构	教学过程	教学内容
片头 （约 15 秒）	教学内容介绍	概念：民族健身操（舞）是运动员在富有民族特点音乐的伴奏下，把不同民族舞蹈风格特点的动作元素与健美操的基本步伐、操化动作、过渡与连接、托举、动力性配合等动作内容进行完美结合的一项健身运动项目，具有健身性、民族性、表演性、观赏性及娱乐性。 项目分类：民族健身操、民族健身舞、民族器械健身操、民族器械健身舞
正文讲解 （约 4 分 20 秒）	1.讲解民族健身操（舞）概念 2.讲解民族健身操（舞）项目分类 3.讲解民族健身操（舞）成套创编要求	成套创编要求： （1）成套动作编排要求健康、安全，充分体现民族性 （2）成套音乐要富有民族风格特点 （3）民族健身操成套动作强调动作的力度感 （4）成套动作民族风格特点显著 （5）民族器械健身操（舞）成套编排要求人体与器械完美融合 （6）成套中使用器械数量：不多于两种； 　脱离器械动作要求：不超过 6×8 拍 （7）动力性配合次数：最少 1 次； 　托举动作次数：1～2 次 （8）成套中至少要出现一次 2×8 拍对比组合，队形变化要 6 次以上 （9）穿着民族传统服装体现安全性，美观有效 （10）成套难度动作不得超出运动员的自身能力，可根据能力选择各种翻腾、技巧等动作
正文讲解 （约 2 分 50 秒）	总结本节课内容并布置作业	学习内容：民族健身操舞的概念和成套创编要求 课后作业：仔细阅读创编要求 10 条内容

3.选择制作方式

本节微课程是理论讲授型微课，以教师的讲解为主，采用的制作方式是录屏式。

4.素材的准备

本节微课程需要大量的前期准备工作，首先需要根据教学内容，制作出来相应的 PPT 课件。然后根据教学脚本的设计，准备好相关素材，本节微课程需要的素材是相关的图片资料，如有关民族健身操（舞）的图片、民族服饰的图片以及健美操服饰的图片等。另外，根据教师的需要可以提前准备上课所需要的教材。

5.制作微课程

录屏式微课程操作过程较简单，制作方便快捷，所需要的工具有计算机、耳麦（带话筒）、PPT、视频录制软件等，本节微课程采用录屏软件对PPT讲解内容进行录制。在制作录屏型微课程时一定要保证周围环境安静，如果条件允许可以在专业的录音室进行录制，这样可以为后期的编辑处理工作省去许多不必要的麻烦。

6.后期制作

在制作本节微课程时，要注意时间的限制，首先根据教学内容和PPT课件设计，将录制好的视频剪辑为5分钟左右的视频，利用视频编辑软件对视频里出现的问题进行加工处理。本节微课程在后期制作的过程中，将教师讲解过程中出现失误、卡顿的地方进行处理，然后按照教师讲解的语言提示，在相应的地方插入图片或文字提示，同时根据讲解内容，对重要的地方做重点提示或标注，以提醒学生注意，帮助学生理解和记忆。

第六章　高校健美操教学实践

第一节　高校竞技健美操教学实践

随着竞技健美操运动在高校的广泛开展，竞技健美操运动在高校的训练也得到越来越多人的重视。教师需要通过新的训练方法来提高自己课堂的教学效果，同时学生为了取得更好的竞技健美操成绩，也需要正确、有效的训练方法。因此，对高校竞技健美操训练进行相关研究是非常有必要的。

一、高校竞技健美操基本动作教学方法研究

（一）身体基本姿态训练

1.身体基本轴的控制训练

（1）背靠墙站立控制训练

双脚并拢，背靠墙站立，同时后脑、双肩、背、臀和小腿紧贴墙壁，足跟离墙3厘米左右，体会身体垂直轴控制的感觉。练习时双腿及臀部夹紧，收腹挺胸，立腰立背，肩胛骨下旋，同时双肩下沉，下颌微收，头向上顶，背部成一平面。

（2）站立控制训练

双腿夹紧，收腹挺胸，立腰立背，肩胛骨下旋，同时双肩下沉，在没有墙壁支撑的情况下进行练习。身体用力感与有墙面支撑时相同，不断体会这种身体姿态的感觉。

（3）双手叉腰提踵站立控制训练

在站立控制练习基础上，双手叉腰，同时双足提踵，使人体在提高重

心的情况下进一步提高身体垂直轴控制能力。体会后背的感觉和身体垂直轴的控制。

（4）原地纵跳控制训练

在站立控制练习的基础上，双膝微屈，蹬地向上，借助踝关节力量，向上纵跳。动作过程中，腰腹、臀部收紧，身体成一条直线，感受身体垂直轴的控制。做该动作时要注意提气、收腹、立腰，头尽量往上顶，同时注意落地缓冲。

（5）负重原地纵跳控制训练

在原地纵跳控制练习的基础上，脚踝关节绑上沙包，使人体在增加负荷的情况下进行身体垂直轴控制练习。

（6）小组合训练

结合一些左右移动和重心上下移动的组合动作进行垂直轴的控制练习，同时配合一定的音乐，要求在运动过程中保持身体垂直轴的稳定。随着控制能力的增强，可以适当加快音乐速度进行训练。

2.身体弹动训练

（1）蹬伸训练

一脚踏在踏板上，然后用力快速向上蹬直，保持身体垂直轴的控制，两腿依次进行。

（2）负重蹬伸训练

小腿绑沙包做蹬伸练习，使身体在增加负荷的情况下进行练习。两腿依次进行，进行反复练习。

（3）负重提踵训练

单脚或双脚站在踏板上，并在踝关节绑上沙包做提踵练习，做该动作时要借助踝的力量往上提。

（4）原地屈膝弹动训练

根据音乐节拍有节奏地屈伸踝、膝关节，脚尖不离地面。手臂随下肢做一些辅助动作（如叉腰或手臂同时前后摆动）。音乐速度可采取先慢后快的方式，进行反复练习。

（5）弹动踏步训练

根据音乐节拍踏步，手臂配合下肢依次前后摆动。踏步动作过程中摆动腿屈膝抬起时，支撑腿同时微屈膝，摆动腿落地时支撑腿伸直。做此练习时可以先慢节拍进行练习（如两拍一动），根据熟练程度逐步加快节奏。先做直立踏步练习，再做弹动踏步练习，体会不同的动作感觉。

（6）弹动纵跳训练

1～2拍原地屈膝弹动，手臂配合下肢同时前后摆动。第3拍向上纵跳，手臂顺势上摆至上举。第4拍落地缓冲，手臂顺势下摆至体侧。

（7）负重连续纵跳训练

在脚踝关节绑上沙包，然后半蹲，手臂后摆，足蹬伸时往上纵跳，手臂顺势往上摆动，落地后屈膝缓冲，紧接着继续往上纵跳，连续不断进行，落地时注意缓冲，起跳后身体收紧。

（8）踏步训练

上体直立，脚踏下时从脚尖过渡到全脚掌落地，支撑腿落地时膝关节伸直，两臂屈肘在体侧自然前后摆动。然后，进行弹动性踏步训练，脚尖接触地面后，踝关节有控制地过渡到全脚掌落地，支撑腿落地时膝关节微屈，使两腿有同时屈膝的过程，两臂屈肘在体侧自然前后摆动。

（9）弹踢训练

一条支撑腿膝踝关节弹动的同时，另一条腿有控制地进行弹踢小腿，要求膝踝关节有控制地伸展。可进行单腿不间断地弹踢，也可两条腿交替练习。在两条腿交替弹踢的过程中，支撑腿踝关节始终保持有弹性的屈伸，原地动作练得熟练且有一定弹性时，可以进行行进间的弹踢训练。

（10）吸腿跳和跳踢腿训练

吸腿跳和跳踢腿训练主要是训练支撑腿的膝踝关节弹动性，支撑腿膝踝关节弹动的同时，另一条腿提膝或向前大踢腿，支撑腿足跟始终不完全落地，有控制地弹动，膝关节始终保持微屈的弹动状态。先连续吸或踢一条腿，练习一条腿的弹动性，再进行交换腿吸腿跳和跳踢腿练习。

（11）开合跳训练

开合跳的弹动性体现在两腿分开与两腿并拢的弹动上。先做两腿开立位置上的弹动训练，再做两腿并拢位置上的弹动训练，最后做一开一合的连续开合跳练习。

（12）原地连续小纵跳训练

两脚并拢，足尖始终不离开地面，足跟随音乐节奏抬起落下，两臂屈肘于体侧前后自然摆动，做踝关节屈伸的训练。

3.身体姿态训练

（1）站立姿态训练

站立姿态是竞技性健美操最简单、最基本的动作姿势，它是所有动态专项动作的基础。竞技健美操站立姿态的要求：上肢挺拔、抬头挺胸、沉肩、收腹控制躯干的稳定性、臀部内收上提、臀部和两腿肌肉收紧、两脚并拢，表现出气宇轩昂、富有朝气的良好气质和形态。

①颈部练习：颈部自然挺直，微收下颌，眼视前方，头部保持正直。也可放一本书在头上，保持平衡，并能在保持平衡的同时上进行移动练习。

②肩部练习：将两肩垂直向上耸起，直到两肩有酸痛感后，再把两肩用力下垂。反复练习，练习结束后再充分放松。

③臀部练习：两脚并拢站立，躯干保持直立。脚掌用力下压，臀部和大腿肌肉用力收紧，并略微向上提髋。反复练习。

④腹部练习：在收紧臀部的同时，使腹部尽量用力向内收紧，并用力向上提气，促使身体向上，坚持片刻，然后放松，进行反复练习。

⑤背靠墙站立姿态练习：两脚并拢，同时头、肩胛骨和臀贴墙壁，足跟离墙3厘米左右。注意用胸式呼吸，在提气中做此动作。做此练习时，双腿夹紧，收腹挺胸，立腰立背，紧臀，肩胛骨下旋，同时双肩下沉，下颌略回收，头向上顶，背部成一平面。

⑥站立姿态练习：在背靠墙站立姿态练习基础上，脱离墙的支撑，体会站立时肌肉的细微感觉。进行反复练习，注意呼吸的均衡。

（2）头颈部姿态训练

①低头练习：两手叉腰，立正站好。挺胸，下颌贴住锁骨窝处，颈部伸长，然后还原。速度先慢后快，注意体会低头时肌肉的控制感觉。

②抬头练习：两手叉腰，立正站好。头颈后屈，然后还原。速度先慢后快，注意体会抬头时肌肉的控制感觉。

③左转练习：两手叉腰，立正站好。头向左转动，下颌对准左肩，然后还原。速度先慢后快，注意体会左转头时肌肉的控制感觉。

④右转练习：两手叉腰，立正站好。头向右转动，下颌对准右肩，然后还原。速度先慢后快，注意体会右转头时肌肉的控制感觉。

⑤左侧屈练习：两手叉腰，立正站好。头向左侧屈（左耳向左肩的方向），然后还原。

⑥右侧屈练习：两手叉腰，立正站好。头向右侧屈（右耳向右肩的方向），然后还原。

（3）上肢姿态训练

① 基本掌型练习：基本掌型分为五指分开和五指并拢两种类型。在竞技健美操中，五指分开手型的基本要求是五指伸直用力到指尖，尽量分开至手掌的最大面积且五指在一平面上；五指并拢手型的基本要求是五指并拢，大拇指第一指关节略弯曲，其他四指伸直，五指保持在同一平面内。

在训练过程中，先要根据基本掌型的要求将掌型控制好，再进行不同平面上的掌型训练。

② 拳的练习：拳在竞技性健美操中也是比较常用的一种手型，相对于其他手型更能表现出动作力度的感觉，常用的是实心拳。

③ 指的练习：随着竞技健美操的发展，其动作越来越精细，开始出现了指的手型。常用的有剑指，即大拇指、无名指和小拇指弯曲，食指和中指并拢伸直。

④ 特殊风格手型练习：竞技性健美操音乐的多样化，决定了手型动作的多样化。由于吸收不同的文化，竞技健美操出现了西班牙手型和阿拉伯手型等特殊风格的手型，这些手型练习在训练中是十分必要的。

⑤ 两臂前举练习：两臂由下举向前绕至前举，两臂间距与肩同宽，五指并拢或分开，掌心相对或向上、向下、握拳等。

⑥ 两臂上举练习：两臂经前绕至上举，双臂间距与肩同宽。

⑦ 两臂侧举练习：两臂经侧绕至侧举，掌心向上或向下。

⑧ 两臂后举练习：两臂经前向后绕至后下举，手臂尽量向后，臂距与肩同宽。

⑨ 两臂前上举练习：两臂经前绕至与前举与上举夹角为 45° 的位置或前侧上举。

⑩ 两臂前下举练习：两臂经前绕至与前举与下举夹角为 45° 的位置或前侧下举。

⑪ 两臂胸前平屈练习：两臂屈肘至胸前，大小臂都与地面平行，小臂距胸 10 厘米左右。

⑫ 双臂侧举屈肘练习：双臂侧举同时屈肘，使前臂和上臂成 90°。

（4）躯干姿态训练

①躯干稳定性训练。

负重仰卧起坐：仰卧，两手持实心球控制在胸前，使球尽量接近下颌。可根据高校学生的实际肌力水平，采用不同重量的实心球，一般采用 2 千克或 3 千克的。经过一段时间训练，可以逐步增加实心球的重量。由仰卧至起坐的过程是腰腹肌做克制（向心）工作，完成时速度要稍快些，由坐起再返回到仰卧姿势，腰腹肌则是做退让（离心）工作，身体回倒时速度放慢，速度控制在起坐时间的一倍为宜。如果速度过快，动作的实质是以重力来完成的，会影响腰腹肌锻炼效果。这种练习腰腹肌的方法收缩强度较大，训练时要注意负荷重量和起坐的适宜速度。

健身球俯卧撑：俯卧、两手撑地支撑起身体，两脚背放于健身球上，含胸收腹。可根据高校学生的实际肌力水平，调整两臂和健身球的距离，一般是一臂半的距离。经过一段时间训练，可以逐步增大距离。两臂由直臂到屈臂躯干是做退让（离心）工作，身体下降时速度放慢，控制在向上时间的一倍为宜，如果下降的速度过快，动作的实质是以重力来完成的，会影响躯干稳定性的锻炼效果。两臂由屈臂到直臂的过程是躯干做克制（向心）工作，完成时速度要稍快些，这种练习躯干稳定性的方法要求控制能力强度较大，训练时要注意躯干的稳定和俯卧撑的适宜速度。

②躯干灵活性训练。先做左右依次提肩、同时提两肩、左右依次前后绕肩和双肩同时绕等肩关节运动，然后做顶髋、绕髋等髋关节运动。最后，做躯干前后左右的移动练习，以提高躯干、肩、髋关节的灵活性。

（二）动作力度训练

1.语言刺激训练法

在高校竞技健美操的动作训练中，每个动作的力度是体现健美操特征的重要方面。如在做动作的过程中，肌肉的"用力""控制""对抗""力度"等以语言的形式进行强化，给高校学生以"刺激"，恰当地运用语言刺激使神经系统和肌肉运动系统协调一致。

2.协助训练法

协助训练是最直接的指导训练，适用于运动初期建立动作感知能力。在高校，协助训练法体现在教师对学生运动员即将完成的竞技健美操动作进行控制和调整，纠正其动作的用力大小、速度、方向以及动作制动时机掌握的准确性。例如，在做"左臂上举，右臂前举"动作时，为了使学生快速有力地摆至标准位置制动，教师可用双手握住学生的手腕带动其摆动，便于学生体会到位后制动的肌肉用力的感觉，学生也可以举起与其体重适宜重量的哑铃，提高肌肉的感受力。同时，可以采用标准位置的限定训练，教师可用双手放在前举位置和上举位置或用线绳等其他物品来代替，让学生双臂摆动到该位置快速制动，反复练习可以提高学生对动作的感受能力。

3.对抗训练法

这是一种可由单人或多人进行对抗阻力的训练方法。在高校竞技健美操训练中，采用两人一组的练习方式进行"用力与对抗"的练习，如一个人做两臂前举练习，另一名学生使其两臂前举受阻或减慢前举的运动速度，使参与练习的学生感受两臂前举时肌肉的对抗感觉。

4.负重训练法

借助适宜重量的哑铃练习者在规定的时间内完成一定次数的屈、伸、摆、绕环等动作，反复练习，并依此类推到其他动作练习上，可以提高肌肉运动感觉。在高校竞技健美操的训练实践中，采用 10 ～ 15RM（也可以采用体重比来选择负重的重量）的重量连续做各种举、屈、伸等动作，既可以提高学生的力量素质，也可以更有效地提高学生完成动作的力度。负重训练的强化训练，伴随着不同的音乐节奏进行各种基本动作的练习，同时学生可以站在镜子前纠正动作。这样可以帮助学生理解音乐，也可以有效提高学生动作的力度感。

5.表象训练法

协助训练阶段后就进入了表象训练阶段。在高效竞技健美操的训练中，表象训练就是回忆协助训练的过程，学生靠自己对动作感受能力的记忆，准确判断动作的发力顺序、动作速度、动作的方位以及动作制动。表象就是在自己头脑中想象动作训练的过程，让自己回忆训练的画面、动作用力的感觉。长时间的表象训练有助于提高学生的力度感。在表象训练时，教师应该及时纠正学生的错误表象，避免出现负诱导的作用。教师应该及时用口令或提示，如"用力再大些""节奏再加快点"或用手帮助学生协调用力。表象训练的同时，可穿插一些镜面练习的训练，让学生形成一个正确的运动表象。

（三）动作速度训练

肢体动作速度是竞技健美操专项速度的体现。高校学生运动员要学会对竞技健美操肢体动作速度的控制，虽然神经支配及协调因素、能量代谢及功能因素、肌纤维类型及肌力因素、身体素质因素等都会对专项速度产生一定影响，但在高校竞技性健美操中，通过有效的运动技术训练可以帮助大学生增强对动作速度的控制能力。高校竞技健美操发展动作速度素质训练的负荷结构特点，主要包括：训练刺激强度、训练刺激时间、训练刺激量、训练刺激频率和训练间歇时间。

1.利用外界助力提高学生的动作速度

在进行基本的高校竞技健美操动作训练过程中，教师可以利用外界助力提高学生完成某一动作的速度，然后让学生体会快速运动的动作感觉。教师在使用助力训练时，应该掌握好提供助力的时机以及用力的大小，同时应该让学生体会在助力作用下，动作完成的时间和用力的大小，以便他们能独立达到动作速度的要求。

2.变奏训练

变奏训练是指通过改变音乐节奏，让学生同步进行动作练习，体会快与慢节奏完成动作的训练方法。训练中，应该注意的是学生在较快节奏下动作容易变形或者动作表现力降低。因此，健美操教师应该在训练中注意及时提醒学生完成动作的质量。

通常我们可以将变换节奏训练法分为以下两个阶段。

（1）阶梯式负荷增加阶段

在这一阶段，通过逐渐提高负荷强度，增强机体的运动机能和运动素质工作强度，促使运动技术形成稳定的动力定型。负荷以音乐速度为单位，在以周为时间单位下表现出斜线上升的趋势，为允许跳跃式的变换负荷强度做好全面的训练准备（图6-1）。

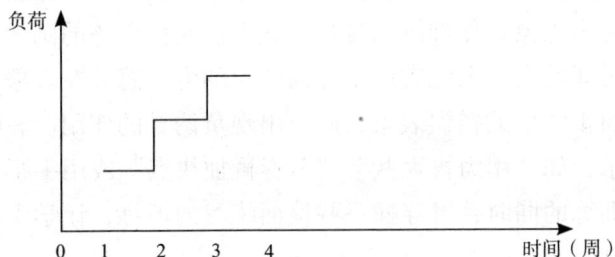

图6-1 阶梯式负荷增加阶段

（2）跳跃式负荷变化阶段

在这一阶段，通过跳跃理想速度的固定定型模式，采用突然增加负荷的方法，对机体给予强烈的刺激后，再恢复到理想速度，使学生承受负荷的能力有突破性提高，同时使机体掌握肢体姿势控制技术，提高控制能力（图6-2）。

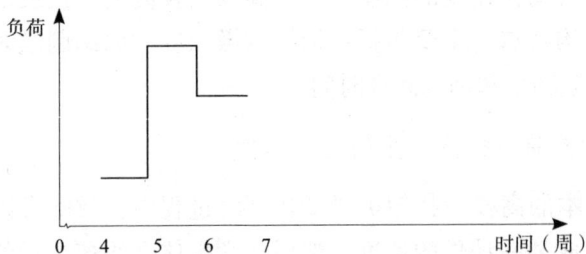

图6-2 跳跃式负荷变化阶段

综上所述，变奏训练法整体负荷量度变化基本形式是阶梯式和跳跃式负荷形式的结合。在负荷量相对稳定的情况下，首先通过改变负荷强度训练来实现训练效果，逐步增加负荷强度到某一水平，使机体承受一种逐步提高的负荷刺激；突然增加负荷到超高水平，使机体的承受能力达到一个新的水平；保持一段比赛需要的负荷水平，使机体对这一负荷产生变奏是适应负荷原则在竞技性健美操训练中的运用，结合该项目特点，使有机体对运动负荷产生一个适应过程，以提高和巩固学生的基本动作技术的一种训练方法（图6-3）。

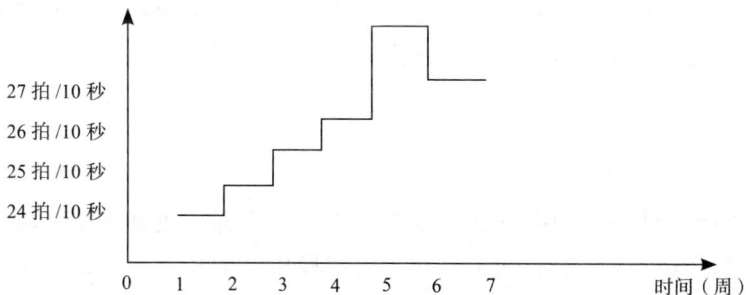

图6-3　综合训练

3.高频重复性训练

在高校竞技健美操运动中，高频重复性训练主要是学生在规定的时间内高速度重复具体动作的训练。如果高速度训练是提高高校学生速度素质的一般训练，那么高频重复性训练是针对提高学生具体动作的速度训练。在竞技健美操比赛中，进行高频重复性训练则是解决学生个别动作速度快慢的最好方法。高频重复性训练要求教师规定具体动作训练时间，增强重复速率提高学生具体动作的运动速度。重复性训练并不是对质量没有严格要求，而是强调每次重复都应该使学生在原有的基础上通过对动作技术和对运动路线的熟悉，最终达到高质量、自动化完成的目的。

4.变化速度训练

高速度训练各种操化动作是提高学生动作速度的有效措施之一。但应该注意的是，应该先提高学生的兴奋性，同时采用较激烈强劲、快节奏的音乐来调动学生的热情，但是这种训练方法不应该持续时间过长，一般保持在30秒，注意间歇时间为45秒（也不应太长），否则学生的兴奋性会下降，不利于后面的训练。此外，高速度训练由于速度强度大容易疲劳，动作幅度容易减小，动作容易变形，因此应该进行积极纠正。高速度训练时音乐速度没有变化，只是改变动作的练习速度，或将高速度动作练习与变换速度练习的动作结合起来，有效避免动作停留在同一稳定的速度水平上。

（四）动作幅度训练

在高校竞技健美操中，学生的肢体动作幅度直接反映自身竞技健美操水平的高低，动作幅度的大小有其特有的特点，也受专项特点的限制，因而大学生必须具备良好的专项技术控制能力。动作幅度控制能力与柔韧素质有着密切的关系，专项技术的掌握也不可忽略，动作幅度控制技术的能力主要通过多次的重复动作定位来形成。

1.皮筋训练法

（1）上肢动作训练

①腕屈伸训练：两腿站在橡皮筋中央，两手握住皮筋两头，侧举，拉紧橡皮筋。腕屈时，拳心向上，双手克服橡皮筋的拉力向上屈；腕伸时，拳心向下，双手克服橡皮筋的拉力向上伸。腕屈伸训练可发展前臂肌肉力量。腕屈伸训练应注意拳心的方向，使屈伸方向与橡皮筋拉力方向相反。

②腕外展内收训练：两脚站在橡皮筋中央，两手握住皮筋两头，侧举，拉紧橡皮筋。外展时，立拳，拳心向前，手腕用力方向与拉力方向相反；内收时，立拳，拳心向后，手腕用力方向与拉力方向相反。腕外展内收训练可发展前臂肌肉力量。腕外展内收训练应注意手腕与前臂在同一平面内运动。

③前臂屈伸训练：两腿站在橡皮筋中央，两手握住两头，放于体前，拉紧橡皮筋，上臂固定，前臂屈，再伸至原位。前臂屈伸训练可发展肱二头肌、肱三头肌肌肉力量。前臂屈伸训练应注意上臂固定，不可跟随前臂运动，以免影响锻炼效果。运动速度应有所控制，匀速屈伸。

④上臂屈伸训练：两腿站在橡皮筋中央，两手握住两头，两臂放于体侧，拳心相对。臂屈时，直臂向前抬起，拉紧皮筋，再放下；臂伸时，直臂向后抬起，拉紧皮筋，再放下。直臂屈伸训练可发展胸大肌、肱二头肌等肌肉力量。上臂屈伸训练应注意臂屈伸时，向前屈和向后伸的幅度应尽量增大，以增加训练效果。另外，运动速度应有所控制，匀速运动。

⑤臂外展训练：两腿站在橡皮筋中央，两手握住两头，两臂放于体侧，拉紧皮筋，两臂经体侧向上运动，再放下。臂外展运动可发展三角肌、胸大肌等肌肉力量。臂外展训练应注意两臂始终与身体在同一平面内。向上

和放下的速度应有所控制，匀速上下。

（2）腹背部动作训练

①体前屈训练：两腿分开站在橡皮筋中央，橡皮筋经体后至头后，两臂屈肘，头后握住橡皮筋两头，上体向前屈，再起来。体前屈训练可锻炼腹背肌力量。体前屈训练应注意两腿伸直，上体向上起时运动速度不可太快，应有控制地匀速上下。

②体侧屈训练：两腿分开站在橡皮筋中央，一手握住橡皮筋一端，另一手放松于体侧，拉紧皮筋。上体向另一侧屈，还原，再换另一手握橡皮筋练习。体侧屈训练可发展腹直肌、腹外斜肌、腹内斜肌肌肉力量。体侧屈训练应注意两腿伸直，身体和手臂在同一平面内。

（3）下肢动作训练

两腿分开站在橡皮筋中央，橡皮筋经体后至头后，两臂屈肘，头后握住橡皮筋两头，拉紧皮筋，两腿屈膝下蹲，再站起。下蹲动作可发展臀部、腿部力量。下蹲训练应注意下蹲时皮筋拉紧，腰腹收紧，下蹲速度应有所控制，不可太快。起来时可加快速度。

2.不同幅度的动作组合训练

让高校学生体会和理解动作幅度大与动作幅度小的区别，是提高高校竞技健美操动作幅度训练效果的关键。体会和理解这种区别是提高运动幅度的关键。训练中一般选择不同运动幅度的操化动作进行反复多次的练习，以提高学生的运动幅度。同时，在训练过程中教练员应该强调，让学生尽量体会大幅度运动的动作知觉，体会完成大幅度动作的过程、准确的动作路线以及各关节、肌肉和韧带撑拉和伸展的程度，建立大幅度运动的正确动作路线和关节韧带的牵拉程度动作知觉，从而提高运动幅度。动作幅度小，对机体的刺激较小，而较大幅度的动作会给机体较大的刺激，运动强度也较大，所以学生完成同样的动作时，动作幅度小感觉会轻松，而大幅度完成动作会感觉较吃力。通过小幅度与大幅度对机体产生刺激的不同以及完成同样动作后感觉的不同，让学生充分体会大小运动幅度的差异，以加深学生对大幅度运动的感觉，有效提高运动幅度。

3.身体柔韧性训练

高校竞技健美操运动幅度的大小与大学生各关节的柔韧性也有着密切的联系，加强柔韧性训练是提高运动幅度的有效方法之一。只有柔韧性好，关节活动范围增大，肌肉的收缩幅度大，大学生的身体动作才能充分地伸展。提高运动幅度的训练中主要以发展肩关节、髋关节的柔韧性为主。通常采用的训练方法有以下几种。

（1）发展上肢柔韧性练习方法

①各种徒手体操中活动肩、肘、髋关节的动作。

②两手握肋木直臂压肩。

③两手向后握肋木向前探肩。

④与同伴互扶俯身正侧压肩。

（2）发展下肢柔弱性练习方法

①正压腿：支撑腿脚尖朝正前方，膝关节伸直，髋关节摆正，抬头挺胸屈上体。

②后压腿：髋关节摆正，屈支撑腿，抬头挺胸上体后仰压胯。

③侧压腿：支撑腿脚尖膝盖所朝方向与被压腿方向成90°，膝关节伸直，髋关节充分展开，抬头挺胸侧屈上体。

④劈叉控腿：左腿在前或右腿在前，以劈叉的姿势待住不动，控制5分钟。练习水平高者可架高劈叉控腿。

（3）发展躯干柔韧性练习方法

①体侧屈：双脚并拢或开立与肩同宽，双手举起于头顶上互撑，由手带动躯干侧屈直到最大极限，保持该拉伸状态10秒。

②体转：两脚并拢或开立与肩同宽，两肩侧平举，向左转动时以左肩带动躯干左转到最大限度，控制10秒钟，向右转动时以右肩带动躯干右转到最大限度保持10秒。

③体后屈：两手握肋木，两腿并拢或开立与肩同宽，抬头挺胸上体后仰到最大限度位置，保持10秒。

（五）动作方位训练

高校竞技健美操基本动作的方位控制不仅表现在肢体准确地到达某一预定位置，还表现为准确、清晰的动作过程路线。动作方位的控制能力体现着大学生自身对空间位置及运动时间的感知能力。许多观点认为，多次重复训练能够有效提高人体对时间空间的感知能力，形成准确的方位控制能力。

1.镜面方位校对性训练

在高校竞技健美操运动中，镜面方位校对性训练不仅是指学生面对镜子练习动作的准确性，还是指学生相互或面对教师完成操化动作的训练。

镜面方位校对性训练可以清楚、准确地帮助高校学生建立正确的动作方位感，让学生清晰地认识到自己容易犯错的动作角度、高度、弧度和动作方位，及时纠正和调节自身的方位错觉，使学生在较短的时间内提高竞技健美操动作的准确性，建立标准的方位感。

2.定位训练

定位训练是指高校学生在训练操化动作的过程中，对每一拍上肢动作和下肢动作都要达到规定位置的训练。开始训练时，可以慢动作节奏让学生充分感觉动作在规定位置的感觉，待学生习惯性地达到定位点后，再加快动作节奏直至比赛要求的速度。除此之外，教师可以在定位点设置障碍物，帮助学生建立方位感。定位练习容易出现僵硬的动作和机器式的动作感觉，因此定位练习应该注意调动学生的动作表现力，在定位中强调动作发力和制动的感觉。

（六）移动重心训练

对高校竞技健美操来说，重心的控制是保持技术动作完整连贯的关键所在，它的好坏直接影响竞技性健美操的质量。以下是重心训练的一些练习方法。

1.半蹲移重心练习

两手叉腰成半蹲姿势。第 1 拍向左移重心，屈膝，膝关节朝着脚尖的方向，同时右腿蹬直；第 2、4 拍还原成预备姿势；第 3 拍向右移重心，动作同第 1 拍方向相反。做此练习时，要求上体保持基本姿势，挺胸、收腹、立腰紧臀。

2.向前移重心练习

两手叉腰，立正站好。左腿前擦地，右腿蹬地重心迅速前移成右腿后点地。收右腿还原成预备姿势。反方向重复做一次。做此练习时，两腿伸直，蹬地移重心。保持上体姿态，脚面外翻。

3.向侧移重心练习

两手叉腰，立正站好。左腿侧擦地，右腿蹬地重心迅速侧移成右腿侧点地。收右腿还原成预备姿势。反方向重复做一次。做此练习时，两腿伸直，蹬地移重心，保持上体姿态，脚面向侧。

4.向后移重心练习

两手叉腰，立正站好。左腿后擦地，右腿蹬地重心迅速后移成右腿前点地。收右腿还原成预备姿势。反方向重复做一次。做此练习时，两腿伸直，蹬地移重心，保持上体姿态，脚面外翻。

5.向侧移重心转体练习

两手叉腰，立正站好。左腿擦地侧移，双腿屈膝半蹲。从右向左后转成右脚侧点地。收右脚成预备姿势。反方向重复做一次。做此练习时，保持挺胸、收腹、立腰、立背的上体形态，两腿伸直，蹬地移重心。移重心转体要控制重心的稳定，脚面向侧。

6.交叉步移重心练习

两手叉腰，立正站好。第1拍左腿向侧擦地；第2拍右腿蹬地，同时重心左移，右腿交叉于左腿后，两腿四位蹲；第3拍两腿伸直，左腿向侧擦地；第4拍右腿蹬地，重心再一次左移，右腿并左腿成预备姿势；5～8拍反方向再重复做一次。做此练习时，上体保持基本姿势，向侧擦地时，两腿伸直，脚面向侧。

7.V字步移重心练习

两手叉腰，立正站好。第1拍左腿向斜前方擦地，着地后两腿屈膝；第2拍右腿蹬地向斜前方擦地，成半蹲姿势；第3拍左腿向右后方擦地；第4拍右腿并左腿成预备姿势；5～8拍反方向重复做一次。做此练习时，上体保持基本姿态，每做一拍动作，重心都将移至两腿之间，屈膝时膝关节朝着脚尖方向。擦地时注意绷脚尖。

8.并步跳移重心练习

左脚前三位站立，两臂侧举。左脚向前上步，同时稍屈膝，重心随之前移，接着左脚蹬地跳起，同时右脚向左脚并拢，空中成三位脚，右脚落地。做此练习时注意保持好上体姿态，挺胸、收腹、立腰，控制好重心。

9.剪刀跳练习

采用剪刀跳的动作形式，左右剪刀跳连续进行，身体重心始终保持左右平移而没有上下起伏。在练习时，首先两脚都不离开地面，通过两腿膝关节的依次屈伸左右平移身体重心，然后加上跳步进行剪刀跳的练习。做此练习注意保持好上体姿态，挺胸、收腹、立腰，控制好重心。

（七）基本组合动作训练

1.上肢组合训练

（1）组合练习一

第1拍两臂经体前交叉向外绕至侧上举；第2拍两臂握拳胸前交叉；第3拍向侧打开成侧举，五指分开，掌心向前；第4拍左臂前平举，五指分开掌心向上，右臂屈肘，五指分开放于头后；5～6拍两臂从下向内绕环至头上击掌；第7拍两臂侧平举，同时前臂握拳向上屈肘并成90°；第8拍还原成预备姿势。

（2）组合练习二

第1拍两臂前举，五指并拢掌心相对；第2拍右臂前举，同时前臂向上屈肘并成90°，手形不变，左臂胸前平屈，同时五指并拢搭于右上臂肘关节处；第3拍左臂侧平举，右臂胸前平屈，五指并拢掌心向下；第4拍两臂前平举交叉，右臂在上；第5拍左臂后举，五指并拢掌心向内，右臂握拳前举，同时前臂向上屈肘并成90°；6～7拍向内绕环胸前叠屈，右臂在上左臂在下；第8拍还原成预备姿势。

（3）组合练习三

第1拍左臂前上举，右臂前下举，五指并拢掌心向内；第2拍两臂胸前平屈，五指并拢掌心向下；第3拍两臂向侧打开成侧举，五指并拢掌心向下；第4拍左前臂向上屈肘，右前臂向下屈肘，五指并拢掌心向内，前臂与上臂成90°；第5拍动作同第4拍，方向相反，左臂向下，右臂向上；第6拍胸前击掌；第7拍左臂侧下举，右臂侧上举；第8拍还原成预备姿势。

（4）组合练习四

第1拍两臂体前交叉经前举至左臂侧举，右臂胸前平屈，五指并拢掌心向下；第2拍左臂上举，右臂放于体侧，五指并拢掌心向内；第3拍双臂交换位置，右臂上举，左臂下举；第4拍左臂不动，右臂往下拉屈肘，前臂位于胸前，腕关节与肩同高，五指分开掌心向后；第5拍双臂侧下举，五指分开掌心向前；第6拍双臂握拳胸前交叉；第7拍左臂屈肘向侧打开，手位于头上方，右臂侧举，五指分开掌心向下；第8拍还原成预备姿势。

2.下肢组合训练

（1）组合练习一

第1拍左脚向侧迈步；第2拍右脚蹬地交叉于左脚后，同时重心左移；第3拍左脚继续向侧迈一步同时半蹲，重心在左腿上；第4拍左脚蹬地跳起，腿伸直，右腿蹬伸向侧踢；第 5 拍右腿收回向前迈一步；第 6 拍重心前移吸左腿；第 7 拍左腿向侧点地成侧弓步；第 8 拍还原成预备姿势。

（2）组合练习二

第 1 拍前半拍往下半蹲，后半拍双脚蹬伸，重心左移，左腿支撑，右腿伸直离地；第 2 拍右脚向前迈一步，重心移至右腿；第 3 拍跳起成开合半蹲；第 4 拍跳起成站立姿势；第 5 拍跳起成左脚前点地，脚跟着地，重心在右腿上；第 6 拍跳起右脚侧点地，脚跟着地，左腿稍屈膝；第 7 拍分腿半蹲原地跳一次；第 8 拍还原成预备姿势。

（3）组合练习三

1～2 拍右脚向前做一个并步跳；3～4 拍右脚向前迈一步，左脚蹬地并右脚屈膝准备起跳；5～6 拍双脚蹬地起跳，腾空时前腿屈膝叠小腿，后腿伸直尽量后摆，并腿缓冲落地；第 7 拍蹬地跳起成右脚侧点地，左脚稍屈膝，头向左侧倒；第 8 拍还原成预备姿势。

3. 上下肢组合训练

（1）组合练习一

第 1 拍双脚蹬地跳起重心前移，右脚支撑，左腿后伸，同时左手经腰侧向前成前举，五指分开掌心向上，右手屈肘掌位于头后；第 2 拍左脚顺势前摆着地，重心前移，右脚脚尖点地，左手上举，右手位于体侧，五指并拢掌心向前；第 3 拍分腿半蹲，双臂胸前平屈；第 4 拍并腿站立，左臂后举，右臂屈肘，上臂紧贴身体，五指并拢掌心向内；5～6 拍开合跳一次，双臂向内绕环至胸前叠屈；第 7 拍左脚向前成弓步，左臂前举，前臂与上臂成 90°，右臂后摆，同时双手握拳；第 8 拍右脚并左脚还原成预备姿势。

（2）组合练习二

第 1 拍左脚抬膝左臂屈肘，左前臂尽量靠近上臂，上臂紧贴身体，右臂上举，五指分开，左手掌心向后，右手掌心向内；第 2 拍左脚后伸成弓步，左臂成前举，掌心向上，右手屈肘，掌置于头后；第 3 拍左脚向侧跨步成侧弓步，双手相握置于左侧屈肘，身体面向斜前方，头面向正前方；第 4 拍右腿屈膝后抬，左腿稍屈膝支撑，左臂屈肘，掌置于头后，右臂伸直，五指分开掌心向后；第 5 拍重心右移成半蹲，双手置于大腿偏上部，屈肘，同时肘关节向外；第 6 拍并腿提踵立，同时双臂直臂头上击掌；第 7 拍双脚蹬地，重心右移，左脚向侧伸直离地，右腿支撑，左臂侧下举，右臂侧上举；第 8 拍还原成预备姿势。

二、高校竞技健美操难度动作教学方法研究

（一）竞技健美操难度动作的介绍

目前，竞技健美操难度动作已经有 300 多个，其中主要包括力量性动作、柔韧性动作、平衡性动作、跳跃性动作、踢腿类动作五种。在这些难度动作中，大多数都是用常规术语进行描述的。例如，单臂单腿俯卧撑、分腿支撑、团身跳转 180°、搬腿平衡前倒成纵劈腿等。但也有一些难度动作是以特有的术语名称来进行命名的。例如，开普，单臂支撑侧水平劈腿；剪踢，单脚起跳，一腿踢至水平面上，腾空后剪刀式交换大踢；科萨克跳，双脚同时起跳，双腿膝关节并拢平行于地面；分切，以俯卧撑开始，双手推起后，分腿摆跃；直升飞机，分腿坐后倒，两腿依次做绕环后成俯撑；给纳，站立开始，一腿向前摆动使整个身体腾空并平行于地面，腾空后双脚并拢；文森，膝关节内侧放于肘关节处的地面支撑动作；剪式变身跳，单脚起跳，转体 180° 变换腿展示纵叉姿态；依柳辛，由站立开始，一腿后摆在垂直面内绕环，同时身体以支撑腿为支点转体 360° 等。当然，正是通过这些动作的有机组合，才使竞技健美操有了独特的魅力和生命力。以下是对竞技健美操难度动作内容的简要介绍。

1.力量性动作

在竞技健美操运动中，力量的表现手法主要包括动态力量和静态力量两种，其中俯卧撑类动作、屈体类动作、旋腿类动作、自由落体类动作等可以充分体现出竞技健美操运动的动态力量，而静态力量可以通过各种支撑类动作来进行表现。

（1）俯卧撑类动作

在竞技健美操运动中，俯卧撑类动作的种类非常丰富。动作形式不同，其表现力也存在差异，如图 6-4 所示。

```
                    ┌─────────────────┐
                    │   单臂俯卧撑      │
                    ├─────────────────┤
                    │   侧倒俯卧撑      │
                    ├─────────────────┤
  ┌──────┐          │  单臂侧倒俯卧撑   │
  │俯卧撑 │          ├─────────────────┤
  │类动作 │─────────▶│   俯卧撑飞起      │
  │      │          ├─────────────────┤
  └──────┘          │   后倒俯卧撑      │
                    ├─────────────────┤
                    │ 俯卧撑转体一周成俯卧撑 │
                    ├─────────────────┤
                    │俯卧撑推起空中转体一周成俯卧撑│
                    └─────────────────┘
```

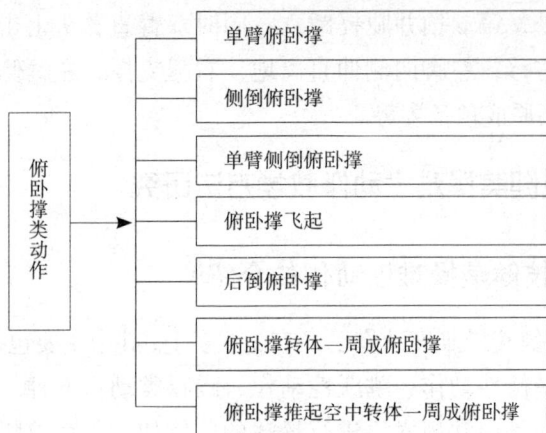

图 6-4　俯卧撑类动作

动作要求：在竞技健美操运动中，不管进行哪一种俯卧撑类动作，都需要遵守此类动作的共同要求和规则。例如，俯卧撑类动作必须是以手作为身体的支撑点，身体的起落必须由自己控制，胸部与地面的距离要小于或等于 10 厘米。同时，上肢肘关节不能弯曲，肩部保持水平，头颈部不得抬起或低下，要与身体在同一条水平线上；做肘部弯曲的动作时，肘关节形成的角度不得小于 45°，在整套动作中，身体始终保持舒展平伸的姿态等，这些都是俯卧撑类动作中的共同要求。但每个不同的动作有自己的要求，如在做侧倒或后倒俯卧撑时，运动员的双腿必须并拢，不得出现屈腿、分腿等不良姿态；在做单臂俯卧撑时，肘关节需要朝向脚的位置；完成侧倒俯卧撑时，肘关节需在体侧等。

（2）屈体类动作

屈体类动作的种类，如图 6-5 所示。

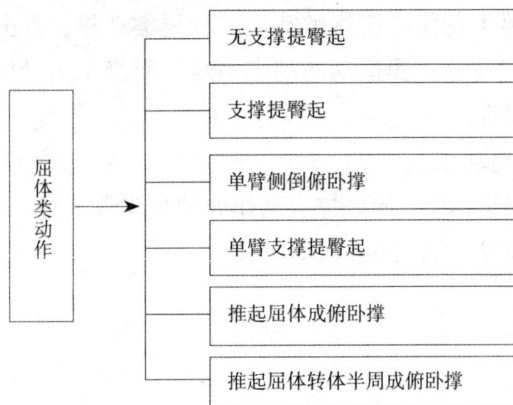

```
  ┌──────┐          ┌─────────────────┐
  │屈体  │          │  无支撑提臀起     │
  │类动作 │          ├─────────────────┤
  │      │          │  支撑提臀起       │
  └──────┘─────────▶│  单臂侧倒俯卧撑    │
                    ├─────────────────┤
                    │  单臂支撑提臀起    │
                    ├─────────────────┤
                    │ 推起屈体成俯卧撑   │
                    ├─────────────────┤
                    │推起屈体转体半周成俯卧撑│
                    └─────────────────┘
```

图 6-5　屈体类动作

动作要求：在竞技健美操运动中，大部分的屈体类动作是以俯卧撑动作为基础来完成的。运动员在屈体时，臀部需要提起，并要求双腿和双臂不得弯曲，腿必须达到垂直位置，头部、双手、双脚相接，不得抬头或低头，头部与上肢、躯干保持在一个水平线上。在完成无支撑提臀和推起空中屈体动作时，双手和双脚必须同时落地。完成空中动作时，胸部不得接触地面。

（3）旋腿类动作

旋腿类动作的种类，如图 6-6 所示。

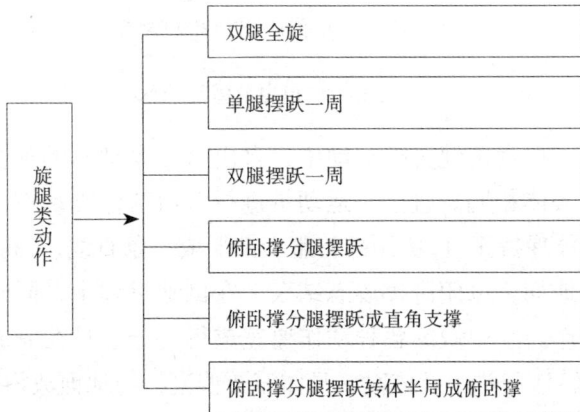

图 6-6　旋腿类动作

动作要求：在做竞技健美操旋腿类动作时，运动员的双脚在整个动作过程中是不能与地面接触的，腿部旋转必须达到规定角度。在完成动作时，运动中的双腿要保持伸直；在单腿摆动的动作中，摆动腿要平行于地面；在双腿摆动时，两腿必须并拢；在身体处于伸展状态时，要将臀部提起。

（4）自由落体类动作

自由落体类动作的种类，如图 6-7 所示。

```
          ┌──────────────┐
          │  前倒成俯卧撑   │
          ├──────────────┤
          │ 前倒成单臂俯卧撑 │
 ┌────┐   ├──────────────┤
 │自 │    │ 转体半周成俯卧撑 │
 │由 │    ├──────────────┤
 │落 │──→ │ 转体一周成俯卧撑 │
 │体 │    ├──────────────┤
 │类 │    │空中转体一周成俯卧撑│
 │动 │    ├──────────────┤
 │作 │    │空中转体两周成俯卧撑│
 └────┘   └──────────────┘
```

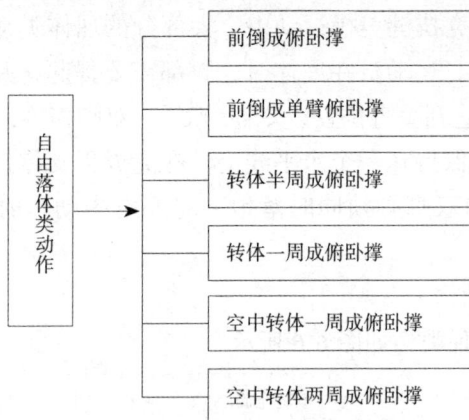

图 6-7　自由落体类动作

动作要求：在竞技健美操运动中，自由落体类动作的种类很多，但动作的一般要求大体相同。直立是运动员进行自由落体类动作的常用准备姿势。直立时，身体保持正直，头颈部与躯干部形成一条直线，不得低头或抬头，然后身体倒向地面，以俯卧撑姿态结束。在倒地过程中，同时完成各种转体、团身等动作。空中做的各种动作要完成得充分，且在完成后手脚要同时落地。平衡转体和跳起转体时，身体需要伸直，与地面成零度角。

（5）搭肘俯卧撑类动作

搭肘俯卧撑类动作的种类，如图6-8所示。

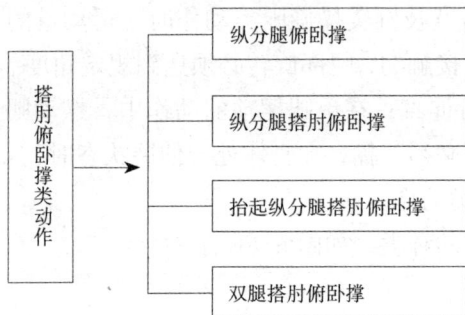

```
          ┌──────────────┐
          │  纵分腿俯卧撑   │
 ┌────┐   ├──────────────┤
 │搭 │    │ 纵分腿搭肘俯卧撑 │
 │肘 │    ├──────────────┤
 │俯 │    │          │
 │卧 │──→ │抬起纵分腿搭肘俯卧撑│
 │撑 │    ├──────────────┤
 │类 │    │          │
 │动 │    │ 双腿搭肘俯卧撑  │
 │作 │    │          │
 └────┘   └──────────────┘
```

图 6-8　搭肘俯卧撑类动作

动作要求：运动员在完成搭肘俯卧撑时，是以双手来支撑身体的，且两腿始终处于伸展的状态。在整个动作中，前面的腿不可接触地面，在完成抬起搭肘俯卧撑时，抬起的腿要与地面保持一定的距离，在完成无支撑劈叉俯卧撑时，处于前方的腿不可与上肢接触，单腿搭于肘上时，下肢要保持伸展的姿态。

（6）支撑类动作

支撑类动作的种类也非常丰富，它集中体现了竞技健美操运动中的静态力量，如图 6-9 所示。

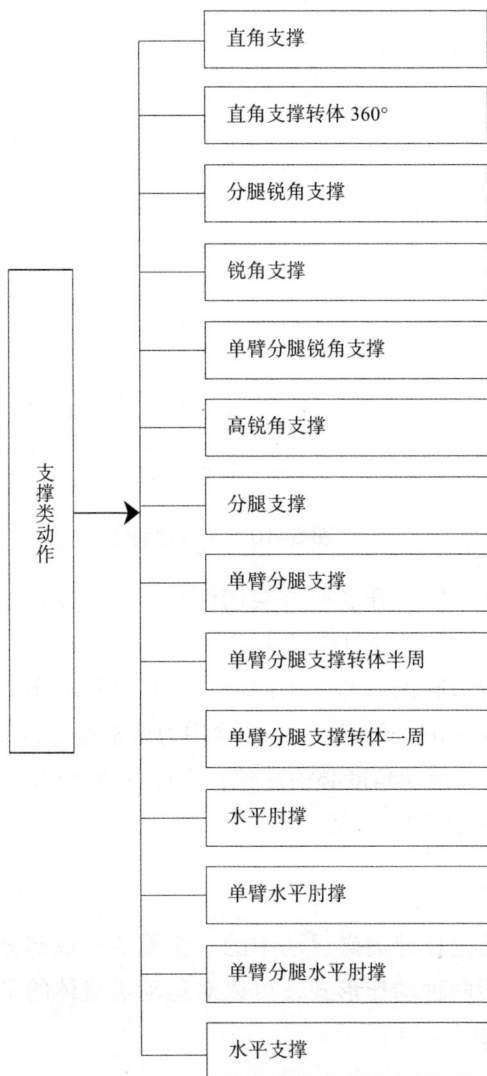

```
                        ┌─────────────────────┐
                        │       直角支撑        │
                        └─────────────────────┘
                        ┌─────────────────────┐
                        │   直角支撑转体 360°   │
                        └─────────────────────┘
                        ┌─────────────────────┐
                        │     分腿锐角支撑      │
                        └─────────────────────┘
                        ┌─────────────────────┐
                        │       锐角支撑        │
                        └─────────────────────┘
                        ┌─────────────────────┐
                        │   单臂分腿锐角支撑    │
                        └─────────────────────┘
                        ┌─────────────────────┐
                        │      高锐角支撑       │
          支            └─────────────────────┘
          撑            ┌─────────────────────┐
          类  ───►      │       分腿支撑        │
          动            └─────────────────────┘
          作            ┌─────────────────────┐
                        │     单臂分腿支撑      │
                        └─────────────────────┘
                        ┌─────────────────────┐
                        │  单臂分腿支撑转体半周 │
                        └─────────────────────┘
                        ┌─────────────────────┐
                        │  单臂分腿支撑转体一周 │
                        └─────────────────────┘
                        ┌─────────────────────┐
                        │       水平肘撑        │
                        └─────────────────────┘
                        ┌─────────────────────┐
                        │     单臂水平肘撑      │
                        └─────────────────────┘
                        ┌─────────────────────┐
                        │   单臂分腿水平肘撑    │
                        └─────────────────────┘
                        ┌─────────────────────┐
                        │       水平支撑        │
                        └─────────────────────┘
```

图 6-9　支撑类动作

动作要求：竞技健美操运动中的静力性动作要求运动员在做每一个动作时都要保持一定的持续性。运动员在完成动作时，维持已有动作静止 2 秒。而做支撑类动作时，运动员的重心放于支撑手上，身体尽力伸展，双腿伸直，直角支撑类动作角度要到位。做高锐角支撑动作时，运动员后背需要与水平面成零度角，各种支撑转体类动作要做完全。

2.柔韧性动作

柔韧性动作的种类，如图 6-10 所示。

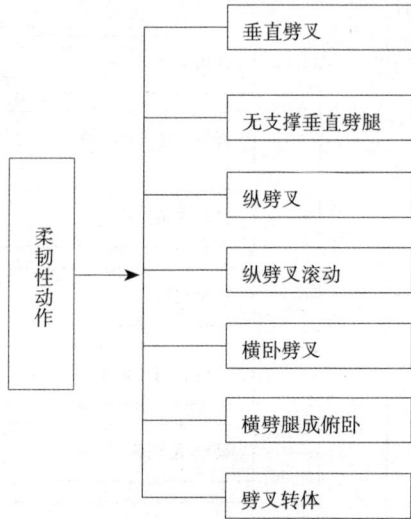

图 6-10　柔韧性动作

动作要求：除一些特殊动作外柔韧性动作，需要通过完全劈叉（两腿间角度达到180°）来展现身体的柔韧性。在完成动作时，双腿始终要保持伸展状态，不得弯腿或屈膝。不同的柔韧性动作有不同的要求。比如，在完成分腿坐肩转360°成俯撑时，必须用力使腿接触或靠近自己的面部；在完成纵叉滚动时，滚动角度必须完整；完成分腿坐肩转动360°成俯撑、劈腿转体时，必须转够360°等。

3.平衡性动作

平衡性动作是竞技健美操运动中的一个重要组成部分，它主要包括静态平衡和动态平衡两种动作形式，可以对运动员身体的平衡性和稳定性进行很好的展示，如图 6-11 所示。

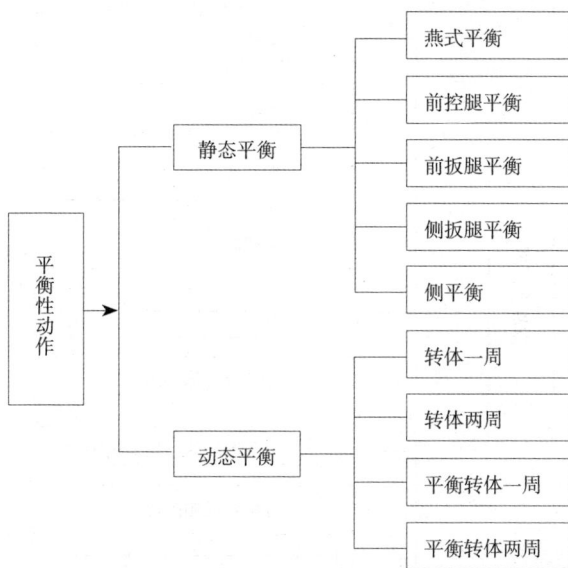

图 6-11　平衡性动作

　　动作要求：运动员在做静态动作平衡时，需要保持动作平衡至少 2 秒，支撑脚始终处于稳定状态，抬起腿要达到或超过肩高。动态平衡类动作在转体时要求运动员必须保证旋转角度的完整性。在旋转过程中要控制好身体不能出现位移，保持正确的身体形态，使自己始终处于垂直的位置，抬腿高度达到或超过肩高。

　　4.跳跃性动作

　　在竞技健美操运动中，跳跃性动作充分展示出了竞技健美操的活力和动感，如图 6-12 所示。

屈体跳

跨跳

劈叉跳

分腿跳

分腿跳转体半周

分腿跳转体一周

分腿跳转体一周成俯卧撑

分腿跳成俯卧撑

分腿跳转体半周成俯卧撑

跳跃性动作

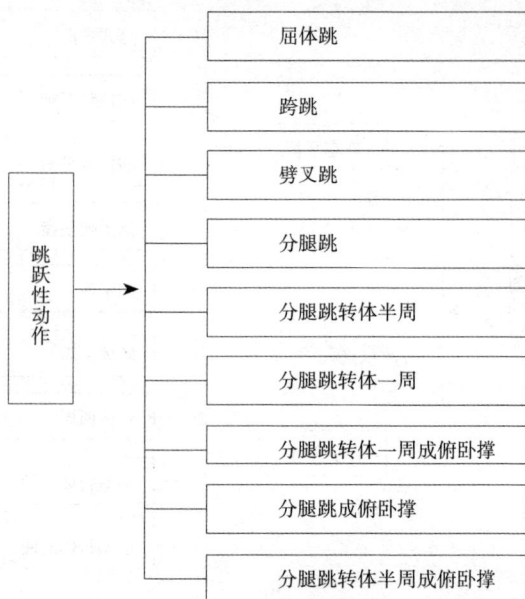

图 6-12 跳跃性动作

动作要求：运动员在跳跃时，要采用正确的身体姿势，在落地时要注意身体的缓冲。劈叉落地时，手可以触及地面。以俯卧撑姿势着地时，上肢应该给予身体适当的缓冲力，且手和脚需要同时落地。以纵叉姿势落地时，位于身体前侧的腿膝关节向上，位于身体后侧的腿应保持膝关节向下。运动员在跳跃过程中，要求其屈体和分腿的位置达到水平状态，并使躯体和大腿的角度维持在锐角范围内，跳跃中的劈叉动作，必须使两腿所成角度达到或超过 170°，转体类动作必须旋转到规定角度。

5. 踢腿类动作

竞技健美操运动中，踢腿类动作是对运动员爆发力的很好展现，如图6-13 所示。

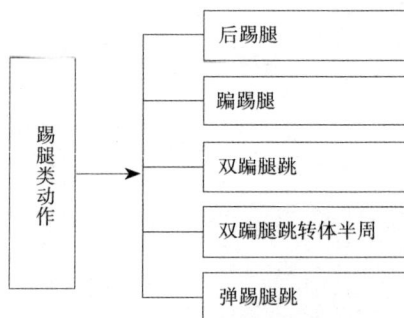

后踢腿

踹踢腿

双踹腿跳

双踹腿跳转体半周

弹踢腿跳

踢腿类动作

图 6-13 踢腿类动作

动作要求：运动员在做竞技健美操踢腿动作时，动作幅度要大，并具有较好的稳定性，摆动腿的基本高度要达到或超过肩部，完成后踢跳时，必须在空中展现团身和半劈腿的正确姿势。

（二）常见竞技健美操难度动作训练

1.双臂俯卧撑训练

（1）逐层降低高度训练法

距墙（肋木等）1米左右，直体前倾，两手撑在与胸部同高的墙上，摆好俯卧撑的标准姿势。进行俯卧撑练习时，双手所撑的位置和重心会随能力和力量的提高而逐渐下移。在每个位置的动作要标准，腰腹及臀部肌肉收紧，身体保持一条直线，直到手撑地做标准俯卧撑为止。整个训练过程中身体要保持直线。

（2）跪撑俯卧撑训练法

膝关节跪地、小腿并拢（或交叉）、上体为标准俯卧撑姿势，然后两腿向后伸直，双脚必须并拢，前脚掌着地，做标准俯卧撑。在练习时腰腹要收紧，身体成一条直线。

（3）下肢抬高训练法

两脚放在高于地面的物体上，两手撑地做标准俯卧撑，腰腹及臀部肌肉收紧，身体保持一条直线，逐步抬高双脚的高度，来增加完成动作的难度，提高完成标准俯卧撑的能力。在动作过程中，身体重心不要太向前，始终保持在腰腹部位。

（4）臂间距缩小训练法

开始两手稍宽于肩撑在地上进行俯卧撑练习，然后逐渐缩小两手的间距，使动作的幅度逐渐增大，肌肉刺激深度逐渐增加，直至标准俯卧撑要求的臂间距离。

2.单臂俯卧撑训练

（1）标准俯卧撑控腹训练

标准俯卧撑预备开始姿势，双脚并拢，两臂距离与肩同宽，腰腹肌、臀部肌肉收紧，整个身体保持一条直线。保持这个动作一段时间，在此基础上两脚蹬地使重心向前，提高控制身体的难度。

（2）下肢抬高控腹训练

两臂距离与肩同宽，两手撑地做标准俯卧撑预备开始姿势，两脚并拢放在高于地面物体上，腰腹及臀部肌肉收紧，身体保持一条直线。然后，逐步增加双脚的高度，来提升完成动作的难度，提高腹肌控制能力。动作过程中，身体重心不要太向前，始终保持在腰腹部位。

（3）抗阻力控腹训练

标准俯卧撑预备开始姿势，两脚并拢，两臂距离与肩同宽，腰腹肌、臀部肌肉收紧，整个身体保持一条直线。保持这个动作一段时间，在此基础上可在身体背部增加阻力，如加放一些杠铃片或其他重物，以增加控制身体的难度，提高身体控制能力。

（4）动态控腹训练

两臂距离与肩同宽，两手撑地做标准俯卧撑预备开始姿势，两脚并拢放在健身球上，腰腹及臀部肌肉收紧。由于健身球的特定形状决定其动态练习的特点，身体必须收紧并保持一条直线，便于提高身体的控制能力。在上述动作的基础上可在身体背部增加阻力，如加放一些杠铃片或其他重物，来增加完成动作的难度，提高腹肌控制能力。动作过程中，身体重心不要太向前，始终保持在腰腹部位。

（5）单臂双腿支撑控腹训练

双脚分开距离与肩同宽，单臂着地支撑身体，支撑臂肘关节伸直，自由臂动作不限，腰腹肌、臀部肌肉收紧，整个身体保持一条直线。保持这个动作一段时间，在此基础上可双脚蹬地使重心向前，提高控制身体的难度。

（6）单臂单腿支撑控腹训练

两脚分开距离与肩同宽，单臂、单腿着地支撑身体，支撑臂肘关节伸直，自由臂动作不限，腰腹肌、臀部肌肉收紧，整个身体保持一条直线，保持这个动作一段时间。

3. 俯卧撑倒地训练

（1）侧倒俯卧撑训练

①俯卧撑控制练习。身体俯卧，两腿并拢，重心前移，脚背着地，收腹含胸抬头，臀部夹紧；两手略微内扣，肘关节外开；身体向下至肩关节与肘关节平行，身体姿态保持不变。随着上肢力量的增强，控制的时间可增长。

②分解练习。身体俯卧，两腿并拢；重心前移，脚背着地；收腹含胸抬头，臀部夹紧；两手略微内扣；肘关节外开；身体向下至肩关节与肘关

节平行，身体姿态保持不变；侧倒，身体重心移至侧倒臂，控制 5 秒；还原至俯撑状态，但不推起，身体姿态保持不变，控制 5 秒；再侧倒，重复前面动作，动作要领相同；重复几次后再推起。随着掌握程度的增高，控制时间和重复次数也随之增加。

（2）单臂分腿侧倒俯卧撑训练

①单臂俯卧撑控制练习。身体俯卧，双腿分开与肩同宽，抬头、含胸、收腹；单臂、双腿支撑身体，支撑手略微内扣，肘关节外开；自由臂侧平举或扶于腰部；身体向下至肩关节与肘关节平行，身体姿态保持不变；随着上肢力量的增强，控制的时间也会增长。

②斜板练习。身体斜面俯卧；双腿开立与肩同宽，抬头、含胸、收腹；单臂支撑身体，支撑手略微内扣，支撑手支撑于斜板上；肘关节外开；自由臂侧平举或扶于腰部；身体慢慢向下，侧倒，重心移至侧倒臂；身体移回中心位置，但不推起，重复 5 次侧倒至还原的动作，保持身体姿态不发生改变；随着上肢力量的逐步增强和技术动作熟练程度的提高，斜板的倾斜度可以逐步降低，直至独立完成动作。

（3）单臂单腿侧倒俯卧撑训练

①自由臂扶地练习。身体俯卧，双腿分开与肩同宽，抬头、含胸、收腹；单臂、单腿支撑身体，支撑手略微内扣，肘关节外开；自由臂轻扶地面；身体向下时，身体姿态保持不变，自由臂分担支撑身体重量；随着上肢力量的逐步增强和技术动作熟练程度的提高，自由臂慢慢伸直，直到最后脱离地面。

②同伴辅助练习。身体俯卧，双腿分开与肩同宽，抬头、含胸、收腹；单臂、单腿支撑身体，支撑手略微内扣，肘关节外开；自由臂侧平举或扶于腰部；辅助队员扶住学生的腰腹部，给予适当的助力，使学生能充分、正确地完成技术动作。随着学生上肢力量的逐步增强和技术动作熟练程度的提高，辅助队员可逐步减少对学生的帮助次数。

4.俯卧撑腾起训练

（1）俯卧撑腾起训练

身体俯卧，双腿并拢，含胸、收腹、抬头，双臂双脚支撑身体，俯卧撑姿势向下，身体姿态保持不变；双臂用力推起身体，胸前击掌，双脚不离开地面，身体姿态不发生改变，身体还原到俯卧撑姿势；随着学生上肢和腰腹肌力量的增强和技术动作熟练程度的提高，训练次数可以慢慢增加，双脚慢慢离开地面。

（2）俯撑腾空转体 360° 成俯撑训练

①俯卧撑推起练习。身体俯卧；含胸、收腹、抬头；身体向下至肘关节低于肩关节处，双臂用力推起身体，双手离地面，胸前击掌，身体姿态保持不变；还原至推起前位置，重复推起动作。多次重复双手双脚同时推起动作，增强上肢、躯干、下肢整体发力能力。

②地面 180° 俯撑练习。身体仰卧，挺胸、收腹、抬头；双腿并拢，双手上推；肩关节、髋关节、脚尖同时转动，成俯卧。转运过程中，身体收紧，保持一条直线。

③俯撑腾空转体 360° 成俯撑动作练习。身体俯卧，含胸、收腹、抬头；双脚并拢；身体向下至肘关节与肩关节平行处，双臂用力推起身体，同时转体 360° 成俯撑，动作结束，双脚始终接触地面。多次重复动作，随着技术动作的掌握，在推起腾空转体时双脚同时腾空，重复动作。掌握技术动作，增强身体协调发力能力。

5. 倒地难度动作训练

（1）落地缓冲训练

①跪撑前倒缓冲落地练习。学生双膝跪在垫子上，上体自由倒地成俯撑，体会手臂屈肘缓冲的用力感。上体下落时注意收腹立腰，在双手着地瞬间，五指先着地，然后由手指尖迅速过渡到全手掌。

②跪撑俯卧撑击掌练习。膝关节跪地、小腿交叉（或并拢）、上体为标准俯卧撑姿势开始，两臂间距离同肩宽，肘关节弯曲下降时，腰腹要收紧，身体成一条直线，肘关节快速推起，在空中完成一次击掌，然后落地成俯卧撑，体会手臂屈肘缓冲的用力感，在双手着地瞬间，五指先着地然后由手指尖迅速过渡到全手掌。

③小跳起双手触脚缓冲落地练习。身体直立开始，向上小跳，同时上体前屈，双手触击双脚后，迅速展开身体，双手双脚同时着地，成俯卧撑。落地时，身体必须夹紧，头与脊柱成一条直线，双手触到地面再屈肘缓冲。在双手着地瞬间，五指先着地，然后由手指尖迅速过渡到全手掌。

（2）自由倒地训练

①距离墙半米，两脚并拢，面对墙站立，身体夹紧，头与脊柱成一条直线，脚跟提起重心前移，倒向墙面。在双手着墙瞬间，五指先着墙，然后由手指尖迅速过渡到全手掌，同时体会手臂屈肘缓冲的用力感。

②逐渐增大与墙的距离至无法靠墙练习。

③开始自由倒地练习，可先在垫子上进行练习，避免学生缓冲落地技术掌握不好导致身体受伤，同时保护者要注意保护好学生的腰腹部，随着学生熟练程度的增加，可适当降低垫子的厚度直至过渡到地面进行练习。

（3）跳转360°成俯撑训练

①跳转360°练习。学生双脚同时向上垂直跳起，空中转体，落地注意缓冲，使学生充分体会转体的动作。转体角度先由转体90°逐渐增大到360°。

②双人对抗练习。教师在学生后面扶住其腰，学生向上跳，教师向下发力与其对抗，并帮其保持平衡，适当的时候可以松手，如果学生跳起来落的地点不是原起跳地点，学生要反复练习，直至独立完成动作。

③俯撑练习。身体直立开始，向上小跳，同时上体前屈，两手触击双脚后，迅速展开身体，双手双脚同时着地，成俯卧撑。落地时，身体必须夹紧，头与脊柱成一条直线，双手触到地面再屈肘缓冲。在双手着地瞬间，五指先着地，然后由手指尖迅速过渡到全手掌。

6.分腿支撑训练

（1）他人辅助训练

身体略微前倾，含胸、收腹、抬头，屈髋分腿，两腿分开至少90°，两手略微外开支撑地面，两臂伸直；辅助者抬起学生的双脚使其与髋成一条直线，帮助学生双腿与地面平行，逐渐增长支撑时间。随着学生腰腹肌和下肢力量的增强，辅助者双手慢慢脱离学生，促使学生独立完成技术动作。

（2）平衡木辅助训练

身体略微前倾，含胸收腹抬头，两手略微外开支撑于平衡木上，两臂伸直，屈髋分腿，双腿分开至少90°。两臂支撑起身体，两腿伸直尽量保持与地面平行。逐渐增长支撑控制时间，强化学生对肌肉的控制能力。随着学生控制能力和技术动作的增强，可转移到地面进行练习，达到动作要求。

7.直角支撑训练

直角支撑训练可以通过双杠进行过渡训练。学生两臂伸直，两手撑于双杠支撑起身体，身体略微前倾，含胸收腹抬头，两腿伸直并拢抬起，尽量保持与地面平行，逐渐延长支撑时间。随着学生技术动作的熟练，可逐渐过渡到地面进行练习，而且随着学生腰腹肌力量和髂腰肌力量的增强，技术动作也逐步达到竞技健美操动作的要求。

8.分腿高直角支撑训练

分腿高直角支撑训练可由同伴来进行辅助训练，学生含胸、收腹，下颌夹紧；双臂伸直支撑身体，身体略微后仰；学生屈髋分腿举起向上成"V"字（垂直于地面），贴近于胸。辅助者站在学生身后，两手握住学生的两脚，保持身体姿态。学生的技术动作熟练后，支撑时间也会增长，辅助者的两手可逐步放开，让学生逐步独立完成动作，达到动作要求。

9.后举腿静力文森支撑训练

此动作训练可由同伴来进行辅助训练，学生身体俯撑，含胸、收腹、抬头，双腿完全伸直，一腿支撑于同侧肱三头肌上方，后腿抬起与地面平行，重心略微向前。保护者于学生体侧扶住两脚踝关节，帮助学生提高其稳定性。随着技术动作的掌握和上肢力量及躯干控制能力的增强，学生可逐步独立完成动作，达到动作要求。

10.直角支撑成仰卧训练

直角支撑成仰卧训练开始可在双杠上进行练习。学生两臂伸直支撑身体，含胸、收腹、抬头，两腿并拢。两腿慢慢前伸，两脚分别放于地面，至身体伸直，身体后收至开始位置，反复重复练习。随着技术动作的熟练掌握，学生从双杠过渡到地面练习，随着腰腹肌能力的增强，达到动作要求。

11."直升飞机"训练

（1）摆动绕环练习

分腿坐于地面，前腿摆动过身体使另一条腿迅速跟上摆动，形成两腿均摆过身体成360°圆周。3个一组，练习3组。

（2）顶肩练习

仰卧于地面，两肩向上顶起，练习肩关节灵活性和力量。动作训练过程中，注意肩关节主动向上顶。3个一组，练习3组。

（3）顶肩成俯撑练习

仰卧于地面，依靠肩、髋关节的转动带动身体转动成俯撑姿势。动作训练过程中，注意肩关节主动向上顶，同时扣肩、含胸，双臂撑地完成动作。3个一组，练习3组。

（4）完整动作练习

在完成以上步骤的训练过程后，可以开始进行完整的"直升飞机"难度动作的训练。

12.屈体分腿跳训练

（1）两脚并拢原地纵跳练习

两脚并拢，屈膝发力向上起跳，两臂顺势从腰间向上摆动，两脚并拢落回原位。

（2）团身跳练习

两脚并拢，屈膝发力向上起跳，空中两腿屈膝团身，膝关节尽力向胸部靠近，两脚并拢落回原位。

（3）空中姿态地面练习

仰卧于地面，臀部着地，通过腹肌收缩，上肢和下肢同时向上，可以进行屈体分腿姿态的练习。

（4）屈体分腿跳练习

两脚并拢，屈膝发力向上起跳，空中成屈体分腿姿态，两脚并拢落回原位。此难度动作训练时，应先锻炼大学生的腿部力量及脚踝关节的爆发力，学生能够跳起一定的高度后再进行空中姿态的训练。

13.纵劈腿跳成俯撑训练

（1）原地纵劈腿跳训练

两脚垂直向上纵跳，两脚离地后向前后打开，至最高点时空中成纵劈腿姿态，下落时屈膝缓冲着地。根据学生自身能力进行练习。保护者站于学生侧后方，两手扶于学生髋部。当学生往上纵跳时，保护者顺势给予一定的提力，延长腾空时间，确保学生有较充分的时间完成纵劈腿动作，并保护其安全落地。根据学生的能力逐步过渡到独立完成。练习时要注意身体垂直轴的控制，收腹挺胸、立腰立背、紧臀、肩下沉、头向上顶、腿伸直、绷脚尖。手臂可根据个人需要做一些辅助动作。

（2）原地前倒成俯撑训练

立正姿势站好，身体前倒两手着地成俯撑。保护者站于学生侧方，学生身体前倒时，保护者迅速托住其腰腹部，减缓倒地速度，防止学生受伤。根据学生的能力逐步过渡到独立完成。练习时，身体各部位都要收紧，头是颈的延伸，保持头颈与身体成一条直线。着地时主动屈肘缓冲，五指分开，由指尖过渡到全手掌着地。

（3）前后分腿跳成俯撑训练

两脚垂直起跳，两脚离地后迅速前后分开且小于 135°。至最高点下落时，前腿迅速后摆，上体前倒成俯撑着地。根据学生自身能力来安排量的大小，进行练习。

（4）纵劈腿跳成俯撑训练

两脚起跳，在空中成纵劈腿姿态，然后俯撑着地。根据学生自身能力来安排训练强度。学生可以先在保护状态下完成，然后逐步独立完成动作。同时，要求前后腿尽量劈开，腿伸直，绷脚面。

14. 转体 180° 屈体再转 180° 成俯撑训练

（1）起跳训练

两脚垂直起跳同时转体 180° 。两肩放松，抬头挺胸，腰腹收紧。保护者位于学生的身后，两手扶于学生的髋部，当学生向上纵跳时，保护者顺着学生转体的方向施加适当的力加速学生的转体速度，并保护其安全落地。根据学生的能力逐步过渡到独立完成。做转体练习时，要求收腹、挺胸、立腰立背、紧臀、肩下沉、头向上顶，且要注意身体垂直轴的控制，落地注意缓冲。

（2）屈体跳训练

先进行地面练习，在教练保护下原地跳起，屈体、向上踢腿。然后，进行原地跳起且两腿并拢，同时向上踢腿，可逐步提高至动作要求达到的水平。随着学生能力的提高，进行跳起转体 180° （同上），再做屈体动作的练习以及跳起转体 180° 做屈体动作后再转 180° 成并腿落地练习。

（3）跳起成俯撑训练

两腿垂直跳起，至最高点时上体迅速前倒，两腿后移，成俯撑着地。根据学生自身能力来安排训练强度。保护者位于学生的侧后方，两手扶于学生的髋部，当学生下落时给予适当的助力帮助学生完成俯撑动作。根据学生的能力逐步过渡到独立完成。

15. 转体 360° 团身跳接纵劈腿训练

（1）上步控制练习

先单腿上步站立，使整个身体站稳，体会垂直轴的控制。保护者站在学生背后一步距离左右，用两手扶住学生的腰部，使其重心提高。

（2）单腿转体 180° 逐步变成单腿转体 360°

单腿转体练习，提高身体垂直轴控制能力，双腿并拢，做单腿转体 180° 练习，随着能力的增加进行转体 360° 练习。

（3）跳起 360° 练习

注意身体垂直轴的控制，收腹立腰，抬头挺胸，肩关节放松下沉。

（4）团身跳后应该先练纵劈腿跳，然后再过渡到纵劈腿跳落地

学生跳起成团身姿态，再在空中迅速分腿，两腿成纵劈叉姿势，然后缓冲落地。每次做 10 个左右。团身跳时，膝关节尽量上抬，大腿和腹部的角度尽量减小。纵劈腿的空中姿态尽量保持脚尖膝盖伸直，两腿开度增大。

（5）转体 360° 团身跳接纵劈腿落地

完成以上几个练习步骤之后，再进行这个难度动作的训练，注意保持身体躯干的稳定性及落地的缓冲控制。

16. 转体 180° 科萨克跳接纵劈腿落

（1）跳转训练

两脚垂直起跳，同时转体 180°。两肩放松，抬头挺胸，腰腹收紧。保护者位于学生的身后，两手扶于学生的髋部。当学生向上纵跳时，保护者顺着学生转体的方向施加适当的力加速学生的转体速度，并保护其安全落地。根据学生的能力逐步过渡到独立完成。在做转体练习时要求收腹、挺胸、立腰立背、紧臀、肩下沉、头向上顶，且要注意身体垂直轴的控制，落地注意缓冲。

（2）原地纵跳接纵劈腿落训练

原地纵跳，落地时滑成纵叉。注意在纵跳的方向上，应垂直向上，上体正直。落地时，应有控制地滑成纵叉。保护者站于学生的体侧，双手扶住学生的髋部，帮助学生控制滑叉速度。

（3）科萨克跳训练

①两脚并拢原地纵跳练习。两脚并拢，屈膝发力向上起跳，两臂顺势从腰间向上摆动，两脚并拢落回原位。

②团身跳练习。两脚并拢，屈膝发力向上起跳，空中两腿屈膝团身，膝关节尽力向胸部靠近，两脚并拢落回原位。

③科萨克跳练习。两脚并拢，屈膝发力向上起跳，空中一腿平行于地面，一腿膝关节处弯曲，膝关节尽力往胸部靠近，两脚并拢落回原位。可以先在地面上进行空中姿态的练习，然后再进行跳跃练习。

（4）跳转 180° 接科萨克跳训练

空中转体 180° 后，迅速提臀、收腹做科萨克跳动作，然后落地缓冲。动作连贯迅速，起跳瞬间脚尖正对前方。初学者在教练帮助下完成动作训练，熟练后再独立练习。

（5）科萨克跳接纵劈腿落训练

科萨克跳完成后，两腿前后分开，接纵劈腿落地。科萨克跳与纵劈腿，

动作要到位衔接要连贯。可先做团身跳接纵劈腿练习,逐渐过渡到科萨克跳。保护者站在学生的体侧并扶住其腰部,帮助其缓冲落地。

（6）完整训练

当上述难度都能准确完成时,可进行完整动作练习。转体到位,单个动作都要准确完成。其他空中姿态的难度动作练习方法与此基本相同。

17.搬腿平衡前倒成纵劈叉训练

①平衡训练主要是为了训练高校学生的身体控制能力及良好的难度动作姿态。学生可以先在有人辅助的情况下进行扳腿平衡提踵练习,然后独立完成。做这个练习能够有效地提高学生的踝关节控制能力,同时提高完成此难度动作的身体姿态。

②斜板训练身体直立,含胸收腹,下颌收紧,成扳腿平衡姿态,前倒于斜板上,反复重复动作,充分掌握技术要领。随着学生完成动作质量的提高,斜板的倾斜度逐步降低,最后到地面完成技术动作。

18.横劈叉腿前穿训练

身体俯卧,含胸收腹,双腿分开成横劈叉状,双臂伸直,支撑身体,两脚架在离地面30厘米处,慢慢地前后移动,逐渐增大前后移动的幅度。学生熟练技术动作后,架高的脚放回到地面,过渡到在地面完成技术动作。

三、竞技健美操技法训练

（一）竞技健美操动作力度训练

1.表象训练

表象训练就是在不借助外力的帮助下,练习者靠自己对动作感受能力的记忆,对动作的发力顺序、动作速度、动作的方位以及动作制动进行准确的判定。表象就是练习者自己在头脑中想象动作训练的过程,回忆训练的画面、动作用力的感觉。长时间的表象训练有利于促进练习者力度感的增强。

在表象训练中,教练员要及时纠正练习者的错误表象,避免负诱导作用的出现。教练员应及时用口令或提示语（"用力再大些""节奏再加快点"）帮助练习者协调用力,也可以直接用手帮助练习者。表象训练的过程中可将一些镜面练习穿插其中,确保练习者的正确运动表象。

2.协助训练

在竞技健美操动作力度训练中，协助训练是一个最直接的指导训练方法，这一训练方法一般运用在运动初期建立动作感知能力阶段。

在协助训练中，教练员需要控制和调整练习者即将完成的动作，纠正其动作用力大小、动作速度、动作方向以及准确地掌握动作制动时机。

例如，在"左臂上举，右臂前举"动作教学中，教练员可双手握住练习者的手腕带动其摆动，协助其快速有力地摆至标准位置制动，并让其体会到位后制动的肌肉用力感觉，也可以借助哑铃来练习，根据练习者的体重举起相应重量的哑铃，提高其肌肉感受力。同时，也可以采用标准位置的限定训练，教练员可用双手放在前举位置和上举位置或用线绳等其他物品来代替，让练习者双臂摆动到该位置快速制动，反复练习可提高练习者对动作的感受能力。

3.负重练习

负重练习是指举起适宜重量的哑铃，在规定时间内完成一定次数的屈、伸、摆、绕环等动作，反复练习，提高肌肉运动感觉。在训练实践中，采用10～15RM的重量连续做各种举、屈、伸等动作，从而提高力量和动作力度。

在负重训练的强化训练阶段，伴随着不同的音乐节奏的伴奏进行基本动作练习，同时，练习者可以对着镜子练习，以及时纠正动作，提高动作力度感。

（二）竞技健美操动作速度训练

1.助力训练

在竞技健美操基本技法训练过程中，教练员可利用外界助力不断提高练习者完成某一动作的速度，然后让练习者体会到快速运动的动作感觉。

在助力训练中，教练员应控制好提供助力的时机和用力的大小，同时应该让练习者体会在助力作用下动作完成的时间和用力的大小，便于理解竞技健美操对动作速度的要求，提高其完成基本动作的速度。

2.高频重复性训练

高频重复性训练是指练习者在规定时间内快速对具体动作不断重复的训练。高频重复性训练是专门用来提高具体动作速度的训练方法，在竞技健美操运动中，一些运动员的个别动作速度过慢，影响了整体的表现和最终成绩。这一问题可采用高频重复性训练方法来解决。

在高频重复性训练中，教练员先规定具体动作训练时间，要求练习者以重复速率的提高为标准提高其具体动作的运动速度。重复性训练强调每次重复都应该在原有基础上不断熟悉动作技术和运动路线，从而达到高质量自动化完成动作的目的。

3.变奏训练

变奏训练是指通过改变音乐节奏，让练习者同步练习动作，体会在快节奏、慢节奏下完成动作的训练方法。

在变奏训练中，在快节奏下，练习者的动作容易变形，或者动作表现力会降低，此时，教练员应及时提醒练习者要规范动作，高质量完成动作。

变奏训练的另一层意思是音乐速度没有变化。对动作的练习速度进行调整，或结合高速度动作练习与变速练习的综合训练，这种训练有利于提高练习者的动作速度水平。

（三）竞技健美操动作幅度训练

1.压腿

（1）正压腿

支撑腿脚尖正对前方，伸直膝关节，摆正髋关节，抬头、挺胸、屈上体。

（2）侧压腿

支撑腿脚尖、膝关节所对的方向与被压腿方向垂直，伸直膝关节，充分展开髋关节，抬头、挺胸、上体侧屈。

（3）后压腿

摆正髋关节，支撑腿弯曲，抬头、挺胸、上体后仰、压胯。

（4）劈叉控腿

左腿在前或右腿在前，做劈叉姿势，控制5分钟。也可进行架高劈叉控腿练习。

2.体屈、体转

（1）体侧屈

双脚并拢或开立（两脚之间的距离与肩同宽），双手举过头顶互撑，带动躯干做最大极限的侧屈，保持10秒。

（2）体转

两脚并拢或开立（两脚之间的距离与肩同宽），两肩侧平举，向左转动时，左肩带动躯干进行最大限度的左转，保持 10 秒钟；向右转动时右肩带动躯干进行最大限度的右转，保持 10 秒。

（3）体后屈

两手握肋木，两腿并拢或开立（两脚之间的距离与肩同宽），抬头、挺胸，上体最大限度后仰，保持 10 秒。

3. 肋木训练

①各种徒手体操中活动肩、肘、髋关节的动作训练。

②与同伴互扶俯身正侧压肩训练。

③两手向后握肋木向前探肩训练。

④两手握肋木直臂压肩训练。

4. 皮筋训练

在竞技健美操训练中，为提高动作幅度与身体的柔韧性，可借助橡皮筋进行练习，具体方法如下。

（1）腕外展内收

在橡皮筋中央站好，两手将皮筋两头握住，侧举拉紧橡皮筋。外展时，立拳，拳心向前，手腕向与拉力方向相反的方向用力；内收时，立拳，拳心向后，手腕向与拉力方向相反的方向用力。

在练习过程中需要注意的是，手腕与前臂的运动应维持在同一平面内。

（2）腕屈伸

在橡皮筋中央站好，两手将皮筋两头握住，侧举拉紧橡皮筋。腕屈时，拳心向上，双手克服橡皮筋的拉力向上屈；腕伸时，拳心向下，双手克服橡皮筋的拉力向上伸。这种练习可以促进前臂肌肉力量的发展。

在练习过程中需要注意拳心的方向，使屈伸方向与拉力方向刚好相反。

（3）前臂屈伸

在橡皮筋中央站好，两手将两头握住并置于体前，将橡皮筋拉紧，固定上臂，前臂屈，再伸至原位。这一训练可促进练习者肱二头肌、肱三头肌肌肉力量的发展。

在练习过程中需要注意，应固定好上臂，不可随前臂运动而移动上臂，以免影响锻炼效果。要控制好运动速度，屈伸速度应均匀。

（4）上臂屈伸

在橡皮筋中央站好，两手将两头握住，两臂置于身体两侧，拳心保持相对。屈臂时，直臂向前抬起，拉紧皮筋，再放下；伸臂时，直臂向后抬起，拉紧皮筋，再放下。这一训练可促进胸大肌、肱二头肌等肌肉力量的发展。

在练习过程中需要注意，臂屈伸时，应尽量加大前屈和后伸的幅度，控制好运动速度便于提高训练效果。

（5）臂外展

在橡皮筋中央站好，两手将两头握住，两臂置于身体两侧，拉紧皮筋，两臂经体侧向上运动，再放下。从而促进三角肌、胸大肌等肌肉力量的发展。

在练习过程中需要注意，两臂始终与身体在同一平面上。应控制向上和放下的速度，匀速完成练习。

（6）体前屈

两腿分开在橡皮筋中央站立，橡皮筋经体后至头后，两臂屈肘，在头后将橡皮筋两头握住，上体前屈，再起来。这一训练促进腹背肌力量的发展。

在练习过程中需要注意，两腿要伸直，控制好上体上起的速度，不要太快，匀速上下进行练习。

（7）体侧屈

两腿分开在橡皮筋中央站立，一手将皮筋一端握住，另一手放松于体侧，把皮筋拉紧。上体向另一侧屈，还原，再换另一手握皮筋进行重复练习，这一训练促进腹直肌、腹外斜肌、腹内斜肌肌肉力量的发展。

在练习过程中需要注意，两腿要伸直，身体和手臂的运动要保持在同一平面。

（8）下肢训练

两腿分开在橡皮筋中央站立，橡皮筋经体后至头后，两臂屈肘，头后将橡皮筋两头握住，拉紧皮筋，两腿屈膝下蹲，再站起。这一训练促进臀部、腿部力量的发展。

在练习过程中需要注意，下蹲时拉紧皮筋，收紧腰腹，控制好下蹲速度，避免速度太快。

第二节　高校健身健美操教学实践

一、高校健身健美操基本动作教学方法研究

（一）高校健身健美操技术动作

健身健美操的基本技术主要有弹动技术、落地技术、半蹲技术和身体控制技术。它们之间相互支撑、相互渗透，每一个动作的构成，动作与动作的转换、连接都应做到自然、流畅、合理，动作的位置、路线、位移均通过这几种技术来完成。

1.弹动技术

弹动技术是健身者或运动员完成动作时在三维空间中交替进行动力性和静力性的肌肉运动。它是通过踝关节、膝关节、髋关节的屈伸缓冲而产生的。弹动有助于减少运动对关节的冲击力，避免人体损伤。在提高关节缓冲能力的同时，还应加强相应的肌肉协调用力能力，从而使整个弹动技术更为流畅和自然。

2.落地技术

使身体尽可能地保持稳定，减少地面对关节、肌肉的冲击力，避免造成运动损伤与动作的失败，是落地技术的主要目的。落地技术主要由腿支撑与缓冲，落地时，由脚跟过渡到全脚掌或由前脚掌过渡到全脚掌，然后迅速屈膝、屈髋缓冲。所有动作在瞬间依次完成，用以分解地面对人体的冲击力，同时躯干与手臂保持良好的姿态，肌肉用力以保持动作的稳定与控制。

高校健身健美操动作难度较大的落地技术主要有双腿同时落地、单腿落地、落地成叉和落地成俯撑几种类型。

其中，双腿同时落地、单腿落地技术同竞技健美操相同。

落地成叉的动作方法：落地时，双腿由脚带动向两侧快速分开，腿必须伸直，以免对膝关节造成损伤，绷脚减少摩擦力，手臂可以辅助支撑，加大支撑面。

落地成俯撑的动作方法：落地时，必须手脚同时落地，以加大支撑面，同时手臂从手、肘、肩弯曲缓冲，需要特别注意的是胸、背肌的用力收缩在缓冲中的作用。

3. 半蹲技术

在健身健美操动作练习中，半蹲技术影响动作的完成质量。这是因为大多数动作（如开合跳、弓步等力量练习）都与半蹲动作有关，而半蹲技术又与落地技术、弹动技术紧密联系在一起，共同构成了健身健美操的基本动作。

半蹲技术可分为"窄蹲"和"宽蹲"两种。"窄蹲"即两腿开度同肩宽，一般在负重练习时采用，有利于负重状态下的练习效果，同时避免运动损伤。"宽蹲"即两腿开度大于肩，一般在有氧健美操练习时采用，有助于加大动作幅度，使动作更加大方、流畅。

动作方法：半蹲时，身体重心下降，臀部向后下方 45° 用力，膝关节不应超过脚尖，腰腹、臀部和大腿肌肉收缩，上体保持正直，重心在两腿之间，控制起落速度。分腿半蹲时，脚尖自然外开，膝关节弯曲的方向要与脚尖的方向一致，保持自然关节的正确位置，避免脚尖、膝关节内扣或过度外开。

4. 身体控制技术

所谓身体的控制技术是指在完成练习动作的过程中，要求始终保持正确的身体姿态。无论是开始动作还是结束动作，均要求保持正确的身体姿态。身体正确姿态的控制技术主要包括对上肢（包括头、颈、肩、上臂、前臂相对于脊柱的位置，重要的是脊柱本身的正确位置）、下肢（髋、膝、踝的位置）以及身体（包括身体上下、左右、前后状态相对于脊柱的合理分配）的控制。正确的身体姿态是头正直、向上顶、下颌略回收、两肩下沉、挺胸、收腹、立腰、提气。它是在整个动作练习过程中，人体对身体的三个轴与面的控制技术。

（二）高校健身健美操基本动作训练

1. 头颈动作

（1）动作方向

头颈动作主要是向前、后、左、右四个方向做运动。此外还有向侧前、侧后、侧上、侧下等一些方向进行运动。

（2）动作内容

①屈。训练时，头部向前、后、左、右 4 个方向分别做颈部关节弯曲的运动（图 6-14），并注意身体正直，做动作时应缓慢，充分伸展颈部肌肉。

重复进行前屈、后屈、左侧屈、右侧屈的动作训练。

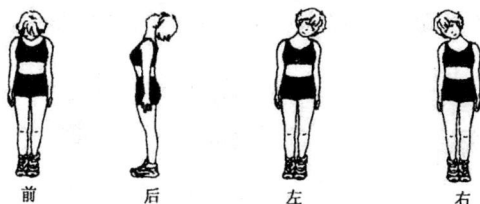

前　　　　　后　　　　　左　　　　　右

图 6-14　屈

②转。训练时，头保持正直，然后头颈部沿身体垂直轴向左、右转动
90°（图 6-15），并注意下颌平稳地左右转动。反复进行左转、右转的动
作训练。

图 6-15　转

2. 躯干动作

躯干是健美操动作中最富表现力的部位，躯干主要包括胸、腰、髋等
部位。

（1）胸部动作

胸部动作主要包括含胸、展胸、移胸、振胸等。

①含胸、展胸。训练中，含胸时，低头收腹、收肩、形成背弓、呼气；
展胸时，抬头挺胸、展肩、吸气（图 6-16）。并注意含胸时身体放松，但
不松懈；展胸时，身体紧张但不僵硬。可进行结合手臂动作含展胸的动作
训练，如手臂胸前平屈含胸、手臂侧平举展胸。

图 6-16　含胸、展胸

②移胸、振胸。移胸—髋部位置固定，腰腹随胸部左右移动；振胸—

胸部向一个方向有节奏的摆动（图6-17），振胸时有弹性、有节奏。反复进行提肩移胸、手臂侧平举移胸、举臂振胸的动作训练。

图6-17 移胸、振胸

（2）腰部动作

腰部动作包括：屈、转、绕和绕环、波浪。

①屈。进行屈训练时，腰部向前或向侧做伸拉运动（图6-18），并注意充分伸展，运动速度不宜过快。可反复进行体前屈、体侧屈、体后屈的动作训练。

图6-18 屈

②转。训练时，腰部带动身体沿垂直轴左右转动（图6-19），身体保持紧张，腰部灵活转动。可反复进行与上下肢动作相结合协调转动的动作训练，如迈步移重心与转腰结合运动。

图6-19 转

③绕和绕环。训练时，腰部做弧线或圆周运动（图6-20），并注意路线清晰、动作圆滑。可反复进行与手臂动作相结合，进行腰部绕和绕环的动作训练。如叉腰，做腰部绕环运动。

图 6-20　绕和绕环

④波浪。训练时，两腿开立，从头开始，颈、胸、腰、髋各关节依次向侧屈伸，像钻过绳索一样做出连贯波浪动作（图 6-21），并注意各部位必须有顺序地依次屈伸，动作要求清晰连贯，自然过渡。可反复进行手臂配合身体做腰部波浪的动作训练。

图 6-21　波浪

（3）髋部动作

髋部动作包括：顶髋、提髋、摆髋、绕和绕环。

①顶髋。训练时，两腿开立，一腿支撑并伸直，另一腿屈膝内扣，上体保持正直，用力将髋顶出（图 6-22），并注意力度和节奏感。可反复进行体前交叉顶髋、两臂侧平举顶髋、双手叉腰顶髋的动作训练。

图 6-22　顶髋

②提髋。训练时，髋向上提翻的动作（图 6-23），并注意髋与腿部协调向上。可反复进行手臂与髋部配合协调运动的动作训练。

图 6-23　提髋

③摆髋。训练时,两腿微屈并拢,髋部向左右摆动,腰部要配合髋部动作(图6-24),并注意髋部带动腰部协调摆动。可反复进行两臂侧平举随髋摆动、两臂上举随髋摆动、双手叉腰摆髋等动作训练。

图 6-24　摆髋

④绕和绕环。训练时,髋部做弧线或圆周运动(图 6-25),并注意运动轨迹圆滑。可反复进行两臂上举髋部绕环、两臂前举髋部绕环、双手叉腰环绕的动作训练。

图 6-25　绕和绕环

3.上肢动作

(1)手型

变化的手型可以丰富单调的手臂动作,使手臂动作更具美感,同时也加强动作的力量性。健身健美操运动中常用手型主要有以下几种。

①拳。

实心拳：拇指握住四指，中间无空隙（图6-26）。

空心拳：拇指握住四指，中间有空隙（图6-27）。

图6-26　实心拳　　　　　图6-27　空心拳

②掌。

并指掌：大拇指指关节弯曲内扣，其余四指并拢伸直。手腕伸直，保持手臂成一条直线。腕关节、掌、指关节适度紧张（图6-28）。

分指掌：五指用力分开，并伸直（图6-29）。

屈指掌：手掌用力上屈，五指自然弯曲（图6-30）。

 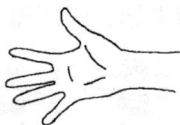 

图6-28　并指掌　　　图6-29　分指掌　　　图6-30　屈指掌

③其他手型。

西班牙舞手型：五指分开，小指内旋，拇指稍内收（图6-31）。

剑指：食指和中指并拢伸直，拇指、无名指、小指内收（图6-32）。

"V"指：拇指与小指、无名指弯曲，食指与中指伸直并尽力分开（图6-33）。

响指：无名指与小指屈握，拇指与中指、食指摩擦后，中指击打大鱼际处产生响声（图6-34）。

   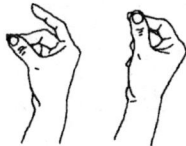

图6-31　西班牙舞手型　图6-32　剑指　图6-33"V"指　图6-34　响指

（2）手臂动作

①举。训练时，以肩关节为轴，臂的活动范围不超过180°并保持在某一部位（图6-35），确保动作到位、路线清晰、有力度。可反复进行前举、

上举、前上举、前下举、侧举、下举、侧下举、侧上举、后下举的动作训练。

图 6-35　举

②屈、伸。训练时，肘关节由弯曲到伸直或由伸直到弯曲的动作（图 6-36），并使关节做有弹性的屈伸。可反复进行胸前屈、胸前平屈、肩侧屈、肩侧上屈、肩侧下屈、胸前上屈、腰侧屈、头后屈的动作训练。

图 6-36　屈、伸

③绕和绕环。训练时，单臂或两臂以肩为轴做弧线运动（图 6-37 和图 6-38），并注意训练路线清晰，动作起始和结束位置明确。可反复进行两臂或单臂向内、外、前、后绕或绕环的动作训练。

图 6-37　绕

图 6-38　绕环

4.下肢动作

（1）无冲击动作

①半蹲。训练时,两腿左右分开站立,与肩同宽或比肩稍宽,脚尖稍外开,两腿同时屈伸（图 6-39）,并注意身体重心放在两腿之间,屈膝时,膝关节朝着脚尖的方向,膝关节位置不能超过脚尖,下蹲时身体前倾。可反复进行并腿半蹲、迈步半蹲、迈步转体半蹲的动作训练。

图 6-39 半蹲

②弓步。训练动作主要有两种:前后弓步,两腿前后开立,两脚距离与髋同宽,脚尖朝前,两腿同时屈伸（图 6-40）;左右弓步,一腿屈膝,另一腿伸直（图 6-41）,注意身体重心要落在两腿之间,前腿膝关节弯曲不能超过 90°,膝关节位置不能超过脚尖。可反复进行原地前后弓步、原地左右弓步、转体弓步的动作训练。

图 6-40　前后弓步　　　　图 6-41　左右弓步

（2）低冲击动作

低冲击动作是指在做动作时一脚着地、另一脚离地的动作。低冲击动作是目前高校健身健美操编排运用最多的一种动作类型。

①踏步。训练时，两腿依次抬起，依次落地（图6-42）。下落时，注意膝、踝关节有弹性地缓冲。可反复进行踏步转体、踏步分腿、踏步并腿、弹动踏步的动作训练。

图6-42　踏步

②并步。训练时，以左脚起步为例。左脚向侧迈步，同时重心左移，两腿屈膝向下，右腿并向左腿（图6-43），要注意膝、踝关节的弹动缓冲，重心平稳过渡。可反复进行左右的并步、前后的并步、向两侧的并步、转体的并步等动作训练。

图6-43　并步

③走步。训练时，迈步移动。向前走时，脚跟先落地，过渡到全脚掌，向后走时则相反（图6-44），确保落地时膝、踝关节有弹性地缓冲，上体有节奏地协调摆动。可反复进行向前向后走步、向侧前和侧后走步、向左右转体或弧线走步的动作训练。

图6-44　走步

④吸腿。训练时，一腿屈膝抬起，另一腿屈膝弹动缓冲（图6-45），并保持上体正直，大腿抬起与地面平行，小腿自然下垂，绷脚尖。可反复

进行向前吸腿、向侧吸腿、迈步吸腿、上步吸腿、向侧前吸腿、转体吸腿的动作训练。

图 6-45　吸腿

⑤屈腿。训练以左脚为例。左脚向左侧迈一步，同时膝盖微屈，重心移至左脚上，随后右脚抬离地面，屈膝，然后再做反方向动作（图 6-46），注意屈膝时膝关节朝着脚尖方向，主力腿始终保持有弹性的屈伸，后屈腿脚跟朝着臀部，脚尖绷直。可反复进行原地后屈腿、前后移动后屈腿、转体后屈腿的动作训练。

图 6-46　屈腿

⑥一字步。训练时，以左脚起步为例。左脚向正前方迈一步，右脚并向左脚，随后左脚向后一步，右脚并向左脚（图 6-47），注意偶数拍都有并步，落地时，注意膝、踝关节有弹性地缓冲。可反复进行向前向后一字步、转体一字步的动作训练。

图 6-47　一字步

⑦V字步。训练时，以左脚起步为例。左脚向左前方迈步，右脚随之向右前方迈步，两脚开立，形成V字轨迹，然后左右脚依次还原（图 6-48），注意开立时两脚距离大于肩宽，重心在两腿之间，屈膝时膝关节朝着脚尖

方向。可反复进行倒 V 字步、转体 V 字步、跳的 V 字步的动作训练。

图 6-48   V 字步

⑧曼步。训练时，以左脚起步为例。左脚向前迈步，同时重心随之前移，接着右脚稍抬起，落下，重心随之后移，左脚随后迈到右脚之后（图 6-49），注意重心的前后移动，动作有弹性。可反复进行转体的曼步、跳的曼步等动作训练。

图 6-49   曼步

⑨迈步移重心。训练时，以左脚起步为例。左脚向左侧迈出一步，落地时双腿屈膝，随之重心下降并移至左腿，然后重心上移，膝盖伸直，右脚点地，然后再做反方向的动作（图 6-50），注意下蹲屈膝时膝关节朝着脚尖方向，重心上下、左右移动明显。可反复进行左右移重心、前后移重心、转体移重心的动作训练。

图 6-50   迈步移重心

⑩交叉步。训练时，以左脚起步为例。左脚向左侧迈步，同时重心左移，接着右脚交叉于左脚之后，然后左脚再向左侧移动，重心再向左移，最后右脚并于左脚（图 6-51），注意重心要及时移动，膝、踝关节有弹性地缓冲。可反复进行左右交叉步、转体交叉步的动作训练。

图 6-51　交叉步

⑪ 摆腿。训练时，一腿站立，另一腿自然摆动，然后还原成并步（图
6-52），注意保持上体正直。主力腿膝缓冲，要控制摆动腿抬起时的幅度。
可反复进行向前摆腿、向侧摆腿的动作训练。

图 6-52　摆腿

⑫ 踢腿。训练时，一腿站立，另一腿加速向上摆动（图 6-53），注意
保持上体正直。主力腿脚跟不能离地，膝关节微屈缓冲。踢腿的幅度因人
而异，避免受伤。可反复进行向前踢、向侧踢、向后踢、移动中踢腿的动
作训练。

图 6-53　踢腿

（3）高冲击动作

高冲击动作是指在做动作时双脚都离地的动作，即平常所说的跳类动作。

①跑。训练时，两脚依次经过腾空后，一脚落地缓冲，另一腿小腿后屈，
双臂配合下肢前后摆动（图 6-54），注意膝、踝关节有弹性地缓冲，落地
时由前脚掌过渡到全脚掌。可反复进行原地跑、向前跑、向后跑、弧线跑、
转体跑的动作训练。

图 6-54 跑

②双脚跳。训练时，双脚并拢有弹性地向上跳起，双臂随身体协调摆动（图 6-55），注意腾空时，双脚并拢，膝盖伸直，落地时屈膝缓冲，由前脚掌过渡到全脚掌。可反复进行原地并腿跳、向前并腿跳、左右并腿跳、转体并腿跳的动作训练。

图 6-55 双脚跳

③并步跳。训练时，以左脚起步为例。左脚迈出，随之蹬地跳起，右脚并左脚，并腿落地（图 6-56），注意身体重心随身体迅速移动，落地时注意缓冲。可反复进行向前并步跳、向后并步跳、向侧并步跳的动作训练。

图 6-56 并步跳

④开合跳。训练时，并腿向上跳起，左右分腿姿势落地，接着再向上跳起，并腿落地（图 6-57），注意落地时，膝关节有弹性地缓冲，分腿落地时屈膝且朝着脚尖方向。可反复进行原地开合跳、转体开合跳的动作训练。

图 6-57 开合跳

⑤单脚跳。训练时，一脚跳跃时，另一脚离地（图 6-58），注意跳跃落地时屈膝弹动。可反复进行原地单脚跳、移动单脚跳、转体单脚跳的动作训练。

图 6-58 单脚跳

⑥点跳。训练时，以左脚起步为例。右脚蹬地跳起，同时左脚向侧迈步落地，右脚并左脚点地，随后反方向做一次，动作相同，方向相反（图 6-59），注意两脚轻松蹬地，身体重心随之平稳移动，注意膝、踝的弹动。可反复进行原地点跳、向前点跳、向侧点跳、向后点跳、转体点跳的动作训练。

图 6-59 点跳

⑦弹踢腿跳。训练时，双腿起跳，单腿落地，另一腿小腿后撩，然后小腿前踢伸直（图 6-60），注意无双脚落地的过程，弹踢腿脚尖伸直。可

反复进行向前弹踢腿跳、向侧弹踢腿跳、转体的弹踢腿跳、移动弹踢腿跳的动作训练。

图 6-60　弹踢腿跳

二、有氧踏板操训练方法研究

（一）有氧踏板操技术动作

有氧踏板操的技术动作主要包括缓冲、控制和重心移动三个方面。

1. 缓冲

缓冲动作主要依靠踝关节、膝关节、髋关节等部位的屈伸和弹动产生，是有氧踏板操运动的基础。有氧踏板操的缓冲技术具有如下作用：在上板时，可锻炼腿部肌肉收缩和对抗的作用；在下板时，可缓解地面对身体的冲击力和阻力，使动作之间的连接安全、自然。

2. 控制

控制动作是在运动中调整身体基本姿态、保持身体自然挺拔的一种动作技术。它是可以协调人体肌肉的紧张与松弛的配合。在有氧踏板操中，控制技术主要用于板上、板下、左右的移动动作中，对腰、腹、臀的肌肉控制。这些控制能对身体起到平衡和固定的作用。

3. 重心移动

在高校健身健美操运动中，重心移动动作是运动中保证身体安全、平衡和流畅的一个重要因素。有氧踏板操中重心的移动主要体现在上板、下板的路线过程中。在完成动作时，进行双脚交替用力和身体躯干向脚的动作方向同时跟进，是有氧踏板操重心移动的关键。

（二）有氧踏板操动作训练方法

1.有氧踏板操基本动作训练方法

（1）有氧踏板操上肢动作的训练方法

有氧踏板操上肢动作主要有举、屈、伸、绕、绕环和振等，可以通过改变动作的方向、路线、幅度、角度来完成。还可以通过单双臂同时做动作、依次做动作、左右对称做动作、左右不对称做动作等进行上肢训练。

（2）有氧踏板操下肢动作的训练方法

在有氧踏板操训练中，下肢动作主要是通过在踏板的不同方位做动作进行训练的。如图 6-61 所示，长方形代表踏板；a、b、c、d、e、f、g、h 为踏板周围的一些位置；r、s、t 为踏板上左、中、右 3 个位置；而 v、x 分别为 s、t 到踏板两边中间距离的位置。

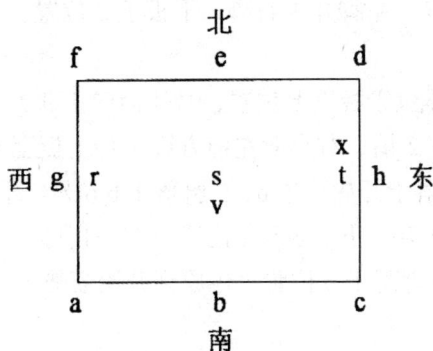

图 6-61

①点板步。

预备姿势：身体位于板后 b 位置，身体面向正北方。

训练方法：1～2 拍，左脚向前迈步上板至 s 位置，身体重心前移，右脚前脚掌在 s 位置点板；3～4 拍，右腿向后伸展，下板至 b 位置，左脚下板至 b 位置，并于右脚。

②横跨板。

预备姿势：身体位于踏板左侧 g 位置，身体面向正北方。

训练方法：1～2 拍，右脚向右侧横跨一步上板，至踏板中央 s 位置；左脚紧跟右脚上板，身体重心随之移动至板上；3～4 拍，右脚再向右横跨一步下板至 h 位置；左脚下板并于右脚，整个身体完成横跨踏板的动作。

③交叉步。

预备姿势：身体位于板下 a 左侧处，身体面向正北方。

训练方法：1～2拍，右脚向右迈出一步，左脚向右迈出一步，并交叉于右脚之后；3～4拍，右脚再向右迈出一步，左脚并于右脚。

④开合跳。

预备姿势：身体位于b位置，面朝正北。

训练方法：1～2拍，并腿向上跳起，左右分腿姿势落地，接着再向上跳起，并腿落地；3～4拍，同1～2拍动作完全相同。

⑤马蹄步。

预备姿势：身体位于板下c位置，身体面向正西方。

训练方法：1～2拍，右脚向侧前方迈步上板至t位置；左脚上板至r位置，同时右脚脚尖转正；3～4拍，以左脚为轴进行旋转，同时右脚下板至a位置；左脚下板至f位置身体朝东；5～6拍，右脚向斜前方迈步上板至r位置；以右脚为轴旋转，身体朝南，同时左脚上板至t位置；7～8拍，右脚下板落至d位置；左脚并于右脚，下板于d位置。

⑥边角步。

预备姿势：身体位于板下b位置，身体面向正北方。

训练方法：1～2拍，右脚向左前方迈一步上板至r位置，左腿提膝；3～4拍，左腿伸膝落于开始位置b，右脚落于b位置，还原到开始姿势；5～6拍，左脚向右前方迈一步上板至t位置，右腿提膝；7～8拍，右腿伸膝落于开始位置b，左脚落于b位置，还原到开始姿势。

⑦跨骑步。

预备姿势：身体位于板后c位置，身体面朝正西方。

训练方法：1～2拍，右脚向右前方迈步上板至r位置，左脚并于右脚；3～4拍，右脚向右后方迈步下板至d位置，左脚向左后方迈步下板至c位置；5～6拍，右脚上板至r位置，左脚上板至r位置，并于右脚；7～8拍，右脚向右后方迈步下板至d位置，左脚下板至d位置，并于右脚。

⑧查尔斯顿步。

预备姿势：身体位于b位置，面朝f位置。

训练方法：1～2拍，右脚向斜前方迈一步至板上r位置；左腿提膝或点板或弹踢；3～4拍，左脚落于b位置；右脚下板，落在左脚之后，两腿成弓步，身体前倾。

⑨ I 字步。

预备姿势：身体位于 b 位置，面朝正北。

训练方法：1～2 拍，右脚上板至 s 位置，左脚并于右脚；3～4 拍，开合跳（并腿向上跳起，左右分腿姿势落地，接着再向上跳起，并腿落地）；5～6 拍，右脚下板至 b 位置，左脚下板至 b 位置，并于右脚；7～8 拍，再做一次开合跳。

⑩ V 字步。

预备姿势：身体位于板后的 b 位置，身体面向正北方向。

训练方法：1～2 拍，左脚向左前方迈步上板至 r 位置，右脚向右前方迈步至 t 位置；3～4 拍，左脚下板至 b 位置，右脚下板至 b 位置，右脚并于左脚，还原开始姿势。

⑪ X 字步。

预备姿势：身体位于板另一侧 f 位置，身体面向正东方。

训练方法：1～2 拍，右脚向右前方迈步上板至 s 位置，左脚并于右脚；3～4 拍，右脚向右前方迈步下板至 c 位置，左脚向左前方迈步下板至 d 位置；5～6 拍，右脚向后侧方迈步上板至 s 位置，左脚向后侧方迈步至 s 位置，并于右脚；7～8 拍，右脚向右后方迈步下板至 a 位置，左脚向左后方迈步至 f 位置。

2.有氧踏板操组合动作训练方法

（1）初级有氧踏板操组合动作的训练方法

①第一个 8 拍（图 6-62）。

步伐：第 1 拍右脚点板，第 2 拍右脚下板，3～4 拍相反，5～8 拍右脚一字步上下板 1 次。

手型：1～4 拍掌，5～8 拍拳。

手臂：1～4 拍两臂体前击掌，5～8 拍两臂体侧屈肘前后摆动。

面向：1 点。

图 6-62　第一个 8 拍

②第二个 8 拍（图 6-63）。

步伐：1～2 拍右腿上板 V 字步，3～4 拍下板内转 90°，5～8 拍同 1～4 拍但方向相反。

手型：拳。

手臂：两臂体侧屈肘前后摆动。

面向：1～2 拍 1 点，3～4 拍 7 点，5～6 拍 1 点，7～8 拍 3 点。

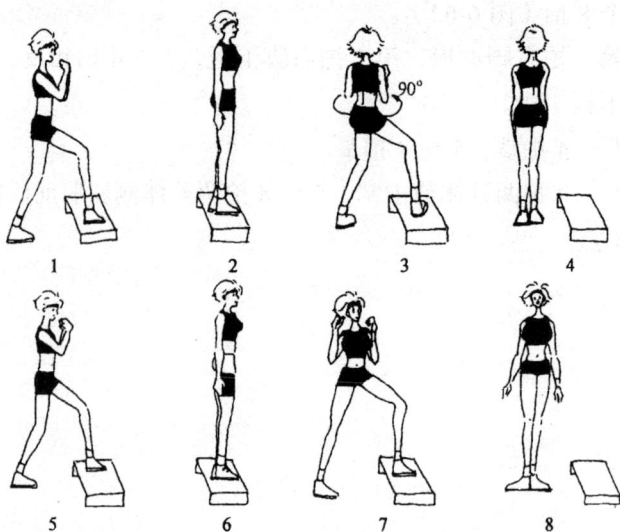

图 6-63　第二个 8 拍

③第三个 8 拍（图 6-64）。

步伐：1～2 拍右脚上板 V 字步，3～4 拍下板，5～8 拍同 1～4 拍。

手型：拳。

手臂：两臂自然前后摆动。

面向：1 点。

| 1、5 | 2、6 | 3、7 | 4、8 |

图 6-64　第三个 8 拍

④第四个 8 拍（图 6-65）。

步伐：第 1 拍右脚上板，第 2 拍左脚前吸腿，第 3 拍左脚点地，第 4 拍左腿前吸，第 5 拍左脚点地，第 6 拍左腿前吸，7～8 拍下板。

手型：拳。

手臂：两臂自然前后摆动。

面向：1 点。

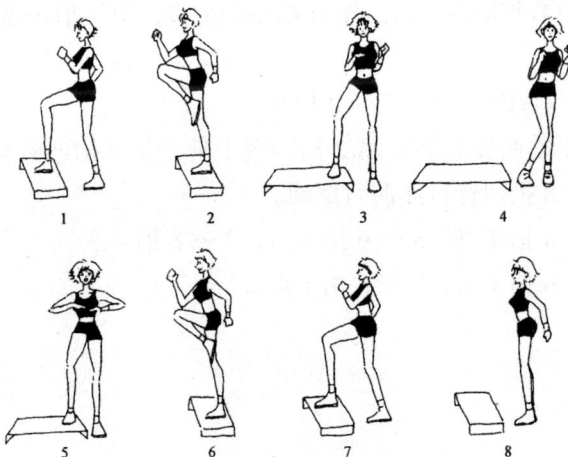

图 6-65　第四个 8 拍

（2）中级有氧踏板操组合动作的训练方法

①第一个8拍（图6-66）。

步伐：第1拍右脚上板，第2拍左脚前吸腿，3～4拍脚下板，5～8拍左脚上板，呈V字步，下板后内转90°。

手型：拳。

手臂：1～4拍两臂自然前后摆动，5～8拍两臂体侧屈肘前后摆动。

面向：1～6拍1点，7～8拍7点。

图6-66　第一个8拍

②第二个8拍（图6-67）。

步伐：第1拍右脚上板，第2拍左脚上板，同时右腿跳吸，3～4拍过板下板，第5拍右脚向前一步，第6拍左脚上步，第7拍转体180°，第8拍向前走一步。

手型：1～4拍拳、掌，5～8拍拳。

手臂：第1拍两臂胸屈，第2拍两臂上伸，第3拍两臂胸屈，第4拍两臂体侧，5～8拍两臂自然前后摆动。

面向：1～4拍7点，5～6拍8点，7～8拍4点。

面向：1～6拍4点，7～8拍1点。

图 6-67　第二个 8 拍

③第三个 8 拍（图 6-68）。

步伐：第 1 拍右脚侧上板，第 2 拍左脚前吸腿，第 3 拍左脚下板，第 4 拍右腿后伸，第 5 拍右脚上板，第 6 拍左脚后抬，同时后绕过板，7～8 拍左转 90°，下板。

手型：1～4 拍拳，5～8 拍拳、掌。

手臂：1～4 拍两臂自然前后摆动，第 5 拍两臂胸前弯曲，第 6 拍两臂上伸，7～8 拍两臂落在体侧。

图 6-68　第三个 8 拍

④第四个 8 拍（图 6-69）。

步伐：第 1 拍右脚上板，第 2 拍左腿侧抬，3～4 拍下板，5～8 拍同 1～4 拍，但方向相反。

手型：掌心向前。

手臂：1～2拍两臂侧举，3～4拍两臂自然落下，5～8拍同1～4拍。

面向：1点。

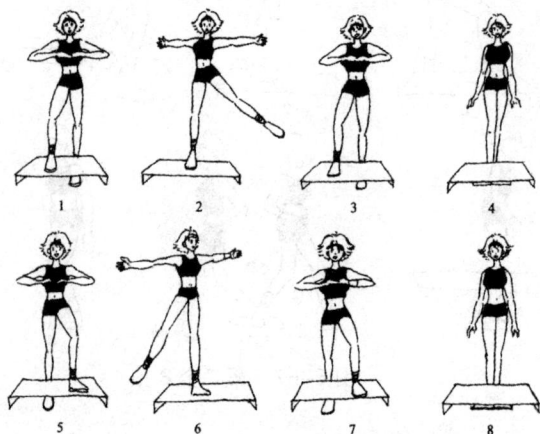

图 6-69 第四个 8 拍

（3）高级有氧踏板操组合动作的训练方法

①第一个 8 拍（图 6-70）。

步伐：第1拍右腿跳上板同时左腿后抬，第2拍左腿前收，3～4拍下板，5～6拍左腿板上恰恰，7～8拍下板同时左转90°。

手型：1～4拍掌心向外，5～8拍拳。

手臂：第1拍两臂斜上举，第2拍两臂下拉胸前屈，3～4拍自然放至体侧，5～8拍两小臂向上屈。

面向：1～4拍1点，5～6拍2点，7～8拍7点。

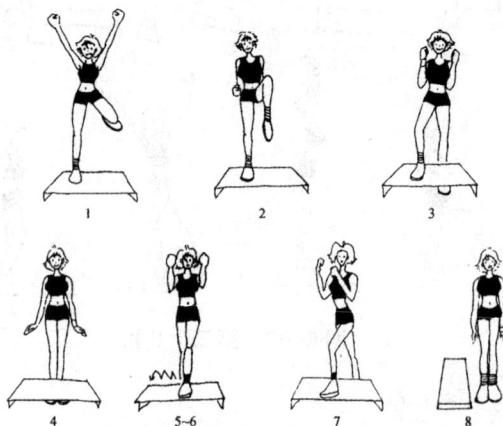

图 6-70 第一个 8 拍

②第二个 8 拍（图 6-71）。

步伐：第 1 拍右腿侧上板，第 2 拍左腿后屈跳，第 3 拍左脚后交叉点地，第 4 拍左腿后屈，5～6 拍下板，同时右转 90°，7～8 拍左脚尖点板一次。

手型：拳。

手臂：两臂体侧屈肘前后摆动。

面向：1～4 拍 7 点，5～8 拍 1 点。

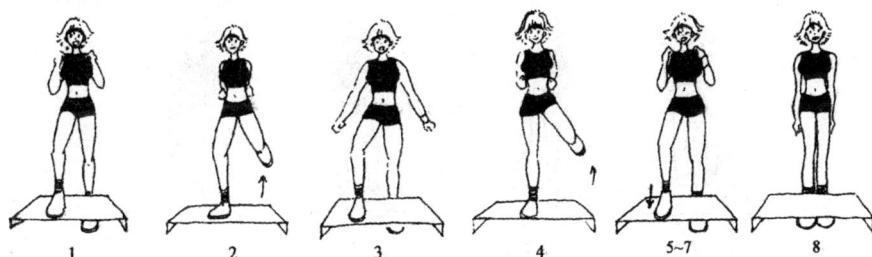

图 6-71　第二个 8 拍

③第三个 8 拍（图 6-72）。

步伐：第 1 拍右脚上板，第 2 拍左腿向板左侧迈一步重心在左侧，3～4 拍右侧横过板，第 5 拍重心在右腿，第 6 拍重心落在左腿板上，7～8 拍下板。

手型：拳。

手臂：两臂自然前后摆动。

面向：1 点。

图 6-72　第三个 8 拍

④第四个8拍（图6-73）。

步伐：第1拍右脚上板，第2拍前吸左腿，第3拍左脚板前点地，第4拍前吸左腿，第5拍下板，第6拍右脚跟点板，第7拍右腿前吸，第8拍下板。

手型：拳。

手臂：两臂体侧屈肘前后摆动。

面向：1～3拍1点，4～5拍3点，6～8拍1点。

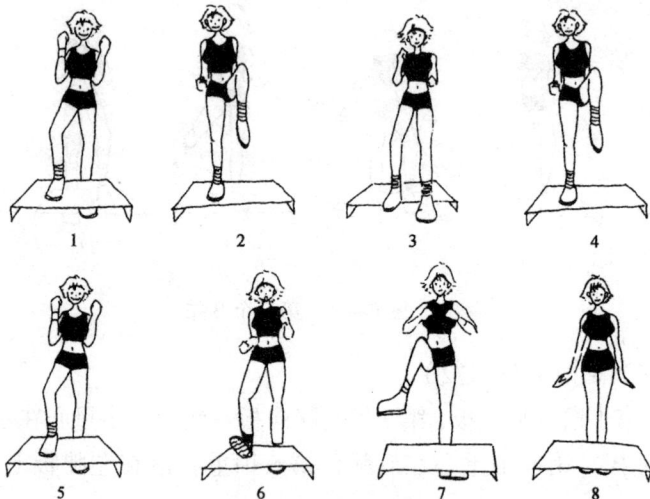

图6-73　第四个8拍

三、有氧舞蹈动作训练方法

有氧运动能够通过耐力运动来改善血液循环系统和呼吸系统，提高心肺功能，使全身各个组织和器官都得到良好的氧气和营养供给，维持最佳的功能状态。美国"有氧运动之父"肯尼思·库珀最早提出有氧运动这一概念，他创造的"有氧运动法"闻名世界。不仅如此，肯尼思·库珀还在1971年成立了一家集医疗、科研和健身为一身的有氧运动中心。目前，全世界流行的"12分钟跑体能测验""有氧运动得分制"等都是由他提出的。

20世纪70年代末80年代初，美国女星简·方达在有氧运动中融入了许多舞蹈动作，并推出有氧舞蹈录像带，使有氧舞蹈一时间风靡美国。

根据动作、音乐的不同特点，有氧舞蹈分拉丁、方克、街舞等多种舞蹈形式。人们可以根据自己的情况自由选择。

随着有氧舞蹈运动的发展演变，其逐渐将各个单项健身运动的特有动作融入有氧舞蹈中，使其动作更加自由且富有变化，具有更强的艺术性、观赏性和趣味性。

（一）有氧舞蹈基本技术

1. 基本动作

通过基本动作的学习，能帮助学生掌握正确的动作方法，使其尽快建立正确的动作技术概念。有氧舞蹈的基本动作包括头颈动作、肩部动作、胸部动作、上肢动作、腰部动作、髋部动作和下肢动作等。

（1）头颈动作

①屈。

动作方法：头颈关节角度的弯曲，可做前屈、后屈、左屈、右屈。

技术要点：以颈椎为轴，做动作时注意肩部不要动。

错误纠正：练习时易出现动作节奏过快等问题。因此，应放慢速度，避免头颈部扭曲。

②转。

动作方法：头颈部绕身体的垂直轴进行转动，可以做左转、右转。

技术要点：以颈椎为轴，做动作时注意肩部不要动。

错误纠正：练习时易出现动作节奏过快等问题。因此，要放慢速度，避免头颈部扭曲。

③绕。

动作方法：头部以颈部为轴心，进行弧形运动，可以做左绕、右绕。

技术要点：以颈椎为轴，做动作时注意肩部不要动。

错误纠正：练习时易出现动作节奏过快等问题。因此，应放慢速度，避免头颈部扭曲。

④绕环。

动作方法：头部以颈部为轴心，进行圆周运动，可以做左绕环、右绕环。

技术要点：以颈椎为轴，做动作时注意肩部不要动。

错误纠正：练习时易出现动作节奏过快等问题。因此，应放慢速度，避免头颈部扭曲。

⑤平移。

动作方法：头颈部相对于肩部横轴的前后或左右方向水平移动。

技术要点：以颈椎为轴，做动作时注意肩部不要动。

错误纠正：练习时易出现动作节奏过快等问题。因此，应放慢速度，避免头颈部扭曲。

（2）肩部动作

有氧舞蹈中大量舞姿、舞步、技巧等都需要肩部的动作配合。

①提肩。

动作方法：肩胛骨做向上的运动，可以做单肩提、双肩同时提或两肩依次提等。

技术要点：做动作时要立腰，身体保持直立。

错误纠正：练习时易出现含胸等问题。因此，应把两肩背靠在墙壁上，帮助纠正错误姿态。

②沉肩。

动作方法：肩胛骨做向下的运动，可以做单肩沉、双肩同时沉或两肩依次沉。

技术要点：做动作时要立腰，身体保持直立。

错误纠正：练习时易出现含胸等问题。因此，应把两肩背靠在墙壁上，帮助纠正错误姿态。

③绕肩。

动作方法：以肩关节为轴，进行小于 360° 的弧形运动，可以做单肩前后绕、双肩同时或依次前后绕。

技术要点：做动作时要立腰，身体保持直立。

错误纠正：练习时易出现含胸等问题。因此，应把两肩背靠在墙壁上，帮助纠正错误姿态。

④肩绕环。

动作方法：以肩关节为轴，进行 360° 或 360° 以上的圆周运动，可以做单肩前后绕环，双肩同时或依次前后绕环。

技术要点：做动作时要立腰，身体保持直立。

错误纠正：练习时易出现含胸等问题。因此，应把两肩背靠在墙壁上，帮助纠正错误姿态。

（3）胸部动作

胸部动作的形态、律动、风格，可成为一种强有力的、表现活跃情绪和激动情感的手段。

①含胸。

动作方法：两肩内合，胸廓内收。

技术要点：身体保持紧张状态，收腹、立腰。

错误纠正：练习时易出现身体放松、塌腰等问题。因此，做动作时应把全身肌肉尽量收紧。

②展胸。

动作方法：挺胸、展肩。

技术要点：身体保持紧张状态，收腹、立腰。

错误纠正：练习时易出现身体放松、塌腰等问题。因此，做动作时应把全身肌肉尽量收紧。

③移胸。

动作方法：髋部固定，做胸部向左、右的水平移动。

技术要点：身体保持紧张状态，收腹、立腰。

错误纠正：练习时易出现身体放松、塌腰等问题。因此，做动作时应把全身肌肉尽量收紧。

（4）上肢动作

有氧舞蹈中，伴随着音乐节奏，可以用丰富多彩的上肢动作及其变化，表现出千差万别的情态。有氧舞蹈的上肢动作包括举、屈、摆、绕、绕环、振和旋等。

①举。

动作方法：以肩关节为轴，手臂的活动范围不超过180°，而停止在某一部位的动作，可以做单臂或双臂的前举、后举、侧举、侧上举、侧下举等。

技术要点：伸臂的位置要准确。

错误纠正：练习时易出现屈臂、伸臂动作不到位等问题。因此，应对照镜子或在指导人员帮助下进行练习，体会动作要领。

②屈。

动作方法：肘关节产生一定的弯曲角度，可以做胸前平屈、肩侧屈、肩上侧屈、肩下侧屈、腰间屈、头后屈等。

技术要点：伸臂的位置要准确。

错误纠正：练习时易出现伸臂动作不到位等问题。因此，应对照镜子或在指导人员帮助下进行练习，体会动作要领。

③摆。

动作方法：以肩关节带动手臂来完成摆动动作。

技术要点：出臂的位置要准确。

错误纠正：练习时易出现不是由肩关节带动、甩臂等问题。因此，应对照镜子或在指导人员帮助下进行练习，体会动作要领。

④绕。

动作方法：以肩关节为轴，单臂或双臂向内、向外、向前、向后做180°以上，360°以下的弧形运动。

技术要点：手臂摆动幅度要大于 180°，小于 360°。

错误纠正：练习时易出现动作幅度小，未能达到要求等问题。因此，应对照镜子或在指导人员帮助下进行练习，体会动作要领。

⑤绕环。

动作方法：以肩关节为轴，双臂或单臂向前、向后、向内、向外做 360° 的圆周运动。

技术要点：手臂要摆动 360° 或 360° 以上。

错误纠正：练习时易出现动作幅度小，未能达到要求等问题。因此，应对照镜子或在指导人员帮助下进行练习，体会动作要领。

⑥振。

动作方法：以肩关节为轴，手臂用力向某个方向做最大幅度的加速摆动，可以做上举后振、下举后振、侧举后振等。

技术要点：手臂要摆动至最大幅度。

错误纠正：练习时易出现两臂摆动幅度小、加速度不足等问题。因此，应对照镜子或在指导人员帮助下进行练习，体会动作要领。

⑦旋。

动作方法：以肩关节或肘关节为轴，手臂向内或向外翻转。

技术要点：手臂内旋、外旋动作要灵活。

错误纠正：练习时易出现手臂僵硬、动作不到位等问题。因此，应对照镜子或在指导人员帮助下进行练习，体会动作要领。

（5）腰部动作

有氧舞蹈中富有艺术魅力的线条、造型和曲线动作，其支点多由腰部来实现。腰部是有氧舞蹈动作的核心部位，必须具有相当的柔韧度和力量。

①屈。

动作方法：下肢不动，上体沿矢状轴和水平轴运动，可以做腰部的前屈、后屈和左右侧屈等。

技术要点：身体始终处于紧张状态。

错误纠正：练习时易出现身体放松等问题。因此，应对照镜子或在指导人员帮助下进行练习，体会动作要领。

②转。

动作方法：下肢不动，上体沿垂直轴和水平轴扭转，可以做腰部的左转、右转。

技术要点：身体始终处于紧张状态。

错误纠正：练习时易出现身体放松等问题。因此，应对照镜子或在指导人员帮助下进行练习，体会动作要领。

（6）髋部动作

在有氧舞蹈中，髋关节技术的好坏直接影响有氧舞蹈动作的整体效果。

①顶髋。

动作方法：髋关节做急速的水平移动，可以向左、向右、向前、向后做顶髋。

技术要点：髋关节要灵活。

错误纠正：练习时易出现身体僵硬等问题。因此，应保持放松，可对照镜子或在指导人员帮助下进行练习，体会动作要领。

②提髋。

动作方法：髋关节急速向身体一侧上提，可以做左提髋、右提髋。

技术要点：髋关节要灵活。

错误纠正：练习时易出现身体僵硬等问题。因此，应保持放松，可对照镜子或在指导人员帮助下进行练习，体会动作要领。

（7）下肢动作

在有氧舞蹈中，优美的舞姿、舞步，全身性造型，还有跳跃，旋转等，都离不开下肢动作。

①踢。

动作方法：一条腿支撑，另一条腿由下方向各方向做加速摆动，可以做前踢、后踢、侧踢等。

技术要点：以髋关节为轴，腿部尽量放松。

错误纠正：练习时易出现腿部僵硬等问题。因此，练习前应多做一些甩腿动作，还可以对照镜子或在指导人员帮助下进行练习，体会动作要领。

②弹踢。

动作方法：一条腿支撑，另一条腿屈膝抬起（大小腿成90°），向各方向弹伸，可以做向前、向侧弹踢。

技术要点：以髋关节为轴，腿部尽量放松。

错误纠正：练习时易出现腿部僵硬等问题。因此，练习前应多做一些甩腿动作，还可以对照镜子或在指导人员帮助下进行练习，体会动作要领。

③跪。

动作方法：全跪时，两条腿屈膝跪地，大小腿折叠；半跪时，一条腿屈膝支撑，另一条腿跪地，大小腿成夹角。

技术要点：挺胸、立腰、上体保持正直。

错误纠正：练习时易出现跪的姿势不正确、重心不稳等问题。因此，应对照镜子或在指导人员帮助下进行练习，体会动作要领。

④屈伸。

动作方法：膝关节做由直变屈，再由屈伸直的动作，可以两腿同时或依次做原地和移动屈伸。

技术要点：屈伸变换灵活。

错误纠正：练习时易出现屈伸转换慢、重心不稳等问题。因此，应对照镜子或在指导人员帮助下进行练习，体会动作要领。

⑤内旋和外旋。

动作方法：以髋关节和膝关节为轴，做腿部向内和向外的翻转动作，可以两腿同时或依次做内旋和外旋。

技术要点：腿部尽量放松，动作灵活。

错误纠正：练习时易出现腿部僵硬、动作不到位等问题。因此，练习前应多做一些甩腿动作，还可以对照镜子或在指导人员帮助下进行练习，体会动作要领。

2. 基本步法

基本步法在有氧舞蹈中占有重要的地位。有氧舞蹈的编排往往会将基本步法根据需要进行不同方位、不同强度、不同节奏的组合和编排。

（1）行进动作

动作方法：左脚抬起，向体前落地，右脚继续向体前跟进；换右脚抬起，重复相同动作。

技术要点：向前行进时，身体要充分放松，重心跟随步伐转换。

错误纠正：练习时易出现身体过于僵硬等问题。因此，应保持身体充分放松。

（2）跟步动作

动作方法：左脚向左侧迈出，然后右脚跟上靠拢；换右脚迈出，重复相同动作。

技术要点：身体要充分放松，重心跟随步伐转换。

错误纠正：练习时易出现身体重心没有转换等问题。因此，应把身体重心放在先迈出的那条腿上。

（3）滑步动作

动作方法：左脚向左侧滑出，然后右脚跟上靠拢；换右脚滑出，重复相同动作。

技术要点：身体滑出的幅度应大一些，重心跟随步伐转换。

错误纠正：练习时易出现身体重心没有转换等问题。因此，应把身体重心放在先迈出的那条腿上。

（4）点步动作

动作方法：左脚尖向左侧点地，然后收回至右脚旁；换右脚尖点地，重复相同动作。

技术要点：动作要完成得干净、利落。

错误纠正：练习时易出现上体后倾、重心不稳等问题。因此，应多加练习，体会动作要领，保持身体重心的稳定。

（5）提膝步动作

动作方法：左脚向左侧迈出，然后提起右膝；改变支撑腿，重复相同动作。

技术要点：上体保持挺拔。

错误纠正：练习时易出现上体后倾等问题。因此，应把膝盖尽量向斜上方抬起。

（6）前踩脚动作

动作方法：左脚向上提起，脚跟高于支撑腿的膝盖位置后，再踩回地面；改变支撑腿，重复相同动作。

技术要点：脚跟必须高于支撑腿的膝盖位置，强调向下"踩击"的力量。

错误纠正：练习时易出现踩击力量不够、重心不稳等问题。因此，应对照镜子多加练习，体会动作要领。

（7）V字移步动作

动作方法：左脚尽力向左前方迈出，右脚尽力向右前方迈出，两脚成一条直线，距离略比肩宽，两膝自然弯曲，左、右脚再依次退回开始位置。

技术要点：迈步时脚跟先落地，再过渡到全脚着地。

错误纠正：练习时易出现两腿不在一条直线上等问题。因此，应对照镜子多加练习，体会动作要领。

（8）拳击步动作

动作方法：右脚向体前迈出，左脚再迈出一步，在右脚前方与其交叉，右脚退回到开始位置，然后左脚退回开始位置。

技术要点：动作充分伸展，上体放松。

错误纠正：练习时易出现动作伸展不够充分、上体僵硬等问题。因此，应对照镜子多加练习，体会动作要领。

（9）后踩脚动作

动作方法：左腿屈膝向后抬起，脚跟提至臀部，然后向下踩击；改变支撑腿，重复相同动作。

技术要点：脚跟要提至臀部高度。

错误纠正：练习时易出现跺击力度不够、脚跟提起高度不足等问题。因此，应对照镜子多加练习，体会动作要领。

（10）内脚跟动作

动作方法：提起左脚脚跟，并向前推，左脚脚尖仍留在地上，接着左脚脚跟再返回开始位置；改变支撑腿，重复相同动作。

技术要点：两膝应放松。

错误纠正：练习时易出现脚尖没有留在地板上、两膝僵硬等问题。因此，应先慢速练习，熟练后再加快练习速度。

（11）内脚跟提起动作

动作方法：两脚开立，提起左脚，脚尖点地内转膝部，把脚跟向外抬起，然后返回开始位置；改变支撑腿，重复相同动作。

技术要点：两膝应放松。

错误纠正：练习时易出现膝关节不够放松等问题。因此，应做好准备活动，充分放松膝关节。

（12）三点敲击动作

动作方法：左脚前、后敲击地面（2拍），然后换右脚做，按左、右、左的顺序进行。两脚并拢结束动作，身体左侧成一定角度；改变支撑腿，重复相同动作。

技术要点：敲击腿两膝应伸直。

错误纠正：练习时易出现点脚方向不准确等问题。因此，应先慢速练习，熟练后再加快练习速度。

（13）提膝动作

动作方法：左膝抬起，向体前落下，同时向后伸展右腿，脚拇指着地；改变支撑腿，重复相同动作。

技术要点：悬空腿要伸直。

错误纠正：练习时易出现身体重心不稳等问题。因此，应控制好身体的平衡。

（14）踢球动作

动作方法：右脚向右侧迈出，同时左腿向后方抬起，向体前踢出；改变支撑腿，重复相同动作。

技术要点：迈右脚的同时抬起左腿。

错误纠正：练习时易出现踢右腿的同时没有勾脚等问题。因此，练习时应先做慢速练习，熟练后再加快练习速度。

（15）交叉弹腿

动作方法：左脚抬起向体前快速踢出，将左脚交叉放在右脚前方，再回到开始位置；改变支撑腿，重复相同动作。

技术要点：回弹落地腿，膝盖紧绷。

错误纠正：练习时易出现弹腿时腿没有伸直等问题。因此，应先慢速练习，熟练后再加快练习速度。

（16）跨步轴转动作

动作方法：右脚向体前迈出，以右脚拇指为支点向左侧转身，继续转，直至身体转回正面。

技术要点：身体重心随跨步转移。

错误纠正：练习时易出现完成转向动作时重心不稳等问题。因此，应先慢速练习，熟练后再加快练习速度。

（17）蝴蝶动作

动作方法：两脚开立，两脚跟提起，向外转动两膝和脚趾，两脚跟回到开始位置，接着两膝也回到开始位置。

技术要点：做动作时要保持身体的平衡。

错误纠正：练习时易出现两脚过于靠拢等问题。因此，应两脚开立慢速练习，熟练后再加快练习速度。

（18）跳跃动作

动作方法：两腿并拢，锁住两膝，先向左跳，再向右跳。

技术要点：身体下沉。

错误纠正：练习时易出现身体没有下沉等问题。因此，应先原地做几次下蹲动作，然后再做跳跃练习。

（19）转体跳跃

动作方法：左脚向左侧迈出一步，身体向左侧跳转 360°，落地。

技术要点：转动两肩。

错误纠正：练习时易出现转体的角度不够等问题。因此，应多加练习，体会动作要领。

（二）有氧舞蹈成套动作

1. HIP-HOP 风格

（1）第一个8拍

①1～2拍，左脚向左侧一步，右脚迅速向左脚靠拢，两手向下伸直握在一起。

②3～4拍与1～2拍动作相同。

③5～6拍，右脚向右侧一步，左脚迅速向右脚靠拢，两手向下伸直握在一起。

④7～8拍与5～6拍动作相同。

（2）第二个8拍

①1～2拍，左脚向体前迈步，以右脚为轴身体向右转90°，两手胸前握拳，振胸两次。

②3～8拍与1～2拍动作相同。

（3）第三个8拍

①1～2拍，左脚向左侧迈出一步，右脚迅速向左脚靠拢，外侧手成"一"字手于头上向外振胸。

②3～4拍与1～2拍动作相同。

③5～6拍，右脚向右侧迈出一步，左脚迅速向右脚靠拢，外侧手成"一"字手头上向外振胸。

④7～8拍与5～6拍动作相同。

（3）第四个8拍

①1～2拍，左脚向体前迈步，以右脚为轴身体向右转90°，两手胸前握拳，振胸两次。

②3～8拍与1～2拍动作相同。

2. 部落舞蹈风格

部落舞蹈是源自非洲原始部落的一种舞蹈，舞蹈中有很多的耸肩、抖胸、摆臀动作，欢快狂野，风格自然。

（1）第一个8拍

①1～2拍，左脚向左侧一步，两腿分开，身体向左倾斜45°，两臂侧平举，手成立掌。

②3～4拍，抬起左脚原地搓脚一次，两手体前相握举过头顶，同时振胸一次。

③5～8拍与1～4拍动作相同，方向相反。

（2）第二个8拍

①1～2拍，左脚向左侧一步，右脚开始做踢毽动作一次，左手由头上方向右脚下方做一次响指。

②3～4拍，右脚向右侧一步，左脚开始做踢毽动作一次，右手由头上方向左脚下方做一次响指。

③5～8拍与1～4拍动作相同，两手做响指。

（3）第三个8拍

①1～2拍，左脚向右后方迈步成右弓步，右手向下伸，手心向下，左手于体侧绕环，手掌立起。

②3～4拍，向左两步，两手手掌立起，掌心与地面平行。

③5～6拍与1～2拍动作相同，方向相反。

④7～8拍与3～4拍动作相同。

（4）第四个8拍

①1～2拍，左脚向右后方迈步成右弓步，右手向下伸，手心向下，左手于体侧绕环，手掌立起。

②3～4拍，左脚向体前上步，右脚跟上并脚，两手手掌立起，掌心与地面平行，两手指尖相对。

③第5拍，左腿向体前跳，右腿向后伸，屈腿，左手上、右手下向后振胸，左手手心向上，右手手心向下。

④第6拍，右腿踢球动作踢出，两手自然下垂。

⑤7～8拍，右腿于腹前绕环落地。

3.经典爵士风格

经典爵士风格的有氧舞蹈融合了现代舞蹈的元素，艺术感强，注重表现力。

（1）第一个8拍

①第1拍，左脚向左侧一步，两臂向两侧打开，右手前臂与上臂成90°角，五指张开，指尖向下，左手斜下30°举，直臂。

②第 2 拍，右脚置于左脚斜后方，脚尖点地，左手不动，右手与左手相握，含胸，目视两手。

③第 3 拍，右脚向右侧迈出一步，两手同时向右侧推出。

④ 4 ～ 7 拍，两腿依次向两侧吸腿，原地转动 360°，两手相握在头顶由右向左、由前向后绕环。

⑤第 8 拍，两脚成开合步，两手自然扶在左髋上，目视左脚脚尖。

（2）第二个 8 拍

① 1 ～ 2 拍，两腿开立，两膝略屈，左手直臂，由下方至左侧停住，然后前臂绕环一圈，同时身体做一个由头至脚的 Water Wave（缓慢做波浪的动作并摇动身体，创造像水波般的效果），重心在右侧。

② 3 ～ 4 拍，身体向左侧转动，左腿吸腿落下，两手成开掌，向身体两侧打开（感觉像抱一个大球）。

③ 5 ～ 6 拍，面向正前方，两脚原地不动，重心向两侧左右移动两次，两手做跑步时的摆臂动作，身体自然摆动。

④ 7 ～ 8 拍，重心向右侧移动，同时左脚收回，左手五指并拢，由左至右做平行于地面的划手动作，手臂与肩同高。

（3）第三个 8 拍

① 1 ～ 2 拍，右腿略屈，保持身体重心，左腿伸直做向前、向侧、向后的滑动，同时右手置于头顶上方，逆时针转动一圈回到体侧，左手自然放于体侧。

② 3 ～ 4 拍，左脚向左侧吸腿迈出一步，面向左侧，两臂同时由上向下摆动。

③ 5 ～ 6 拍，右脚开始，两脚依次向右侧跑两步，两手跟随身体自然摆动。

④ 7 ～ 8 拍，左脚跳起，右腿吸腿向胸部靠拢、落地，两手跟随身体自然摆动。

（4）第四个 8 拍

① 1 ～ 4 拍，两脚不动，左手沿额状面绕环 360°，同时身体跟随手臂绕环 360°。

② 5 ～ 6 拍，两脚不动，右臂胸前平屈，向右侧伸出，身体重心由左向右移动，面向前方，头向右侧歪。

③ 7 ～ 8 拍，左臂胸前平屈，右脚向左脚后方点脚，左臂由平屈向体侧弯曲，在左侧做一次响指。

第七章 高校健美操的创编实践

高校健美操的发展离不开健美操的创编。健美操的创编是指充分考虑各种因素，根据健美操不同运动者的需要，对健美操已有的素材进行加工、移植、对比和再创造，编排出新颖独特的单个动作、动作连接和动作套路等。健美操创编有着一定的意义和原则，而健身健美操和竞技健美操在创编的步骤和方法上面存在不同。

第一节 高校健美操创编的原则与意义

一、健美操创编的原则

健美操成套动作的编排是一项复杂的工作，它涉及对象、目标、顺序、运动量与强度、艺术风格与难度等问题。不同类型的健美操既有共同遵循的规律又有各自的特点。

（一）健美操创编的一般原则

1.明确的目的性

把健美操创编成套，首先要明确创编的目的、任务。做健美操的目的有很多，有健身、矫形、减肥、保健等。有的健美操是为了培养身体姿态，有的是为了进行形体训练，有的是为了加强身体素质，有的是为了健美，有的是为了预防颈椎病、肩周炎等疾病。根据这些不同的目的和任务，在创编上有不同的要求。

2.动作与音乐的统一性

音乐是健美操的灵魂，健美操如果没有好的音乐进行伴奏，那么就做不出健美操的节奏和韵律，体现不出美感。健美操的特点和风格是通过音乐的协调配合表现出来的，没有音乐是不行的。因此，动作的性质、节奏、风格以及练习者的情绪与音乐的旋律、风格必须融为一体，否则就显现不出艺术性。音乐节奏快慢与强弱、音调的优美和谐，能够关系到动作节奏的快慢、动作力度和幅度的大小、动作起伏及运动负荷的大小等。动作和音乐旋律协调一致，能够激发人练习的情趣，使人体验到愉悦、享受到运动的魅力，这样就能通过健身达到陶冶情操、调节情绪的目的。

在选择健美操的音乐上，一般有三种情况。

第一种情况是先确定配乐，再按照音乐的节奏、特点、风格、段落来设计健美操的动作。

第二种情况是先创编好动作，再请相关人员谱写乐曲。相关的谱曲者可以根据成套动作的节奏、风格和高低起伏来配制乐曲，以达到理想的效果。

第三种情况是先编好动作，再根据编好的动作选择现有的乐曲。可能出现动作与音乐旋律不尽相符的状况，因此，应根据乐曲把其中不和谐的动作进行改进，尽量使动作与乐曲和谐一致。选用已有的音乐一般需要拼接，在拼接过程中保持乐曲的完整性，不能不分段落地任意切割。

3. 动作设计的创造性

健美操动作内容丰富多彩，创造的素材和灵感源于生活。在生活中看到和想到的动作，通过精心的加工能创造出新颖的、优美的、符合时代特点的全新动作。健美操动作需要不断创新来保持旺盛的生命力。

动作设计上要体现出健美操的特点，将体操与舞蹈动作结合起来再创造。现代健美操的每节动作多是以组合的形式出现，重点突出某个主要部位的运动。另外，可以将现有的一些动作素材通过改变开始姿势、动作方向、幅度、速度、节奏、路线等方法以及结合具体对象，改编成动作合理的、实效性较强的、新颖的、优美的动作。成套动作中，每个动作的衔接上也要有创意，衔接要巧妙，给人以流畅、完整的感觉。

4. 动作设计的艺术性

健美操既是一项锻炼身体的运动，也是一种艺术表现形式。因此，在单个动作设计上，要细腻、大气，力求使体操动作艺术化、舞蹈化、体操化，可以吸收现代舞、民族舞的动作，结合健美操的特点进行再创造，使动作"活而不乱""美而不花"，注意多方向、多角度、多层次地展开。整套动作的艺术处理要讲究抑、扬、顿、挫、起、承、转、合，注意动作的大小搭配、左右回旋、上下起伏和快慢交替。每个动作的连接不能太满也不能太快，要留有余地，给集体队形变化留出时间和空间。

（二）健身健美操的创编原则

健美操动作的设计应优美、舒展、大方、健康、有活力，符合健美操的特点和练习者的年龄特点。只是把一些固有的动作进行串联是远远不够的，要注重健美操的本质与特点，在整套动作上把结构与时间、空间、运动方式、风格特点、音乐等因素有机结合。成套动作的运动类型与难度动作选择必须均衡，具体表现在以下两个方面。

一是类别数量的均衡，即在动作中尽可能地把动作的类别及数量进行恰当的安排，应根据目前动作的发展及练习者的特性而定，不是安排的难度越大越好。

二是结构上的均衡，把成套动作中所有动作的前后顺序安排得均衡，不能让某个动作出现太多次，要表现出动作类型、方向、空间的变化。

1.鲜明的针对性

根据参与者年龄、性别、兴趣爱好、运动能力、身体情况的特征，以及发展或改善身体某部分的需要，编制各种形式的健身健美操，这就是针对性原则。创编健身健美操时首先要进行认真的调查研究，针对参与者的心理和生理特点及时间、场地、器材条件和练习对象的要求，全面考虑多种影响因素。

2.全面安全、无损伤

在健美操创编的过程中，选择的内容要使人体各部位的关节、肌肉、韧带得到全面的发展，改善内脏的功能，应包括头颈、上肢、下肢、躯干各部位的动作。头颈动作应有头颈的前后屈、左右侧屈、左右转动、绕及绕环等动作，上肢动作应有肩、肘、腕、指各部位的屈、伸、举、振、摆、绕与绕环等动作，下肢动作应有髋、膝、踝、趾各部位的屈、伸、举、摆、绕、转、踢等动作，躯干动作应有胸、腰各部位的前后屈、左右侧屈、左右转动、绕与绕环等动作。

另外，可以选择走、跑、跳、转体、波浪、造型等多种多样的动作，促使身体得到均衡、全面的锻炼，同时还要保证动作的安全性，避免出现损伤。

3.合理安排动作顺序

健身健美操的编排结构可分为三部分。

（1）准备动作

准备动作要远离心脏的部位。如以踏步开始准备动作，然后加深呼吸或进行头颈活动，之后再进入主体部位的活动。要求是动作柔和、速度缓慢，在一开始为整体动作打好基础，做好身体和精神上的准备。

（2）基本动作

基本动作从头颈或上肢动作开始，再进行肩、胸、腰、髋和下肢等多关节部位的全身运动和跳跃运动。

（3）结束动作

结束动作是整套动作的收尾，一般应选择一些幅度大、速度缓慢、轻松自然的整理四肢和躯干的练习，使身体和心率尽快恢复到运动前的状态。

一般每套健美操动作由若干大节构成，每一大节侧重某一部位的锻炼，通过不同角度去影响身体的某一个部位，使该部位得到充分、全面的锻炼。如编排体转运动时，可采用站立、半蹲、出髋及变换上肢做转体运动；编排肩部运动时，可采用提肩，前后摆肩，肩部前、后绕及绕环，配以不同的下肢动作，把肩部活动的每种做法组成一个小节，由若干小节构成一个大节。每套动作的节数和每节动作的重复次数，根据参与者的需求和特点来定，通常由 10 ～ 12 大节构成。

4.合理安排运动负荷

编排健身健美操时，必须遵循人体的生理循环规律，运动负荷由小到大，心率变化由低到高，逐步、稳定地上升，体内代谢达到最高速率，之后速率开始降低，趋于稳定，直到运动结束。编排动作由易到难，速度由慢到快，强度由弱到强，循序渐进，当达到稳定负荷后持续一段时间，之后开始降低并逐渐减小，直到运动结束。

（三）竞技健美操的创编原则

竞技健美操在我国是一种独立的体育竞赛项目，发展日趋成熟并与国际同步。竞技健美操的创编作为竞赛的先导环节，直接体现出运动员的竞技水平，直接关系到运动员的比赛成绩。在竞技健美操中，明确创编的指导思想，研究并遵循竞技健美操的创编原则是表现出竞争力、取得好成绩的因素之一。

1.适应规则变化性原则

比赛规则是保证比赛公平的前提，所有参赛者都必须要遵守。比赛规则在某种程度上是衡量动作编排及完成情况的标尺，能够评判整套动作艺术、完成、难度等各个方面的优劣；规则在某种意义上又是指南针，为动作创编者和参赛运动员指明了道路。因此研究并执行规则不仅仅是教练和运动员的职责，同时也是创编者进行动作创编的依据和原则。

竞技健美操自诞生以来发展较慢，且中外各地区发展速度不一。我国自 1987 年举行第 1 届"长城"杯健美操邀请赛开始，至今已举办了多次竞技健美操的赛事。从最初只进行规定动作比赛，到现在直接采用国际规则，发展变化之快是十分惊人的。目前，国际上具有影响力的健美操国际组织不止一家，其制定的规则也各具特色。

1998 年，国际体操联合会在法国举行了第 1 届世界健美操锦标赛，这是第一次真正意义上的国际大型健美操赛事，此后该赛事每两年举办一届。

1994—1996 年，竞技健美操有了新的要求，创编套路的时间从 1 分 50 秒增加至 2 分 10 秒，并取消了其他国际组织通用的规定动作，即 4 次俯卧撑、4 次仰卧起坐、4 次大踢腿，取而代之的是两个 8 拍组合动作与 6 大类难度动作。两个规定组合是一组对称动作，另一组是由 5 个基本步伐、3 个连接步伐组成的动作组合。6 大类难度动作为静力性力量、动力性力量、平衡、跳跃、踢腿、柔韧。

1997—2000 年，竞技健美操规则取消了对称及组合性动作，保留了 6 大类难度动作，发展为 7 个层次，对难度动作数量加以限制，一个成套动作中最多出现 16 个难度，以 12 个最高难度计分，除此之外对动作的连接、操化动作的运用、场地空间的运用、艺术性、创新与动作变化也有详细的规定。

2001—2008 年，竞技健美操规则又把 6 类难度合并为 4 类难度，具体难度如下所示。

A 类：俯卧撑、倒地、旋腿与分切。

B 类：支撑与水平。

C 类：跳与跃。

D 类：柔韧与平衡。

此外，还规定难度动作数量限制为 12 个，允许两次腾空成俯撑动作，地上动作不得超过 6 次，取消艺术加分等。在比赛过程中，对于整套动作的评判是以规则来进行的，因此创编者在创编前首先必须明确的是要遵循规则、认真学习比赛规则，同时对规则中所规定的各项条款、特定规则、补充规则的具体要求都能理解和掌握。只有全面了解规则和要求后，在编排上才会做到准确和严谨，才能在竞赛中取得成功。

2.提高竞技性原则

竞技健美操作为一项竞技体育运动，最终目的是通过比赛区分优劣，比赛能够检验运动员日常训练的效果，优秀的成绩和表现源自运动员平常刻苦的训练和练习。如何表现出运动员的竞争力，是在成套动作的创编上需要注意的一个问题。国际体操联合会（简称国际体联）健美操委员会主席约翰·艾特肯森在国际体联会议上指出："我们要严格维护健美操特色。"健美操在比赛中的特色在于在身体姿态的控制技术基础上表现出有节奏、有韵律的弹动控制技术。这种技术的竞技特征表现为动作的难度与配合，动作形式的花样与连续性，身体负荷的高强度等。所有这些都是围绕着体现运动员的身体素质（即力量、耐力、速度、柔韧、灵敏、协调能力）、独特的吸引力（动作设计、动作表现及气质）、智慧（动作表现出的战略战术和不同层次）、心理素质（情绪和情感的表现）而进行比较的。对于这些所有的综合考量，直接反映出竞赛中运动员的竞技能力，因此在编排中体现竞技健美操的竞技能力是创编中另一个重要的指导思想，也就是我们所说的竞技性原则。

竞技性原则在竞技健美操编排中的运用主要表现在如何提高运动强度，具体原理是竞技健美操体现着运动员的竞技能力，要想在比赛中取得较好的成绩就要编排出高强度的动作内容，从而体现出运动员的竞技能力。想要理解竞技性原则，必须要理解决定竞技健美操强度的因素，具体有以下内容。

（1）决定竞技健美操强度的因素

①动作频率。单位时间内完成动作的数量，以高速度完成动作，展示出完成复杂、快速动作的能力。

②动作速度。完成单个动作的时间快慢，展现出动作的力度。

③动作幅度。运动员大幅度完成动作的能力。

④耐力。在成套、没有间歇的动作中保持心血管系统运动强度的能力。

⑤抵抗重力的运动能力。腾空高度，爆发力，尤其是连续完成空中动作的能力。以上各因素能直接影响运动员的竞技能力。

（2）竞技健美操的创编要求

竞技性原则下健美操的创编要求在编排整套动作时，考虑上述因素的同时，也要按以下要求进行创编。

①下肢步伐一直处于弹动状态，多采用高强度的步伐，如后踢腿跑、弹踢腿、开合跳等，也可采用这些步伐的变形步伐。

②上肢动作在 1 个 8 拍中必须出现一次极限的上肢伸展，即出现一次垂直方向的最高点。

③两只手臂都必须有相关动作，不能出现只活动一只手臂的动作。

④在成套动作中，不能出现没有动作的停顿，即使两秒也不能停下来。

⑤在成套动作中，必须出现至少 1 个 8 拍的动作节奏变化，也就是提高动作频率的编排。

⑥把比赛场地分为几块相应的区域，在提高竞技健美操强度的编排中，增加区域移动的编排。

⑦集体项目中，减少配合、托举动作前的准备动作。

⑧增加身体运动的方向、面和转体。

需要注意的是，必须清楚竞技健美操要求运动员完美地完成每一个动作，因此教练在编排过程中必须要了解运动员的能力水平，宁愿采用运动员可以掌握和完成的、难度稍低的动作，也不要贸然采用运动员没有熟练掌握的高强度动作。

3. 针对性原则

（1）针对运动员的特点创编

创编者要根据运动员的特点创编出不同风格的健美操。每个运动员之间都有差异，除了个体上的差异，还有运动能力、身体素质、技术、动作习惯等方面的差异。所以，教练员在创编中应充分掌握运动员的个体特性及各方面的情况，并充分挖掘每个人的潜力，考虑到每个人的特点去创编才会收到好的效果。例如有的运动员弹跳能力好，应给其多安排一些跳跃性强，难度大的动作，令其充分展现优美的跳跃步伐、轻盈的空中姿态；对于柔韧性好的运动员，可以编排难度较大的劈叉、平衡、多方向的踢腿动作等，展示其舒展优美的肢体和矫健的身手；有的运动员力大无比，可以编排一些难度较高的俯卧撑、支撑等动作，表现出力量的刚劲之美。

（2）针对项目的特点创编

竞技健美操详细分类有男女单人操、混合双人操、三人操、六人操 5 个项目。

单人项目不用考虑配合和队形的问题，其动作语汇的丰富独特和特定动作设计的难度是创编的核心。而集体性项目创编要强调一致性和整体性，讲究整个队伍的对称或均衡，同步与配合动作的巧妙组合以及整套动作造型的全景效果。

4.整体性原则

竞技健美操也像健身健美操一样以全面健身为根本目的，但在其创编中所坚持的全面整体性原则与健身健美操的要求是不一样的，它不一定按照由远而近、自上而下的顺序全面整体设计身体各部位的运动，而是全面发展人体整体的力量、柔韧、灵敏、耐力等身体素质。因此，在创编过程中，教练员必须考虑到在编排中如何更好地展示运动员整体的身体素质。整体性原则的运用在创编过程中主要表现为对难度动作的选择。

整体性原则是指在成套动作中，各类难度动作能够达到一种最佳组合状态，处于一种和谐与平衡，不让某一类难度动作过分集中地出现。事实上，每一类难度动作都体现着人体不同的身体素质，在挑选难度动作时，也应该考虑所选择难度动作组别的均衡性，以体现运动员整体的身体素质，使成套动作的难度动作数量比值基本与四个组别的比值接近。

5.创新性原则

竞技健美操在竞争上越来越激烈，若想在群英荟萃的竞赛中脱颖而出，动作的新颖和独特是取胜的钥匙。在某种意义上来讲，创新是竞技健美操发展的生命，没有创新，竞技健美操的发展就会停滞不前。竞技健美操的创新可以从多方面着手，比如动作的创新、队列的创新、连接的创新、音乐的创新等，在所有的创新中，动作的创新是基础，应受到教练员与运动员的重视。

创新性原则在创编中体现的是其编排的独特性。在创编一套动作前，首先要理解规则，掌握好方向和尺度，这样才会把握住健美操的艺术魅力。具体做法是选择一个主题或主要内容，如读书、欢聚等，在整套动作上要突出主题，让动作表达出中心思想和整体效果。但值得注意的是，主题也不能过多地展现，因为要取得好成绩，每个动作还是要为竞技能力服务，两三个动作体现出主题即可，也可在成套动作中反复出现同一主题，采取不同的动作，但以不超过三次为宜，与此同时，要使主题与其他因素有机地结合，体现出独特性。

音乐优美完整及独特的节奏和风格是展现动作与艺术性的动力。音乐是一种优美的表现形式，它可以为创编者提供创造的源泉，让创编者产生灵感。恰如其分地运用这些表现手段，能够突出艺术效果，让动作富有生命。在创编中应对音乐的结构、节奏、旋律、配器等诸多因素进行分析，找出音乐和动作的结合点，特殊的音响效果会给动作增加效果。在音乐的选择上必须有利于体现竞技健美操的竞技能力。因此，在动作的创编中不能忽略音乐的作用。

国际规则关于艺术创造性有着"表演是与众不同的、独特的和非凡的"的表述，并在说明完全新颖的音乐和独特的动作时指出，"当所有的因素被编排融合在一起时（动作设计表现力、音乐、配合），才能形成一套与众不同的独特的、令人难忘的成套动作。"动作设计、健美操组合的编排、过渡动作、不同的队形，这些都是新颖的、与众不同的、不可预见的。并且通过运动员的动作和表现与音乐风格完美地结合起来，再加入一些以前无人做过的具有特殊感觉的小动作细节。在一套动作中可体现一个主题，"动作设计、音乐、表现和服装都与主题密切联系，各种因素完善地结合在一起，使之具有独特的个性"。这三方面内容在创编中应有目的地综合使用，加大创新力度，成套动作才能不显得俗套，与众不同，受到好评。

6.艺术性原则

竞技健美操是以人体动作作为表现自己的物质手段，也是一种通过表情表达思想的艺术，以具体的、可视化的形象高度显示出人的灵巧、力量、智慧，显示出人的支配和创造的能力，同时也表现了人的思想感情和精神风貌。竞技健美操比赛中，运动员的内在精神气质和外在动作表现的统一体现出艺术表现水平，运动员通过面部表情，融合音乐，更好地体现动作的艺术美感和动作意境，征服观众和评委，体现艺术表现力。运动员通过自身的表现力及自身的形体动作来展示竞技健美操项目的艺术表现美，因此，艺术表现美是健美操运动员自信能力的体现，展现出人类各种优秀素质。

具体来说，首先，竞技健美操的艺术表现美体现在各种动作能轻松完成，自信能力强，动作舒展优美，有力度、有节奏，动作与音乐紧密结合，充分表现动作的美感，充分体现其动作内涵、音乐韵味和个人的性格特征，充分地展示美，征服观众和评委，真正给在场所有人留下深刻印象，让大家得到美的体验。竞技健美操作为一种艺术性的体育竞赛项目，其对艺术性独特的要求使它的创编更加复杂，更应该遵循艺术性原则。创编时首先要注重整体结构设计的艺术性，整体结构设计合理才能产生悦人的节奏感和张弛有序、高潮迭起的美感。其次，要注意音乐选配的艺术性，与健美操的结构相吻合的音乐往往能起到推波助澜、锦上添花的作用。最后，要注重队形动作设计的艺术性，选择更能体现出艺术美、动作美的队形，这样才能使整套操的风格更加鲜明、统一。

二、高校健美操创编的意义

（一）高校健身健美操创编的意义

1.健身健美操创编满足了科学健身的需要

高校健身健美操的创编，为高校学生健身提供了更为安全实效的方式，满足了高校学生科学健身的需要。健身健美操属于有氧运动，而有氧运动是最有利于健康的一种科学健身运动。通过健美操健身，学生的心血管系统在承受适宜负荷下，机能得到改善和提高，可以有效避免因剧烈运动引起的氧供应不足以及由心率过快导致的心血管系统负担过重。健身健美操在创编选择动作时考虑了锻炼者的安全性，这样就使关节过度屈伸等动作可能产生的潜在危险得到避免。另外，健身健美操之所以深受学生喜爱，很重要的一点是因为通过健身健美操练习，可以明显增加吸氧量，改善心肺功能，增强心肌，增加肺活量，减少心肺呼吸系统疾病。同时，骨骼肌肉的机能可以得到明显改善，骨密质增厚，骨小梁排列紧密，肌肉力量增大，血液循环量增加。可见，健身健美操提高了人体各方面的生理机能、心理机能，促进了健康。

2.健身健美操创编能够提高学生的审美能力

健身健美操这种健身方式具有全面性的特点，它融体操、舞蹈、音乐为一体，以人为审美对象，线条、形体和音乐是其审美的主要构成因素。在健身健美操的创编中，高校学生对人体线条和形体美的认识会有所提高，同时会根据不同类型的动作，选择适合的音乐，这些都可以培养学生的审美能力。另外，健身健美操本身虽具有一定的审美特征，但要构成整体的形式美，还有赖于按一定的法则进行组合。整齐一律、均衡对称、对比调和、节奏韵律、多样统一是健身健美操审美构成法则的内容，健身健美操的创编根据这些审美构成法则来进行，从而使高校学生通过健身健美操的创编对审美构成法则有深入的理解，使自身审美能力得到不断提高。

3.健身健美操创编能够让学生主动参与健身

健身健美操的创编能够提高高校学生参与健身的主动性，这主要体现在两方面。一方面，健身健美操创编有利于学生健身意识的树立和健身动机的激发。健身健美操动作丰富多样，节奏富于变化，是一项不断创新、不断向前发展的运动，已成为高校学生生活中的重要组成部分。对学生创编能力的培养，可以使其具备自编、自练的能力，使其更加深刻地认识健身健美操的各种健身功能，从而使其健身意识得以树立，健身动机得到激发。另一方面，健身健美操创编能够使学生保持健身的持续性。健身健美操只有坚持才能获得理想的效果。在健身健美操的练习过程中，根据时间、地点、对象的变化，不断创编新的健身健美操，使练习者在丰富多变的练习中，能够充分感受健身健美操的丰富多彩与无穷魅力，有利于其健身持续性的保持和终身体育意识的培养。

4.健身健美操创编能够提高学生的学习兴趣

健身健美操创编具有全面性和挑战性。健身健美操是在音乐的伴奏下融体育、舞蹈、音乐为一体的健身方式。健身健美操的创编者可以根据不同的对象、场地、设施选择不同风格的动作和音乐，创编不同风格、不同强度，适合不同对象、场地、设施的健身健美操，以此来吸引大量的练习者根据自身身体条件、兴趣爱好选择适合自己的健身健美操，从而大大提高练习者的学习兴趣。健身健美操的创编是一件很具挑战性的工作，在创编健身健美操的过程中，创编的各个元素总能激发创编者的创造性。这就使创编者对健身健美操创编充满兴趣，不断钻研，勇于向健身健美操创编挑战。在创编健身健美操过程中，学生可以找到更多的乐趣，从而大大提高他们学习健身健美操的兴趣。

5.健身健美操创编能够展示学生的综合能力

健身健美操成套动作的创编要达到很高的质量，就要在形态、动作、造型、线条、色彩、队形、音乐等各个方面追求完美。创编既是脑力劳动，也是体力劳动，是一种艺术的创造。创编能力不仅是学生专业水平的反映，也是他们文化、智力、音乐、舞蹈、美术、雕塑等其他领域的修养与水平的反映。只有具备了这些领域的知识和修养，才能成为一名优秀的创编者，才能创编出优秀的、令人满意的健身健美操。因此，健身健美操的创编是检验学生成果的过程，能够展示学生的综合能力。

6.健身健美操创编有利于健美操的比赛和表演

健身健美操的比赛或表演要以创编为基础。不论是个人项目还是集体项目，都必须以成套动作的形式出现。这就要求创编者在比赛和表演前，根据参赛对象、场地、设施等具体情况，按照规则的要求，遵循创编规律，创编出适用于比赛或表演的健身健美操。为了使健身健美操表演和比赛更加精彩，使健身健美操具有独特的风格，以吸引裁判和观众的注意力，创编健身健美操要新颖独特、别具风格。因此，健身健美操创编增加了比赛和表演的自由度，为健美操的比赛和表演奠定了基础。

（二）高校竞技健美操创编的意义

高校竞技健美操的创编有着重要的意义，在一定程度上决定着竞技健美操成绩的优劣。

1.高校竞技健美操创编是一种重要的训练手段

竞技健美操的训练非常重要，也包含着丰富的内容，如体能训练包括专项耐力（心肺功能）、爆发力、柔韧、平衡能力、灵敏、协调性等训练；成套内容训练包括操化动作、难度动作、过渡连接动作、特殊动作、动力性配合、托举等训练；心理训练包括变化环境、模拟比赛、集中注意力、批评与鼓励等训练；表现与特殊动作训练包括动作的表现（动作的韵律、动作的风格、动作的幅度、动作的方位、肢体的协调配合等）和面部的表现（表情肌的变化、眼神等）训练。从这些训练内容来看，动作是训练的前提，而合理、恰当的编排能够丰富训练内容，帮助练习者准确地把握训练内容，从而提高训练效果，尽可能地接近训练目的。从这一层面上讲，创编就是竞技健美操训练的前提。因此，仅针对健美操训练内容进行设计与安排还不能实现科学训练，而应把所有的训练内容创造性地编排在一起，科学地进行分类与加工，这样才能为竞技健美操总体训练水平的提高提供思路。

竞技健美操的训练是一个系统工程，包括入门期、成长期和成熟期三个时期的系统训练，三个不同时期都应该有不同的训练内容，包括基础训练阶段、提高阶段、巩固稳定阶段、比赛阶段四个部分。不同的阶段采用不同的训练内容是运动员成长的基础。合理、恰当的动作编排是使各个时期及各阶段有机联系的重要因素与手段之一，只有这样，才能科学、有效地建立竞技健美操的训练系统。竞技健美操运动员竞技能力包括技能、体能、心理能力、智能等，其中运动员技能和体能的提高，依赖于动作的编排，同时竞技健美操规则对动作的编排也有特殊的规定。依据规则的要求，按照不同时期、不同目的与不同任务创编出符合实际要求的组合、套路对提高竞技健美操运动员的竞技能力至关重要。只有这样，才能使运动员的竞技能力不断地提高。可见，合理的创编对建立运动员坚实、准确的技术与技能基础是十分重要的。

2.创编能为竞技健美操取得比赛成功提供条件

在竞赛中取得优异的成绩是竞技健美操的最终目的。竞赛活动是在对运动员完成成套动作的情况比较中进行的，每位参赛运动员必须有完整的参赛动作，对于竞技健美操比赛来说，根据规定，除了自选动作外，编排动作是必不可少的，这就决定了创编是竞赛活动所必需的。另外，为了健美操竞赛的专业性、客观性与公平性，所有健美操竞赛组织者都会对参赛的套路动作做出具体的规定，因此在对规则进行准确理解的基础上，创编出高质量的成套动作是比赛成功的关键。

第二节　高校竞技健美操创编的方法与步骤

一、高校竞技健美操的创编方法

（一）基本组合法

按照竞技健美操动作编排的原则和方法，将两个或两个以上独立的技术动作通过巧妙的结合或重组，形成新的技术动作或成套组合动作，这种方法就是基本组合法。竞技健美操的动作组合既可以是同一类型动作变化为多个不同特色风格的动作，也可以是不同类型多个单独动作进行适当重组，最后完成成套动作的编排。

（二）视频分析法

进行竞技健美操创编时，可以从视频中获得灵感，通过对比赛视频的观看和分析，取其精华，得到启发。在观看视频时，以下几点需要注意：

1. 成套结构

参看成套结构是指在参看比赛套路时，主要参看成套动作与音乐结构的关系，即音乐段落与动作段落、音乐情绪与成套情绪以及音乐高潮与动作高潮是否能有机结合。

2. 难度分配

参看难度分配是指在参看比赛套路时，主要参看成套动作中难度动作的分配规律。首先，是难度分值的分配；其次，是难度动作组别动作的选择；最后，要参看难度动作在成套动作中的位置。

3. 基本操化动作的连接

参看基本操化动作的连接是指在参看比赛套路时，主要参看成套动作中基本操化动作的连接编排，参看一个动作的结束是否是另一个动作的开始，参看他们是如何编排的。

4.过渡与连接动作的编排

参看过渡与连接动作的编排是在参看比赛套路时，主要参看过渡与连接动作的选择，新颖的过渡与连接动作会给人留下深刻的印象，同时烘托成套动作的主题表现，通过参看过渡与连接动作的编排将会给人以提示和启发，使之运用于自己成套动作的创编。

5.托举与配合的创意

参看托举与配合的创意是在参看比赛套路时，主要参看成套动作中过渡与连接的特点，参看其如何更好地体现音乐的主题，成套动作中托举与配合动作是体现成套构思、音乐主题的关键，因此托举与配合动作的创意参看对成套动作的创编有非常重要的启发作用。

（三）多向思维法

由于创造性思维需要产生不同寻常的思维结果，因此它要求人们从单向思维转向多向思维，在逆向、侧向、发散等思维辐射和转移中寻找出各种具有独创性的新设想。对多向思维能力的培养，应注意对某一问题的思考要从全局出发，提出多种思路；当思维在某一处受阻时，应善于及时变换思维走向；当久思不得其解时，可引导注意力转向其他领域，寻求新的启示；当运用通常的方法解决不了问题时，可考虑交换事物的条件、目标等因素，从不同的途径去解决问题。

（四）联想创新法

创造性思维就是善于从一个事物的思维，联想到另一个事物或几个事物的思维。发现原来以为没有联系的两个或几个事物之间的联系是其本质所在。因此，联想思维可为创造性思维起到积极的引导和铺垫作用。知识和经验越丰富，联想的广度和深度越大，越容易产生意想不到的结果。联想创新需要灵感，灵感思维是指突如其来地对事物的本质或规律的顿悟与理解以及使问题得到解决的瞬间思维形式。捕捉灵感的能力是指具有将转瞬即逝的灵感思维紧紧抓住，并及时加工成创新设想的能力。它是通过紧张深入思考的探索之后产生的思维成果，具有突发性和瞬时性特征。人们往往对灵感思维的出现没有心理准备，很容易稍纵即逝。所以，要及时记录下灵感思维的内容并适时向纵深扩大思维成果。灵感的产生与积极的思维活动、丰富的知识经验等因素有关。

（五）三维动画辅助法

用电脑三维动画技术可以辅助教练员创编竞技健美操高质量的新动作，辅助运动员加快完成目标动作的定型过程，对创编动作在训练中和比赛中出现的问题进行及时的目标反馈、重构和完善，减少运动员在创编动作探索阶段中不必要的损伤。

运用电脑三维动画技术可以建立一个标准的竞技性健美操运动员动态模型，用来虚拟创编动作，进行试探、分析、评价、反馈、修改和确定等工作，以减少创编环节中负面的人为因素的影响，使创编效率和质量进一步提高。

二、高校竞技健美操创编的步骤

（一）创编前的准备工作

①学习并理解竞赛规程、比赛规则和评分标准。

②收集相关专业书籍和音像资料，了解当前竞技健美操发展的动态和趋势。

③研究竞赛项目的特点和要求。

④了解学生运动员的个性特点、身体素质状况和竞技水平。

（二）设计总体方案

1.明确健美操的动作风格

健美操动作风格的确定要以运动员和项目的特点为根据，重点考虑运动员是何种类型（力量型、活泼型、舒展型等），音乐是何种特色（爵士乐、中国古典乐、摇滚乐、轻音乐等），舞蹈是何种素材（蒙古族舞蹈素材、武术的动作造型等）。

2.选择动作素材

动作素材源于身体各部分可形成的动作，再形成不同形式、不同类型、不同组合的系列动作。例如，头部的屈、伸、绕是基本动作，通过变换形式、方位、组合会形成很多动作，上肢、下肢和躯干动作亦是如此。

3.总体结构设计与音乐的选配

竞技健美操的总体结构设计常用的方法有两种：一种是根据创编者对健美操的整体设想，把一套操分为若干部分或若干段，如开始部分（造型或入场）、主体部分（主要以特殊要求、成套内容、时间和难度动作要求为中心分为若干段，各项特殊要求和难度动作的先后顺序根据创编者对成套健美操的起、承、转、合及高潮的考虑来安排）、结束部分（造型或退场），然后设计出各部、段的主要队形（3人和集体6人项目）或运动路线（个人混双项目），确定各部、段大体的节拍数，最后根据健美操的风格、结构长度及速度等选择与剪辑音乐。另一种是根据健美操的风格选择音乐，然后根据音乐的结构节拍数、高潮起伏等确定健美操的总体结构。总之，健美操的总体结构设计往往与音乐的选配结合起来进行，在相互制约的同时，根据需要做适当调整。

（三）分段创编动作

分段编排是把两个8拍以上的动作串联起来的动作组，使之成为一串动作，它是在总体布局与动作设计的基础上进行的，实际上是把成套动作的创编化整为零。创编成套动作时，要根据竞技健美操创编的原则，先将开始和结束部分进行重点编排，然后再根据音乐的长短、结构创编主体部分。按照方案创编动作时，创编者可根据实际情况适当地修改动作和队形，并将动作的创编过程与运动员的局部练习结合起来，即边创编边练习边修改，逐步完善成套动作。另外，创编者在创编时还要注意用速记符号做好记录，防止遗忘。

（四）练习与修改

分段创编结束后，成套动作基本成型，这时可以进行全套动作的练习，但在创编尚未完善时，要在成套动作的练习过程中从整体上检查创编的效果，即成套动作的风格是否统一，动作与音乐是否浑然一体，特殊要求和高潮的安排是否合理，队形与动作的配合是否恰当，特别是成套动作的连接是否流畅，只有在成套动作练习时才能清楚其创编的效果。检查后的修改也是十分重要的创编过程，有些调整可能是关键性的校正，有的则可能是画龙点睛。

（五）撰写文字说明与绘图

撰写文字说明与绘图主要是为长期保留、教学、研究、交流和出版使用。

第三节　高校健身健美操创编的方法与步骤

一、高校健身健美操创编的方法

高校健身健美操的创编对创编者的要求非常高，要求创编者具备人体解剖学、运动生理学、运动心理学、运动医学、现代艺术造型学、人体美学、音乐基础知识、舞蹈、体操、绘画等相关的知识，还要对美和艺术有一定的认识，具备一定的审美水平。高校健身健美操创编的方法有很多，由于健身健美操的参与者水平不同，在此主要从初级和中高级两方面对高校健身健美操创编方法进行论述。

（一）针对初级练习者的创编方法

1. 健身健美操动作素材的收集

健身健美操创编的前提之一就是动作素材的收集。要想创编出多样的健身健美操，必须拥有大量的动作素材。健身健美操素材来源于身体各部位的动作。再形成不同形式、不同类型、不同组合的系列动作。健身健美操动作素材收集法主要有观察法、记录法、视频法和实践法。

（1）观察法

观察法是指在日常生活中，创编者通过细心观察，捕捉生活中的动作信息的一种方法。例如，在创编健身健美操的时候，创编者可以观察生活中许多有趣的动作，对这些动作素材进行提炼、加工。

（2）记录法

记录法是指创编者将通过各种途径获取的健身健美操创编素材，用图画或文字的形式记录下来，如此，创编者便可完整地记录下所有素材，深刻地认识素材的内涵，从而更加合理地创编出丰富多彩的健身健美操。

（3）视频法

创编者通过观看视频来获取相关项目感性材料的方法就是视频法。它是一种获取相关项目信息简便易行的途径。初级创编者可以根据实际需要，有选择地选取视频材料来观看。

（4）实践法

实践法是指创编者亲身体验各种项目，以获取技能进行健身健美操动作创编的方法。在条件允许的情况下，这种方法比较实用，初级创编者运用这种方法能够从最深刻的技术动作中感觉刺激，并能够自如地将获取的动作素材运用到健身健美操创编中。

2.健身健美操创编元素的了解

初级创编者创编健身健美操要从认识健身健美操创编元素开始。健身健美操创编元素主要是指创编健身健美操过程中需要考虑的动作元素与音乐元素。

健身健美操的动作是指人体在空间的活动，它在健身健美操创编当中为首要因素，动作安全、科学，练习者更容易实现目标，动作优美大方，练习者可以获得愉悦，从而延缓疲劳产生。动作元素主要指关节、肢体等身体部位所处的状态（姿势），并且这些不同状态有机组织成不同的姿势动作。这些动作元素有上肢动作、躯干动作、下肢动作。其中，上肢动作包括手臂动作及其变化动作，下肢动作包括基本步伐及其变化动作。目前，国内外对健美操基本步伐的分类有许多种方法，为了便于分类研究，将健美操基本步伐分为踏步、踏并步、V字步、交叉步、移动步、开合跳、提膝跳、弹踢腿、点步、后踢腿跑、吸腿、弓步等。

音乐是声音的艺术，它作为完整的艺术形式，有着自己独特、系统、完整的表达方法与方式。健美操的动作在音乐的衬托下，更具有生命力与艺术性，可以说为健美操添上了翅膀，使健美操扩大了表现空间。在创编健身健美操之前，创编者应该加强音乐素养的培养，使自己掌握有关乐理知识，认识乐曲结构，了解音乐与动作之间的关系，加深对健美操结构的理解，懂得如何选配、处理和制作音乐等知识。培养乐感可以通过反复听音乐、数节拍、跟随音乐节拍击掌等方法来体验音乐的节奏感和韵律感，将听、说、动三者紧密结合起来，强化创编者的乐感。

3.健身健美操动作的创编方法

（1）健身健美操上肢动作创编方法

健身健美操上肢动作包括手臂动作及其变化动作。健身健美操上肢动作的创编方法包括以下几种。

①上肢动作节奏变化法。上肢动作所形成的强弱和时间间隔的关系就是上肢动作节奏。健身健美操上肢动作节奏变化法是指加快或放慢上肢动作节奏，使上肢动作不仅是一拍一动，还可以是两拍一动、两拍三动等，从而丰富健身健美操上肢动作的创编。

②上肢动作幅度变化法。上肢动作幅度是指做动作时，上肢或上肢某部分移动距离的大小。健身健美操上肢动作幅度变化法是指通过改变上肢

动作手臂屈伸的杠杆变化来调节幅度大小，创编出新的上肢动作。

③上肢动作插入法。指在一个或几个 8 拍里，在原有的两个或两个以上上肢动作中间插入新的上肢动作，以创编出更加丰富的健身健美操。

④上肢动作对称法。既是指单个上肢动作的对称性动作，也是指一个 8 拍或多个 8 拍上肢动作组合的对称性动作。

⑤上肢动作递增法。又称上肢动作"1+n"法，是指在一个或几个 8 拍里，在原有一个上肢动作的基础上，逐渐增加上肢动作的数量，从而创编出丰富多彩的健身健美操。

⑥上肢动作轨迹变化法。上肢动作轨迹是指做动作时，上肢或上肢某部分运动所经过的路线。健身健美操上肢动作轨迹变化法是指通过改变上肢动作运动轨迹，创编出新的上肢动作。

⑦ 上肢动作改变排序法。健美操上肢动作的排列顺序是指完成上肢动作时的动作先后顺序。上肢动作改变排序法是指在原有的一个或几个 8 拍动作的基础上，改变一个或几个 8 拍中上肢动作的排列顺序，从而构成新的上肢动作组合。

（2）健身健美操躯干动作创编方法

健身健美操躯干动作创编的方法包括以下几种。

①躯干动作幅度变化法。躯干动作幅度是指做动作时，躯干或躯干某部分移动距离的大小。健身健美操躯干动作幅度变化法是指通过改变躯干动作幅度，创编出新的躯干动作。

②躯干动作方向变化法。躯干动作方向是指躯干动作所面对的方向。健身健美操躯干动作方向变化法是指改变躯干所面对的方向，使躯干动作方向不是单纯地面对一个方向，而是变化多样、丰富多彩的。

③躯干动作节奏变化法。躯干动作节奏是指躯干动作所形成的强弱和时间间隔的关系。健身健美操躯干动作节奏变化法是指加快或放慢躯干动作节奏，使躯干动作不仅是一拍一动，还可以是两拍一动、两拍三动等，从而丰富健身健美操躯干动作的创编。

④躯干动作轨迹变化法。躯干动作轨迹是指做动作时，躯干或躯干某部分运动所经过的路线。健身健美操躯干动作轨迹变化法是指通过改变躯干动作运动轨迹，创编出新的躯干动作。

（3）健身健美操下肢动作创编方法

健身健美操下肢动作包括基本步伐及其变化动作。健身健美操下肢动作的创编方法包括以下几种。

①下肢动作路线变化法。下肢动作路线是指下肢动作向前、后、左、右、

斜前、斜后等方向的运动。下肢动作路线变化法是指通过改变下肢动作运动路线，从而创编出新的下肢动作。

②下肢动作幅度变化法。下肢动作幅度是指做动作时，下肢或下肢某部分移动距离的大小。健身健美操下肢动作幅度变化法是指通过改变下肢动作幅度，创编出新的下肢动作。

③下肢动作方向变化法。下肢动作方向是指下肢动作所面对的方向。健身健美操下肢动作方向变化法是指下肢带动身体改变所面对的方向，使下肢动作方向不是单纯地面对一个方向，而是变化多样、丰富多彩的。

④下肢动作轨迹变化法。下肢动作轨迹是指做动作时，下肢或下肢某部分运动所经过的路线。健身健美操下肢动作轨迹变化法是指通过改变下肢动作运动轨迹，创编出新的下肢动作。

⑤下肢动作对称法。主要是指一个或多个 8 拍下肢动作组合的对称性动作。

⑥下肢动作改变排序法。健美操下肢动作的排列顺序是指完成下肢动作时的动作先后顺序。下肢动作改变排序法是指在原有的一个或几个 8 拍动作基础上，改变一个或几个 8 拍中下肢动作的排列顺序，从而构成新的下肢动作组合。

⑦ 下肢动作插入法。健身健美操下肢动作插入法是指在一个或几个 8 拍里，在原有的两个或两个以上下肢动作中间插入新的下肢动作，以创编出更加丰富的健身健美操。

⑧ 下肢动作节奏变化法。下肢动作节奏是指下肢动作所形成的强弱和时间间隔的关系。健身健美操下肢动作节奏变化法是指加快或放慢下肢动作节奏，使下肢动作不仅是一拍一动，还可以是两拍一动、两拍三动等，从而丰富健身健美操下肢动作的创编。

⑨ 下肢动作递增法。又称下肢动作"$1+n$"法，是指在一个或几个 8 拍里，在原有一个下肢动作的基础上，逐渐增加下肢动作的数量，从而创编出丰富多彩的健身健美操。

（4）头部、上肢、躯干、下肢动作协调配合创编方法

头部、上肢、躯干、下肢动作的协调配合是健身健美操创编中需要考虑的重要内容，只有全身各个部位协调配合，才能使创编的健身健美操更加流畅、安全，达到全面健身的目的。头部、上肢、躯干、下肢动作协调配合的创编法包括以下两种。

①符合肌肉牵张原理法。健身健美操动作要符合肌肉牵张原理，如此才能使锻炼者身体得到实效性的锻炼，达到事半功倍的效果，而不符合肌

肉牵张原理的动作，不仅锻炼效果事倍功半，而且容易造成身体的伤害。

②保持重心合理位置法。健身性和安全性原则是健身健美操创编要注意的，只有在安全的基础上才能发挥健身健美操的健身性。在健身健美操练习中，人体重心应该时刻处于合理位置，如果人体重心不稳，处于不合理位置，往往会造成人体重心失去平衡，发生伤害事故。因此，在健身健美操创编中，创编者应该充分考虑头部、上肢、躯干、下肢动作的协调配合并及时调整人体重心位置，使人体重心处于合理位置，避免伤害事故的发生。

（5）集体项目创编法

集体项目创编除了上述列出的创编方法以外，还具有以下两种方法。

①协调配合法。配合是指两名或两名以上的练习者之间的主动配合，即指动作的表演或音乐的体现是通过两名或更多练习者共同完成的，包括练习者之间的身体接触和相互交流，它是健身健美操集体项目创编的重要内容。

②队形变化法。健身健美操集体项目创编中，队形不可或缺。队形设计、编排与变化的新颖独特、布局合理，能烘托成套动作的情绪与气氛。队形变化法就是要遵循运动形式美的基本法则，充分利用场地，注意队形的纵深变化、伸缩的幅度及垂直面上不同层次的高低变化，使空间结构充实饱满，产生引人入胜的神奇效果。例如，菱形、L形、三角形、六边形、平行四边形、十字形、梯形等队形都是健身健美操队形变化应用较多的形式。

（二）针对中、高级练习者的创编方法

在健身健美操运动中，针对中、高级练习者进行创编，就是在初级创编的基础上进行内容与方法的提高。其基本创编方法有以下几种。

1.整体法

整体法是指对全套健身健美操动作的整体构思，即对一套动作的初步完整的设想。整体构思不是具体动作的创编，而是一种形象的思维活动，这种总体框架的设想确定了一套动作的风格、时间长短、强度大小、音乐的选择、动作的基本内容等，这也正是整体构思所应包括的内容。

2.分解法

分解法是指对全套健身健美操动作分部分进行创编的方法。准备部分、

基本部分、结束部分是一套完整的健身健美操的 3 个部分。其中，准备部分主要是为进入应有的运动强度做准备，防止运动损伤，同时做好锻炼的思想准备，对于准备部分，以伸拉动作为主；基本部分是锻炼的主要部分，目的是通过运动而减脂，提高人体运动的基本素质和内脏器官的机能水平，这一部分要始终保持跳的弹性，使整套动作达到高潮；结束部分的目的是使机体得到充分放松，通过降低运动负荷从而恢复到锻炼前的状态，这一部分过渡要自然，不能立即停下来。

3. 线性法

线性法是指逐渐增加新的动作元素的一种方法。与分解法相比，它针对的是更加具体的动作，是动作的逐渐积累，是健身健美操具体动作创编中最常用的一种方法。它可以是一个个具体动作元素的增加，也可以是一小节一小节动作的积累。

4. 叠加法

叠加法是指在创编健身健美操动作时，将两个或两个以上独立的技术动作通过巧妙的结合或重组，形成新的技术动作或成套组合动作。健身健美操的动作组合既可以是同一类型动作变化为多个不同特色风格的动作，也可以是不同类型多个单独动作进行适当重组，最后完成成套动作的编排。成套动作是否流畅、自然，连接与过渡动作至关重要，动作的设计要符合健身健美操的特点。成套动作不宜停顿过多，动作之间需要有间隙时，停顿最好不要超过 2 拍，不要有多余步伐，动作之间的转换必须轻松自然。

5. 递进法

递进法是单个动作编排中最常用的一种方法。它是在原有动作的基础上，为提高动作难度和动作的编排技巧而递进增加另一动作的方法，依此类推，保证每组之间连接合理顺畅，最终完成成套动作的创编。递进指的是既可以在原有动作基础上递进增加另一个动作，也可以是动作与过渡性、舞蹈等特色动作的连接，增加动作的艺术感。

6. 连接动作创编技巧法

连接设计指在成套动作编排过程中，采用多种变化把分割的各段动作连贯而和谐地串联成有机的整体。基本动作之间、基本动作与风格动作之间均要做到衔接紧凑、巧妙、流畅。连接的方法以动为主，以瞬间造型的静态动作为辅，停而不断、行而不乱，能够更加完美地体现出一套动作的完整、流畅、通顺与和谐。在分部分编排的基础上把诸段落合成整体时，不可避免地会出现段与段之间衔接的失调，这就需要加以调整，使其更紧凑、流畅。连接的方法有术语法、修饰法、转换法。

（1）术语法

根据健美操专门用语进行创编的方法，通过改变动作的关系、动作的方向以及在术语中选择合适动作等因素进行创编的一种方法。

（2）修饰法

指对一套大体已成形的健美操套路进行某些细节上的变化或改变的方法。修饰法主要修饰的部位有头部、手和脚。

（3）转换法

在原有动作基础上进行方向、面、节奏、位置、速度、强度、幅度方面变换的方法。

7. 移植法

移植法是将某一项目的技术动作移植到另一个项目中去，并通过一定的改造而获得新技术动作的方法。健身健美操的动作吸纳了迪斯科、爵士舞中许多髋部动作，它的许多动作都与其他体育项目、各艺术领域存在着相互联系与转化的关系，并形成了健美操独特的健身、艺术魅力。健身健美操成套动作中许多开始动作和结束动作的造型，就是从技巧运动、舞蹈等项目中移植而来的。为此，创编者不但要熟悉、精通专业技术知识，还应了解熟悉其他相关项目、学科的知识，力求从表面上看来完全不相关的两个项目、两个动作之间发现彼此的联系，移植、借鉴到健身健美操技术动作中。

8. 联想法

联想法就是利用感知的和已知的信息进行再创造的方法。它是指创编者根据输入的信息，在大脑的记忆库中搜寻与之相关的信息或者利用大脑记忆库中的一些信息形成与之相关信息的过程。在健身健美操创编过程中，从社交舞的配合动作联想运用到健身健美操的双人配合动作，就体现了联想法的运用。这种方法反映了创编者对动作技术技巧的广泛吸纳，实践中，各种舞蹈、体操、武术等都可作为健身健美操的动作素材，通过由此及彼的思维方式，对不同技术动作之间进行联系与想象，从而达到拓展思路并实现动作创新的目的。

9.环境灵感法

把在特定的环境中产生的灵感运用于健身健美操创编中的一种方法就是环境灵感法。当我们处在一个特殊的环境中，通过对周围人的身体、行为、动作的观察，相应的灵感和反应就会产生。这种编排方法灵活实用，但要注意对于这种方法创编出来的动作而言，再加工非常重要，一般来说，要以符合健身健美操自身的特点和原则，以具有科学性的特点为根据进行改造。

二、高校健身健美操创编的步骤

（一）创编前的准备工作

①明确创编的目的、任务、要求。
②对练习者的年龄、性别、身体状况、运动基础等情况进行了解。
③对练习时间、场地、器材设备等条件进行了解。
④学习观看有关健美操的文字资料和音像资料。

（二）制订总体方案

在了解多方面情况的基础上，制订一个健身健美操总体设计方案，并确定各要素。
①确定类别（健身、表演、竞赛）。
②确定风格（民族或爵士、优美或刚劲、活泼或刚健）。
③确定音乐（长短、节奏）。
④确定"三度"：难度（大、中、小）、长度（若干个8拍）、速度（×拍/10秒）。

（三）编排动作

遵循健身健美操的创编原则，在熟悉、理解音乐之后，按照总体方案逐节设计具体动作，使之适合总体设计方案的要求，并使所编动作与伴奏音乐和谐统一。成套动作一般按照难度由易到难、负荷由小到大的规律进行编排。开始安排一节热身运动或伸展运动，紧接着为头部、上肢、肩部、胸部、腰背部、髋部、下肢、全身、跳跃运动，最后是整理运动。各节的基本姿势和连接方法要做到统一。

（四）记写动作

记写动作与编排动作是同时进行的，在编排的过程中就要把动作记录下来。速记和图解是记写的两种方法。记写的内容和顺序如下：

①记写每节动作的名称、节数及动作的重复次数。

②绘制动作简图。简图应包括动作的开始姿势、每拍动作的主要姿势、动作路线和结束姿势。

③记写动作说明。动作说明力求简明扼要、术语正确。记写顺序是先下肢后上肢，先左边后右边，并明确写出动作的路线、方向和做法等。先写明预备姿势，再写明每拍动作的做法和结束姿势。

④记写做健美操的注意事项。

（五）练习与调整

按编排好的动作进行练习。练习时最好设计一份调查表，把各种情况记录下来，进行统计分析，这样就可以更好地对动作进行调整。

①动作的长度是否与音乐长度一致。

②动作是否与音乐的风格、高潮浑然一体。

③运动量和运动强度是否适宜。

④动作结构和顺序是否合理，并具有艺术性。

根据测试结果、练习者的反馈信息及创编者的观察研究，对动作进行适当的修改和调整，并继续进行练习检查，以求达到最佳效果。

（六）撰写文字说明与绘图

撰写文字说明与绘图是为了保留材料，以便在今后的教学研究、出版或相互交流中使用。文字说明应力求做到简明扼要、术语正确，绘图应形象逼真、方向清晰。记录时最好图文并用。

第八章 高校健美操健身效果的检查与评定实践

利用高校健美操健身除了要采取适当的方法外，还需要对所取得的健身效果进行相应的检查和评定，这样不仅有利于随时掌握学生运动健身的情况，还能以此为依据来调整运动方法，从而取得更好的健身效果。本章主要对高校健美操健身效果的检查与评定的意义、原则、内容以及自我监督体系和运动方法的制订这几方面进行阐述。

第一节 健美操健身效果检查与评定的意义与原则

一、健美操健身效果检查与评定的意义

健美操健身效果评定指通过系统的健美操锻炼后对身心所产生的影响和结果的评定，其主要体现在以下几个方面：第一，身体形态、机能的改善；第二，身体素质水平的提高；第三，某项技能技术的掌握与巩固；第四，适应环境和抵抗疾病能力的增强；第五，健康水平的提高。

健身效果的评定不仅是科学健身的重要内容之一，同时对科学健身起到积极的指导作用。每次进行完健美操的锻炼之后，都要将自己的各种生理反应和所测得的相关数据记录下来，并对这些数据进行对比，分析出其中的规律和问题，抓住主要矛盾，做出科学判断和评价。事实证明，通过对健身效果进行检查和评定，能够对健身效果有一个更全面的了解和认识，能够更好地修订、选择和完善锻炼计划的内容和方法。

二、健美操健身效果检查与评定的原则

健美操健身效果检查与评定的原则主要有四个：实用性原则、可靠性原则、简练性原则、及时性原则。

（一）实用性原则

实用性是健美操健身效果的检查与评定必须遵循的重要原则，具体来说，所选择的方法与指标一定要具有实用价值，既有利于数据的收集，又便于理解、掌握和使用。对健美操健身效果的检查与评定的方法和指标有许多种，不能随意选取并使用，而应该根据实际情况，因地制宜，有针对性地选取适合的检查与评定方法。

（二）可靠性原则

可靠性是健美操健身效果的检查与评定必须遵循的重要原则，具体来说，所用的方法、得出的结论可靠，就是可靠性原则的充分体现。可靠性原则是健美操健身效果的检查与评定的科学基石和根本保障。因此，一定要遵循这一重要原则。在进行健身效果的检查过程中，为了确保分析数据及所做出结论的可靠性，一定要高度重视受试者的机能状态、训练内容与条件、数据采集等关键环节，以保证评定的客观性与可靠性。

（三）简练性原则

这里所说的简练性原则主要是针对评定报告的内容，具体来说，就是报告所展现的内容尽可能做到逻辑清晰、简洁明了，这有利于受试者对现实状况形成一个更加直观的了解。遵循简练性原则，要求评定报告的篇幅要小且尽量避免同一数据反复出现。

（四）及时性原则

及时性原则要在评定报告结果的反馈中得到充分体现。检查和评定的结果出来之后，要尽快地反馈给受试学生和教师，如此他们就能够以此为依据，更好地认识他们所采用的健身方法及其效果，为下一阶段的健身计划提供一定的科学依据，并进行适当调整。

第二节 健美操健身效果检查与评定的具体内容

一、评定健美操锻炼效果的简易指标和方法

对健美操健身效果进行检查与评定，需要参考的简易指标主要有以下五方面，即心率、血压、肌肉力量、呼吸频率以及锻炼时间。

（一）心率（或脉搏）

心率是指心脏每分钟跳动的次数，一般情况下，正常成年人的心率为60～100次／分。测定心率通常会用听诊器，也可用其他仪器测定。在进行健美操健身过程中，往往会用脉搏次数来表示心率次数，而脉搏则可以用手在桡动脉、颈动脉和足背动脉直接测定。

对于运动强度的测定来说，心率是一项比较灵敏的指标，而对于健美操健身锻炼的效果却不大明显，因为短时间健美操健身锻炼的效果不可能通过心率表现出来。由此可以得出，心率这一测定健身效果的指标，只能应用于长期从事体育锻炼取得较明显的效果时。根据测定的结果，如果心率表现出良好的机能变化，那么就说明健美操健身锻炼的效果非常明显。

（二）血压

血压是指流动的血液对血管壁的侧压力，通常指的都是动脉血压，由于受到心动周期的变化影响，血压值也会相应地有一定的变化。动脉血压的最高值为收缩压，正常值为100～130 mmHg；最低值为舒张压，正常值为60～80 mmHg。测定血压常用的仪器主要有血压计和听诊器。

健美操健身锻炼时，血压的变化程度通常都会较大。长期坚持健美操健身锻炼，对血压变化的良好影响才能够较好地表现出来。在应用血压这一指标评定锻炼效果时，为了取得较为客观的评定结果，要注意血压变化这一特点。对于不同的人群要采取不同的测定方法。比如，对于高血压患者，要经常观察血压的变化，而对于有一定锻炼基础的学生，则多在定量负荷后测定血压，这样有利于心血管机能的综合评定。

（三）肌肉力量

肌肉收缩产生的张力就是肌肉力量。肌肉力量受到多个因素的影响，如肌肉群不同，关节角度和收缩速度不同，产生的肌肉力量也会有一定的差异性。通常情况下，人体的某一块肌肉，其肌肉力量是相对恒定的。作为评定健美操健身效果的测定指标，肌肉力量不仅可以对其肌肉群的最大肌力进行测定，还能够对身体承受一定负荷的重复次数进行有效测定。

肌肉力量是一项比较敏感的指标，通常可用于短时间健美操健身锻炼的运动效果的评定。这主要是由于短时间健美操健身锻炼后，尤其是有针对性的力量练习后，肌肉力量就会明显增加。在应用肌肉力量这一指标来评定健身效果时，由于力量练习后的第二天可能会由于身体疲劳或肌肉疼痛而影响评定效果，因此通常都会在力量练习后的几天或一周后进行健身效果评定。

（四）呼吸频率

健美操健身运动结束后，肺通气功能的变化可以通过呼吸频率的变化充分地反映出来。一般人体安静时呼吸频率为 12～16 次/分，而进行健美操运动时，则会使呼吸频率明显增加。呼吸频率的测定指标为胸廓的起伏次数。

在测定呼吸频率时，最好不要告诉受试者，或者转移受试者的注意力，否则会影响测定的效果。这主要是由于心率的因素会对呼吸频率产生较大的影响，如果直接告诉受试者测定呼吸频率，就会导致受试者有意识地控制呼吸频率。

（五）锻炼时间

这里所说的锻炼时间指在一次性锻炼过程中从活动开始到感到疲劳而停止运动的时间。通常情况下，判断疲劳程度和决定中止运动锻炼都是以健身者的主观感受为依据的。由于锻炼者自己的感受具有一定的主观性，因此在以此为主要指标时，一定要注意前后一致，以保证客观性。

对于健美操健身效果的评定，健身锻炼时间是一个比较敏感的指标。通常来说，通过短时间（两周左右）的健美操健身锻炼，运动时间就可延长。除此之外，在应用这一指标时，评定健身效果可以采取以同样的锻炼时间来记录身体的不同感受的方法。假如运动时间相同，而身体的疲劳反应程度小，那么就说明身体机能有所提高。

二、安静状态下健美操健身锻炼效果的生理评定

（一）评定健身效果的安静状态

用于评定健美操健身效果的安静状态，可大致分为平时不运动的一般安静状态和清晨起床前的安静状态两种。

1.一般安静状态

人体相对不运动的状态就是这里所说的一般安静状态，这是一种对运动效果进行评定常用的机能状态。对健美操健身效果进行评定时，需要测定某些相关的生理指标，这时候应该注意避免运动、情绪波动、疾病等因

素的影响。另外，为了避免健美操健身锻炼后恢复时间的不同对测定结果产生影响，还要求尽量不要在体育锻炼前后进行。除此之外，由于呼吸频率、血压等受心理因素影响较大，要求最好控制其影响。

2. 清晨安静状态

人体在早晨清醒、空腹、起床前的安静状态就是清晨安静状态。这种状态对于健美操健身效果的评定是最好的，主要是因为这种状态十分接近人体的基础状态，在测定身体的各种生理指标时，受内、外环境的影响因素均较小，因此能够更加客观地反映出健美操健身锻炼对人体生理机能的影响。

（二）安静状态下评定健美操健身效果的生理指标

在安静状态下，对健美操健身效果进行评定的生理指标主要有四个方面：心率、血压、肌肉体积和肺活量。

1. 心率

如果长期进行健美操健身运动后，出现安静时心率下降的情况，说明身体机能是比较好的。之所以会出现这种情况，主要是由于健美操健身锻炼增加了心脏的收缩力量，使安静时心脏每次收缩射出的血量增加，如果这时候心排血量变化不大，那么心脏每分钟收缩的次数就会减少，由此可以看出，这种变化是有利于心脏工作的。长期进行耐力训练的运动员，安静时心率为 50 ～ 60 次 / 分，最低者仅为 30 次 / 分。在安静状态下，心率会较运动锻炼时下降，与此同时，心脏的收缩功能会增强，潜力变大。但是，用安静状态下的心率来评定健美操健身效果时需要注意，这一指标仅适合于从事以有氧运动为主的人，因为进行力量和速度锻炼的人，其身体机能会提高，但安静时心跳频率并不一定下降。

2. 血压

血压不同的人，受健美操健身锻炼的影响有一定的差别。通常情况下，健美操健身之后，安静时收缩压和舒张压下降是生理机能的良好反应，血压下降充分说明健美操健身锻炼使血管弹性有所提高，使血管缓冲血压变化的能力有所增强。另外，血压较低的人进行健美操健身锻炼会较好地增加血压，增强心脏收缩力量。由此可见，健美操健身锻炼能够有效调节血压。

3.肌肉体积

肌肉体积是用来评定健美操健身效果的运动系统的主要指标。实践证明，经过一段时间的健美操健身锻炼之后，肌肉体积增大就表示健美操健身锻炼有利于肌肉的生长发育。肌肉体积的变化可以通过臂围和腿围这两个指标的测定得出。但是，由于健美操健身锻炼会使皮下脂肪含量减少，可能会导致测得的肌肉体积增加不明显。因此，为了取得更加理想的评定效果，在运用肌肉体积进行健美操健身效果评定时，还需要同时对体重、臂围和肌肉力量等指标的变化进行测定，从而进行综合评定。

4.肺活量

肺活量主要是用来评定肺通气功能变化的一项理想指标。健美操健身锻炼之后，如果肺活量增加，就说明机体机能反应出现了适应性变化，是有利的变化。另外，还可以对胸围差进行测定，并以此为依据来评定呼吸功能的变化。一般胸围差越大，呼吸功能的潜力越大，表明体育锻炼的效果越好。

三、定量负荷时健美操健身效果的生理评定

（一）常用的定量负荷形式

安静状态下，健美操健身锻炼对身体机能的良好影响并不能完全显示出来。为了更加全面、客观地评定健美操健身效果，在评定运动效果时应施加一定的运动负荷，而且最好是活动强度不大的定量负荷。下面就介绍两种对健美操健身效果进行评定的定量负荷形式。

1.30秒20次起蹲

这是一种常用的评定健美操健身效果的定量负荷形式。具体的测定方法为：预备姿势时，要求锻炼者身体直立，呈立正姿势。听到开始口令时，以1.5 s/次的频率做起蹲动作，下蹲时膝关节呈90°，连续做20次。健身锻炼结束之后立即对受试者的脉搏、血压、呼吸频率等进行测定，并以此为依据对受试者的身体机能进行评定。另外，还可以在健身锻炼结束后的5分钟内连续测定，以恢复时间为主要依据对运动效果进行评定。

2.习惯的体育锻炼方式

健美操健身锻炼者可以通过选择常用的运动方式来评定健身效果，如

长跑者可以在规定的时间内跑 3000 米，健美操爱好者以一套健美操为单位等，锻炼后对受试者的各项身体机能进行评定。需要注意的是，运动负荷要适宜，不能过大也不能过小，一般以自己最大能力的 60% 为宜。另外，不同时期的运动强度应该是一致的，否则就失去定量负荷的意义了。

（二）定量负荷时评定健美操健身效果的生理指标

定量负荷时，对健美操健身效果进行评定的指标主要有四个：心率、血压、肺通气量、恢复时间。

1.心率

在完成定量负荷时，相对不参加健美操健身锻炼的人来说，长期进行健美操健身锻炼人的心率的增加幅度要小。究其原因，主要有两个方面：一方面，由于经常进行健美操健身锻炼，身体机能会提高，在完成定量负荷时，定量负荷对身体机能的影响相对较小，从而导致心脏本身的反应变小；另一方面，经常进行健美操健身锻炼的人主要靠增加每搏输出量适应肌肉工作，而没有体育锻炼习惯的人则主要靠增加心率适应肌肉工作，而心率的过分增加反而会使心排血量下降。由此可见，定量负荷后心率下降充分体现出了心脏功能的提高。

2.血压

定量性运动结束之后，血压会有不同的反应，其中体现出最好健身效果的是：收缩压高，舒张压下降，脉压增加。具体来说，收缩压升高，就表示心脏收缩力量增加；舒张压下降，就表示外周阻力减少；脉压增加，就说明运动后流向肌肉等外周组织的血流量增加。另外，如果定量性运动结束之后，收缩压、舒张压都上升，但脉压升高，也能够表示心血管机能提高，但若出现脉压下降，则说明身体机能较差。

3.肺通气量

通过一定的健美操健身锻炼之后，完成同样的运动负荷时，肺通气量通常是不变或下降的，这充分说明健身锻炼使身体机能有了一定程度的提高。在进行定量负荷后，身体出现了机能节省化。具体来说，就是用比以前小的机能反应就能完成同样强度的工作，而且身体机能提高后，在完成一定运动负荷时，能够使呼吸深度明显增加，呼吸频率也会适度增加。

4.恢复时间

完成定量运动负荷后，各项生理指标的恢复速度明显增加，这是健美操健身锻炼提高人体生理机能的另一个重要表现。对健美操健身效果进行评定时，可选择心率、血压等简单的指标。如果经过一段时间的健美操健身锻炼后，恢复时间缩短，那就说明健美操健身锻炼能够使人体的生理机能得到有效提高。

第三节　自我监督体系在健美操运动中的实施

所谓健美操运动的自我监督，就是指在健美操锻炼时对自己的身体健康和身体机能进行自我观察的一种方法。自我监督能够使运动性损伤得到预防，体质得到增强，练习者的健康状况和锻炼效果得到有效保证。除此之外，它还能够用于自我评定运动负荷大小。

通常情况下，自我监督的内容主要包括两个方面：自我感觉、自我监测与自我评价。

一、自我感觉

所谓自我感觉就是主观感觉，主要包括五个方面：一般感觉、睡眠、练习心情、食欲、排汗量。这五个方面可以在一定程度上反映自我感觉的情况。

（一）一般感觉

一般感觉可以分为两种情况：良好感觉和不良感觉。良好的感觉是精神饱满、心情愉快、锻炼积极性高，即使锻炼中稍有疲劳或者肌肉有酸痛感，休息后很快就能恢复。不良感觉主要指锻炼过程中出现的精神不振、头痛、疲倦、恶心等症状。通常情况下，导致不良感觉出现的原因可能是身体不适应或准备活动不充分，应及时调整运动量。如果持续时间过长，应立即停止运动并向医生请教补救措施。

（二）睡眠

睡眠质量在很大程度上反映了自我感觉的状况。如果睡眠好、入睡快、梦少、不易惊醒、晨起精神饱满，就表示运动量适度，可继续进行健身锻炼；如果出现嗜睡、清晨起床后头晕脑涨、四肢酸软无力等症状，就表示运动量过大，应该适当调整运动量，严重者应立即停止锻炼。适宜地进行健美操健身锻炼，对于睡眠有很好的调节作用，良好的睡眠又对运动后疲劳的恢复非常有帮助。

（三）练习心情

练习时的心情状况就是所谓的练习心情，它也能够反映自我感觉的情况。如果心情愉快、精力充沛、渴望并乐意参加锻炼，就表示运动量适度，可以继续进行健身锻炼；如果锻炼后出现精神不振，对练习不感兴趣、冷淡或厌倦，并且有可能出现疲劳，那么就可能由于练习时间过长，或者练习方法不当，这时候就应该立即停止健身锻炼，以消除疲劳。

（四）食欲

通常情况下，健身锻炼之后的食欲都较好，这主要是由于运动消耗能量较多。需要注意的是，运动后半小时内不要进食，可适量补充水分。食欲的情况可在一定程度上反映健身效果的情况。食欲良好，表示运动量适宜，可以继续进行锻炼；如果锻炼前后的食欲无变化，有可能是运动量不足，应该适当加大运动量；如果出现食欲减退或厌食等情况，表示运动负荷过大，应该适当减少运动量，并注意循序渐进地进行锻炼。

（五）排汗量

进行健美操健身锻炼时，排汗量的多少受多方面的影响，如运动负荷、训练水平、饮水量、气温、衣着的多少等。另外，还与神经系统的状态和肾的功能状况密切相关。肾虚往往排汗量较多。排除这一情况后，如果健身锻炼时排汗量较大，甚至出现夜间盗汗等反常现象，则说明近期运动量可能过大或身体功能不良，应该适当调整运动强度和练习时间，合理休息。

二、自我监测与自我评价

用一些简单、快捷并科学的方法进行自我监督与检查，就是自我监测。在健美操健身锻炼中，能够对人体机能状况进行客观反映的指标主要有两种：脉搏、体重。具体可以通过这两方面的监测来评定健身效果。

（一）脉搏

脉搏会受到训练水平的影响。通常来说，经常参加健美操健身锻炼的人，安静时的脉搏较慢；间断地或很少参加锻炼的人脉搏较快。如果训练水平提高或下降，那么脉搏会受此影响而发生相应的变化。

在通过脉搏来进行自我监测时，通常都是选清晨卧位安静时的脉搏。这主要是由于清晨卧位脉搏能够较为客观、准确地反映身体机能状况。如果清晨卧位脉搏下降或不变，则说明身体机能良好，有潜力；若每分钟增加 12 次以上，说明机体反应不良，可能与睡眠不好或疾病有关，必须及时处理。

一般来说，都是通过清晨卧位脉搏的测量来计算心率的。测量清晨卧位脉搏时，一般记录 10 秒钟的脉搏数值。需要注意的是，脉搏数值要稳定，即连续两次测量的数值是一样的，否则重测，然后再以此为依据来计算出每分钟的心率。除此之外，运动前、运动中、运动后的心率或脉搏也能够作为自我监测健身效果的重要指标。

脉搏最简便的测量方法是自己测量。具体的测量方法为：在未运动前先测量 10 秒的安静脉搏次数。然后在有氧运动结束时，测量手腕部桡动脉 10 秒内跳动的次数，再乘以 6，计算出运动中每分钟的心率或脉率。这也可以用来推算运动中的心率或脉率，还可以结合自己的年龄，并对照下面运动强度与心率对照表，对自己运动中的心率是否在中等强度的有氧运动心率范围内进行相应的评定（表 8-1）。

表 8-1　身体活动分级标准

运动强度	很轻	轻	中等	重	很重	极重
心率或脉搏次数 / 分钟	<80	80～100	101～120	121～140	141～160	161～180

（二）体重

自我监测体重时，可以选择每周测量体重 1～2 次，每次测量应在一天的同一时间内（最好是早晨进行）的方法。测量时为避免受到外界条件的影响而出现误差，应做到空腹，排空大小便，并穿内衣裤进行。测量完成后，如果出现依照"进行性下降"并伴有其他异常征兆，就说明可能是过度训练或患有慢性消耗性疾病，应详细查出原因。

参加系统的健美操健身锻炼后，体重的变化情况可以大致分为以下三个阶段。第一阶段：体重呈现出逐渐下降的趋势，这主要是由于机体失去过多的水分和脂肪造成的。这个阶段的持续时间为 3～4 周或更长时间，体重会出现下降，一般为 2～3 千克。

第二阶段：这一阶段的体重较为稳定，运动后减轻的体重完全恢复，持续时间一般为 5 ～ 6 周以上。

第三阶段：这一阶段的体重有所增加并保持在一定水平上，这主要是由于肌肉等组织逐渐发达造成的。

第四节 健美操运动处方的制订研究

一、健美操运动处方的制订原则

（一）科学性原则

制订健美操健身运动处方的前提条件主要有以下几个方面：首先，必须与人体的生理和心理特点相符；其次，运动处方中的运动目的、时间、强度等要与处方对象的身体特点相符；最后，要充分体现健身的要求。

（二）区别对待原则

健美操健身运动处方的制订并不是对于每个人都适用的。因此，在制订健美操运动处方时，一定要详细分析每一个人的具体情况，因人而异，区别对待。其主要原因是每一个锻炼者的身体条件不相同，不可能预先准备好适应各种情况的处方，而且每个人的身体或客观条件都是在不断变化着的，因此要遵循区别对待原则。

（三）调整性原则

在运动处方使用一段时间后，为了达到更加适应和提高锻炼水平的目的，要以锻炼者适应的情况和体质状况进行及时调整，这就是所谓的调整性原则。例如，如果在选择某套健美操动作为运动内容时，自己的健身水平逐渐提高，那么就应该根据自己的水平增加难度，或者提高运动负荷。

（四）持之以恒和渐进性原则

从生理学的角度看，尽管所进行的健美操健身锻炼是科学的，但若锻炼者不喜欢或者锻炼难以持久，就不能得到真正的效果。需要注意的是，人体对反复持久的运动有一个适应过程，只有适应能力逐渐增加，才能够达到使体质逐渐增强的目的。因此，在制订健美操运动处方时，一定要遵循持之以恒和渐进性原则。

（五）有效性和安全性原则

要想提高健美操的健身效果，必须要求运动处方中的运动强度和运动量的安排能有效地刺激机体，安排的内容要科学、合理。另外，有效界限和安全界限也要有明确的认识。有效界限是指最低锻炼效果的运动负荷；安全界限是指参加者在保证不会出现意外的情况下所承受的最大运动负荷。由此可见，运动处方的制订要遵循有效性和安全性原则，即运动处方的制订要在有效界限至安全界限这个范围内。

二、健美操运动处方的制订方法

制订健美操运动处方的步骤主要包括三个方面：健康调查与评价、运动试验、体质测试。

（一）健康调查与评价

了解参加锻炼者或病人的基本健康状况和运动情况，是健康调查与评价的主要目的。具体来说，健康调查的内容主要包括以下几个方面。

1.询问病史及健康状况

锻炼者的病史主要包括既往病史、现有疾病、家族史。健康状况主要包括身高、体重、目前的健康状况、疾病的诊断和治疗情况。

2.了解运动史

锻炼者的运动史主要包括运动爱好和特长、参加锻炼者或患者的运动经历、目前的运动情况（是否经常参加锻炼、运动项目、运动时间、运动量、运动中和运动后的身体反应等）、在运动中是否发生过运动损伤等。

3.了解运动目的

对锻炼者运动目的的了解主要包括了解参加锻炼者或患者的健身或康复目的、对通过运动来改善健康状况的期望等。

4.了解社会环境条件

对锻炼者社会环境条件的了解主要包括了解参加锻炼者或患者的生活条件、基本的经济状况、工作环境、有无健身和康复指导、可利用的运动设施和条件等。

对以上四个方面内容进行调查和了解的主要目的是对受试者的健康状

况做出初步评价，并以此为依据对锻炼者的身体健康状况、精神状态、社会适应能力、锻炼动机等进行评定。

（二）运动试验

评定心脏功能、制订健身处方的主要方法和重要依据就是运动试验。检查的目的和被检查者的具体情况是选择适当的运动试验方法的重要依据。运动试验并不是在任何时候都适用的，其主要的使用范围如下。

①以此为依据制订健身处方，并且提高健身处方实施中的安全性。

②对体力活动能力进行评定。

③对心脏的功能状况进行评定。

④冠心病的早期诊断及对冠心病的严重程度和心瓣膜疾病功能进行评定。

⑤发现运动诱发的心律失常，具有较高的检出率。

⑥重复性较好，主要用来评定康复治疗效果。

目前，逐级递增运动负荷的方法是最常用的运动试验，具体的测定手段主要有跑台和功率自行车。

（三）体质测试

选择运动项目、运动强度、运动密度，制订科学有效的运动处方的主要依据，就是体质测试。体质测试的内容主要包括四个方面：运动系统测试、心血管系统测试、呼吸系统测试和有氧耐力测试。

1.运动系统测试

运动系统测试的主要内容是肌肉力量的测试。测试肌肉力量的方法主要有两种：手法肌力测试和围度测试。

（1）手法肌力测试

这是最早应用的测试肌肉力量的方法。其具体的测试方法为：让受测试者在适当的位置，肌肉做最大的收缩，使关节远端做自下向上的运动，同时由测试者施加阻力或助力，观察其对抗地心引力或阻力的情况。

（2）围度测试

以肌肉力量的大小与肌肉的生理横断面有关的生理常识为主要依据来测试肌肉力量的方法，就是围度测试。通过对肢体的围度进行测试，可以达到间接了解肌肉状况的目的。围度测试的常用指标主要有以下几个：前臂围度、上臂围度、髋骨上 5 cm 的围度、髋骨上 10 cm 的围度、大腿围度、小腿围度等。

2. 心血管系统测试

测试心血管系统的内容主要包括两个方面：一个是静态检查，另一个是动态检查。测试心血管系统常用的指标主要有以下几种：心率、血压、心电图等。通过心血管系统测试，能够使人体心脏功能得到充分反映，并且较好地指导运动处方的制订。

3. 呼吸系统测试

呼吸系统测试的内容主要包括以下几个方面：屏气试验、通气功能检查、肺活量测定、呼出气体分析、日常生活能力评定等。

4. 有氧耐力测试

测验全身耐力的运动方式是有氧运动，具体来说主要包括三种方式：走、跑、游泳。目前，定运动时间的耐力跑（如 12 分钟跑测验）和定运动距离的耐力跑（如 2400 米跑和 3000 米跑）是采用较多的。

通过以上四个方面的测试，能够充分了解受试者的健康状况、体力水平和运动能力等，并且可以以此为主要依据，制订出有针对性的、较为可行的健美操运动处方。

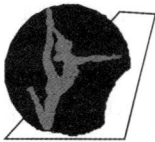

第九章　高校健美操发展研究

当今世界健美操运动发展非常迅速，我们该如何在发展的大潮中，找到符合我国高校健美操运动的发展方向，成为许多学者关注的问题。只有通过对我国高校当前健美操发展进程的认真分析，同时结合不同种类健美操在高校的发展形势，才能找到我国高校健美操持续发展的方向，才能让我国的高校健美操运动保持强大的生命力。

第一节　高校健美操开展的意义

一、健美操运动的意义

健美操作为一项集健身、表演、竞技、娱乐于一身的新兴体育运动项目，深受广大群众的喜爱。随着社会经济的不断发展，人们的生活水平也得到了很大的提高。随之带来的是人们对健康、休闲、娱乐需求的不断扩大，要求也越来越高。人们对体育运动越来越重视，并从心态上发生了本质的变化，从以前的被动接受逐渐转变为主动参与。而这一条件也促使健美操运动的地位不断提升，人们开始积极参与健美操运动，体会健美操运动带来的快乐和健康。同时随着健身思想不断深入人心，健美操运动已经成为人们平时健身的主要项目之一，是大众健身中的一个重要组成部分。许多学校也将健美操运动纳入体育健康教学的计划中，使专业的健美操知识在学校得到很好的发展，培养了一大批健美操运动的后备人才。健美操运动在我国的体育健身事业中发挥着重要作用，并且具有的发展意义是非常深远的。

二、健美操运动丰富了校园文化生活

体育几乎是伴随着人类社会文明的出现而产生的，它在人类社会文化

发展历程中起着至关重要的作用。现代社会，体育健身已经成为人们业余时间的主要活动，它可以帮助参与者达到强身健体、娱乐身心、促进交流的目的。而随着我国健美操运动的快速发展，它在人们生活中的普及度越来越高，并且越来越多的专业健美操比赛也出现在人们生活中。而在高校，健美操运动也不仅仅是以教学的形式出现。其独特的表演性，使得它在高校的校园文化活动中站稳了脚跟。不管是重大的学校文化活动，还是学校比赛，都会看到优美、快乐的健美操表演。而且随着高校健美操运动发展的不断深入，一些高校间的健美操比赛也受到了广大学生的青睐。学生为了准备比赛或表演，会付出一定的时间和精力，但这也是健身和娱乐的过程，同时表演又满足了学生的自我表现欲望，达到了娱乐身心的目的。对观众来讲，观看比赛和表演本身就是一种娱乐欣赏行为。在表演过程中，学生运用精湛的健美操技艺，充分展现了健美操运动的特点。这也吸引着更多的人参与到健美操运动中来，使得学生的校园文化生活变得更加丰富多彩。

三、健美操运动能塑造学生体形

我们通常可以将"形体"分为姿态和体形两个部分。其中姿态多受后天因素的影响，也就是我们平时所表现出来的行为习惯。而体形则是我们身体的外形，在长时间的体育锻炼过程中，我们可以使体形外貌得到一定的改善，但无法代替遗传因素对其所起的决定性作用。在健美操运动中，由于技术动作的要求和身体姿态的要求基本与我们日常生活中的状态相一致，因此，学生可以通过长期的健美操训练来改善自己的不良身体状态，形成优美的体态。在日常生活中表现出一种良好的气质与修养，给人以朝气蓬勃、健康向上的感觉。而健美操运动还可以在已有基础上，使学生的体形更加健美。尤其是在健美操运动的力量练习中，可以帮助学生增粗骨骼，增大肌肉的围度，使一些先天的体形缺陷得到弥补，帮助学生锻炼出健美匀称的体形。同时，由于健美操运动是一种很好的有氧健身运动，因此长期进行健美操练习可以有效消除学生体内和体表的多余脂肪，维持人体吸收与消耗的平衡，降低体重，保持健美的体形。

四、健美操运动能促进学生的心理健康

现在我国高校学生的学习压力越来越大，加上即将步入社会，面对更加激烈的社会竞争，许多大学生精神压力过大，因而造成焦躁、抑郁等不良的心理状态，许多学生还由于这些精神压力引发各种心理疾病。而体育运动是一种很好的舒缓压力的方式，它可以有效地预防各种疾病的发生，

缓解精神压力。健美操在这方面的功能更加突出，它以动作优美、协调、锻炼身体全面，同时有节奏强烈的音乐伴奏的特点而成为一种舒缓精神压力的有效方法。学生可以在轻松优美的健美操运动中，忘掉那些失意和令人心情压抑的事情，而将注意力转移到享受健美操运动带来的欢乐中来，使自己的内心得以安宁，缓解精神压力，用更强的活力和最佳的心态去迎接生活。另外，学生在健美操运动中还可以增加自己的人际交往。这在高校生活中非常重要，它不仅可以使学生之间培养出更多的友谊，还可以在广泛的交流中找到正确的心态，去面对高校生活中的压力，轻松地生活。所以，健美操锻炼不仅能强身健体，还具有娱乐功能，使人在锻炼中得到精神享受，满足人们的心理需要。

第二节　高校竞技健美操的发展研究

一、高校竞技健美操的发展现状

我国的许多高等体育院校已经将竞技健美操作为健美操专项和选修课程进行开展，并且这个课程在许多非体育高校中也迅速被开展起来。可以说，高校是竞技健美操发展的起源。经过多年发展，中国大学生体育协会健美操艺术体操分会渐具规模。比赛规模、评判、教练员、运动员等的管理办法相继出台，并根据大学生的自身状况和特点制定了相应的等级动作，对普及健美操运动和提高大学生的技术水平以及丰富校园文化具有重要意义。

竞技健美操进入高校体育课程之后，大多是以选修课的形式出现。这也使得竞技健美操在高校中的整体现状是：虽然在教学的专业性上得不到系统的保证，但高校学生的学习热情以及教师教学改革的积极性都很高。

二、高校竞技健美操的发展趋势

（一）动作方面

1. 动作难度

从某种意义上来说，竞技性健美操技术的发展是以其规则的发展为动力的。新难度动作是规则要求的产物，也是健美操运动发展到一定时期的必然结果，也是竞技性健美操比赛中取胜的基础。难度动作是大学生竞技健美操运动员综合素质的体现，只有其素质能力达到一定水平后，才能选择与其相适应的动作。而难度动作的发展，重点考虑的就是一个"新"字，要在规则允许的情况下大胆创新，做到动作的与众不同、多样化和出人意料。在难度动作的选择上，大学生应做到全方位，既有上肢力量动作，又有下肢和腰腹力量动作；既有静力性力量、柔韧性动作，又有动力性力量、柔韧性动作。只有这样才能符合当今高校竞技健美操的发展要求。

2.动作连接

在竞技性健美操的动作创新中，动作连接的巧妙、流畅是今后发展的大方向。在竞技健美操难度动作发展到一定高度和水平时，新的技术动作连接方法就会显现出巨大的意义。在竞技健美操中，技术动作的连接不同，所表现出的效果也会有一定差异，一个较好的动作连接可以起到事半功倍的作用。高校学生在创编健美操时，虽然主要动作都是一样的，但由于连接的不同，却能取得不同的效果，同时又能提高该动作的难度价值。

3.动作配合

在高校竞技性健美操中，主要的形式是团队竞技健美操，它需要通过2人、3人或6人的巧妙配合，才能完成整套健美操动作。只有巧妙、完美和高难度的配合才能给观众、裁判留下深刻的印象。因而，高校竞技健美操运动员在训练和比赛中，配合动作的设计要符合各自特点，扬长避短，动作的配合要有默契。高校学生运动员之间要构成一个有机的整体，而不能是单个动作的独自完成，配合动作要干净利落、连接流畅、过渡自然。

（二）音乐方面

作为健美操运动的灵魂，良好的配乐是取得健美操比赛胜利的重要因素。当前，音乐与动作配合及音乐的新颖性是高校竞技健美操发展的主要特征和趋势之一。就发展趋势来看，单靠曲调设计动作，已经无法满足当今竞技健美操创编的需要了。高校运动竞技健美操的创编，需要专业的人才根据其动作特点、运动员的个性，制作出新颖、独特、动人、符合竞赛规则的音乐。只有制作出优质的音乐，才能使健美操的动作、风格和音乐浑然一体，才能更加完美地突出竞技健美操的特点。

三、高校竞技健美操的创新

高校竞技健美操动作的创新是高校竞技健美操运动发展的基本要求，也是根本手段。以下将从高校竞技健美操创新的原则与基础，高校竞技健美操动作创新的能力和方法两方面来进行阐述。

（一）高校竞技健美操创新的原则与基础

1.高校竞技健美操创新的原则

高校竞技健美操的创新原则是以创新活动的客观规律为依据来确定的。它反映了创新活动的客观规律，是对创新实践经验的总结，对创新实践具有普遍的指导意义。因此，根据实际需要，在训练中正确地贯彻与运用创新的各种原则十分必要。

（1）科学性原则

在高校竞技健美操动作创新中，首先要考虑的就是人体运动的科学性，在动作创新过程中，必须严格以人体运动的生理解剖规律、运动负荷曲线为依据来进行创编。并且要以此为依据选择创新的方法、形式、内容和技巧，提高创新动作的科学性。在高校竞技健美操动作创新中贯彻科学性原则，主要目的是防止由于创新动作违背人体生理解剖规律而造成运动损伤，或因运动负荷不合理而造成运动疲劳，为高校竞技健美操的动作创新建立最科学、最可靠、最安全的保障。

（2）竞赛性原则

通常高校竞技健美操的练习是伴随着健美操比赛而兴起的，因此如何提高大学生在竞技健美操比赛中的运动成绩，也是进行动作创新时必须考虑的问题。从竞技的角度去考虑，要对创编中的各种因素进行突出和升华。这就要求在动作创新时，要把握好动作素材的选择，必须保证其独特新颖，具有创新意识和时代气息。同时，还应该明确有关规则的具体要求，了解比赛的规模和其他参赛队的实力，为编排动作提供较全面的参考依据。这就要求高校竞技健美操在动作创新上应该遵循竞赛性原则。

（3）针对性原则

在高校竞技健美操动作创新的过程中，要有针对性地对高校学生运动员的运动水平、身体素质、形态、技术特长等特点，从及规则的改动和技术发展趋势等方面进行创新。

由于不同的大学生运动员，不管是对健美操动作的接受能力、感受能力及表现能力，还是在技术掌握和身体素质等方面都会存在一定差异，所以在进行动作创新时，应该对成套动作中难度的种类级别、操化动作的风格、连接动作的巧妙、过渡动作的新颖给予更多的重视，要有针对性地选择切合实际的创新方法和手段。

2.高校竞技健美操创新的基础

在进行高校竞技健美操动作的创新时，大学生良好的身体素质和动作技术是基础，下面用竞技健美操难度动作的强化训练来进行阐述。难度强化训练在竞技健美操运动中较为常用，它是通过将已有难度动作向更高层次提炼，对大学生掌握难度技术和身体素质方面提出更新、更高要求的训练方法。所以在进行竞技健美操动作创新时，要以不断提高现有难度动作的质量、提高难度动作技术掌握的准确性、注重完成动作时身体控制能力以及难度动作的规格为基础。

增加难度的训练是高校竞技健美操难度创新训练中的常用训练方法。增加难度的训练主要包括负重难度训练和递进负荷难度训练两种。这里应该指出的是，大学生运动员进行难度创新训练时，必须具备全面的身体素质，或以此为基础拥有某项突出的身体素质以及能够熟练、准确掌握和应用难度技术的能力。只有以此为基础，大学生才能在强化素质训练和难度技术训练中，更高质量地完成创新难度动作的学习。

作为竞技健美操创新难度训练的基础，增加难度的训练可以有效强化大学生运动员的身体素质和对难度技术的掌握。创新难度，要求大学生运动员拥有"超前性"的身体素质和技术能力，这也是对大学生运动员身体素质和技术的"拔高"，能有效考验大学生运动员的意志品质。

（1）负重难度训练

这种训练方法可以有效锻炼高校学生运动员潜在的竞技能力，可以帮助学生克服身体与物体阻力，增强肌肉力量、爆发力和弹跳力。

沙袋负重是高校竞技健美操难度创新训练中的常见负重训练方法。高校学生运动员在负重沙袋重量的选择上，要以自身力量的等级标准为依据。一般女生选择沙袋的重量不宜超过自身体重的10%，男生以15%为宜。另外，还可以根据高校学生运动员的最大力量来进行沙袋重量的选择，一般女生以最大力量的5%～10%为宜，男生可以根据实际情况而定，一般不超过最大力量的30%为宜。

在学生运动员进行难度动作训练时，高校健美操教师要对其进行严格的监控，以保证动作完成的质量，要保证学生完成的每类难度动作都达到相关规则的要求，只有这样才能真正达到负重训练的目的。例如，在进行负重分腿支撑类难度训练时，两腿负重后身体姿态应该保持屈髋分腿，夹角90°，两腿与地面平行，而不应该有任何的动作变形。每次练习时间应长于比赛要求的时间，即大于2秒。这不仅对于高校学生运动员提高身体素质和完成难度有很好的效果，还可以有效挖掘高校学生运动员潜在的竞技能力，为下一步的难度动作创新提供有利的条件。

（2）递进负荷难度训练

这是一种负荷量恒定、间歇固定、负荷强度逐渐增大的训练方法。在高校竞技健美操难度训练中，它可以有效提高学生供能系统功能，增强ATP-CP 在肌肉中的储备量，有利于提高竞技健美操高校学生运动员对机体的能量动员和有效利用，使学生能够更高质量地完成竞技健美操难度动作训练。递进负荷训练法还可以提高学生机体的耐受乳酸、消除乳酸的能力，使高校学生运动员能承受更大负荷的训练，有效地提高速度、耐力。

每次递进的负荷强度，应该控制在最大心率的 15% ～ 20%。基础负荷强度心率指标为 120 ～ 130 次 / 分，负荷时间小于 40 秒，从间歇方式慢走或放松，间歇时间为 5 ～ 6 秒，休息不充分再进行第二次递进负荷，直到高校学生运动员达到最大心率为止。通过递进负荷，可使机体的各种机能产生与各种难度练习相匹配的适应变化，强化糖酵解和 ATP-CP 供能的有效发展和提高。例如，在进行俯卧撑类难度训练时，从达到基础心率指标的俯卧撑数为 20 个做起，休息 5 ～ 6 秒，增至同样时间内完成俯卧撑 25 ～ 30 个；再休息 5 ～ 6 秒，增至 35 ～ 40 个；再休息 5 ～ 6 秒，再增至 40 ～ 45 个。直到达到最大心率为止。

（二）高校竞技健美操动作创新的能力和方法

1.高校竞技健美操动作创新的能力

竞技健美操运动在我国的形成与发展，与高校学生运动员及其健美操教师在实践中的努力创新是紧密相连的。为了高校竞技健美操运动的生存和发展，创新是必不可少的。但要想创新，就必须具备一定的创新思维能力。针对竞技健美操的动作创新，健美操教师与高校学生运动员应着重培养以下能力。

（1）思维能力

思维能力包含的内容较为丰富，如思维的广度、深度、灵活性和独立性等，它也是思维发展程度基本范畴的反映。依据思维学理论与竞技体育创新实践，可以认为想象力、多项思维能力、联想思维能力是组成高校竞技健美操创新思维能力的主要成分。

①想象力。这是对意象进行任意改变、组合、扩大和加工，最终形成新形象的能力。

可以说所有的创新都起源于人类思维的想象，丰富的联想和不断地提出质疑是产生想象的途径，而深奥、渊博的知识和实践经验是想象力的重要基础。想象力在高校竞技健美操动作创新中的作用很大。在训练场上健美操教师应该善于根据高校学生动作表现情况与相应的动作建立联系、组合加工，从而产生新的思考，创造产生新的动作。

②多向思维能力。这是一种善于从多方向、多角度思考问题和解决问题的能力，是相对于单向思维能力来说的。多向思维是通过对事物进行多角度、多层次、多方面和多方向的研究和认识，并在逆向、侧向、发散等思维辐射中进行思路的转移，最终获得各种创新的设想。在高校竞技健美操动作创新的过程中，多向思维主要用于对动作的多角度和多层次理解，对难度技术多方面的分析，对动作路线和方向的逆向、侧向和发散思考，从而为竞技健美操的动作创新提供有利条件。

③联想思维能力。是由一个事物想到另一个事物的能力。它的本质是发现原以为毫无联系的两个事物之间的联系，联想思维能力强的人能把有限的知识和经验调动起来加以利用，从而扩大创新思路。在高校竞技健美操动作创新过程中，健美操教师要善于从现有的动作中进行发散，联想到与其他项目动作的联系，为创新动作建立一个良好的思维模式。由一个动作想到多个动作，或由一类动作想到其他类动作，或从连接方式的改变想到其他项目的连接动作。这是帮助健美操教师提高联想思维能力的有效途径。另外，健美操教师也要努力抓住瞬间的灵感，要对自己思维的突发性做好心理准备，对灵感的捕捉能力也是创新能力的一个重要环节。

（2）观察能力

通常的观察就是人们通过自身的感觉器官，对外部世界的对象进行认知的过程。而观察能力则是人们在观察过程中抓住事物微小变化和本质的能力。对于创新者来说，细致的观察能力是培养良好创新能力的必备条件。这是由于观察是获得感性材料的基本方法，是寻找创新方向的前提，也是捕捉创新时机的重要途径。在高校竞技健美操动作创新领域中，观察能力主要表现在以下两个方面。

①对动作变化刺激感受的敏感性，也就是对高校学生运动员成套动作完成过程中的动作变化和技术变化灵敏的感受能力。高校竞技健美操教师应认真记录学生运动员成套动作的完成情况，要认真观察任何微小的异常现象，发现疑点，解决疑点，随时注意寻找有价值的富有启发性的线索，并联系与之相关联的动作，努力创造出新的动作。

②对各种动作具有敏锐的洞察能力，即能透过动作的表面形式变化，

认识各种动作技术本质特征的能力。高校竞技健美操教师对于任何动作的认识，不应该停留或局限于表面的动作表现形式上，而是应该深入研究动作的本质精髓。例如，同类难度动作都具有共性技术特征，而各类难度的技术差异则是各类难度的个性特征。健美操教师应该对各类难度特征有一个较为全面和深入的理解。

（3）创新设计能力

将有价值的构思变成实物并付诸实践进行检验的能力，便是创新设计能力。在现实生活中，我们可以看到很多有创意的想法，有的甚至是一些非常有价值的创意，可是这些创意大多会在缺乏完成能力或各种原因的影响下不能付诸实践，所以如何将创新完成是需要我们认真培养的一种能力。在高校竞技健美操的创新能力中，创新设计能力是健美操教师非常重要的一种能力，它主要包括高校学生运动员的实际能力、健美操教师的组织和实施能力。

①高校学生运动员的实际能力。高校学生运动员的实际水平能否完成教师构思出的新难度级别或类型的动作的能力，就是高校学生运动员的实际能力。其内容主要包括高校学生运动员的身体素质和难度技术水平以及心理素质等。因此，健美操教师在进行动作创新时，一定要对高校学生运动员的实际能力进行充分考虑，否则竞技健美操的难度设计只能是一个空想。

②健美操教师的组织和实施能力。高校竞技健美操的创新动作是否符合学生的运动生理负荷规律和人体运动解剖学规律，需要健美操教师进行实际的应用和检验。另外，健美操教师还应该采用相应的训练方法和手段，为高校学生运动员掌握新的动作打下必备的心理、身体和技术基础。

（4）预见能力

预见能力是以客观事物的已知因素及其发展变化的规律为根本依据，凭借个人学识与逻辑思维能力来推断未来的一种能力。在高校竞技健美操动作创新的过程中，预见能力主要体现在以下两个方面。

①预见动作发展趋势。在高校竞技健美操中，动作的形式逐渐向着变化的多样化、动作组合的复杂化、连接逐渐深入巧妙化、过渡渐进新颖化、对空间利用合理化、难度全面化、成套动作的价值日益提高的方向发展。这也使现在的高校竞技健美操对动作的艺术体现和完成质量越来越重视。因此，健美操教师应该从动作发展的这几个方面进行设计和创新。

②预见高校学生运动员的潜在竞技能力。健美操教师应该充分利用高校学生运动员本身对创新的心理需要，或想要突破当前难度动作的意识，

来进行积极的动作创新。当高校学生运动员对现有难度动作已经掌握或身体素质已经超越现有难度所体现的竞技能力时，健美操教师就应该提前对这种潜在的能力有所预测和推断，并着手新的竞技健美操动作的创新。

2.高校竞技健美操动作创新的方法

高校教师在进行竞技健美操动作创新时，一定要掌握相关的动作创新方法。要学会对创新理论的一般创新方法进行总结，并以健美操自身的技术特征为基础，运用正确的动作创新手段进行竞技健美操动作的创新。在进行高校竞技健美操动作创新时，用到的方法主要有递进创新法、逆向创新法、移植创新法和组合创新法。

（1）递进创新法

递进创新法是在不改变原健美操技术动作的基础上，在其内容或形式上进行一定程度的递加或递减，来获得新的技术动作。递进创新法并不是一种变革性的创新方法。在高校竞技健美操动作创新中，以下两种递进创新法较为常用。

①数量递加法。这种方法就是在原有动作的基础上，不改变动作的性质，只增加动作数量的创新方法。在高校竞技健美操难度动作创新中，对于一些纯转体难度动作或含有转体的复合难度动作较为适用。例如，转体720°是转体360°的数量递加创新的结果。

②数量递减法。这种方法也是在原有的动作技术创新的基础上，不改变动作的性质，只减少动作数量的一种创新方法。难度创新中主要用于支撑或俯卧撑类的难度动作，是在原有动作的基础上减少支撑部位以充分体现高校学生运动员的力量优势。例如，两点俯卧撑就是三点俯卧撑减少支撑点的创新难度动作，单臂直角支撑是以直角支撑为基础创新而来的。

（2）逆向创新法

逆向创新法是一种运用创造性思维的创新方法，它是从相反的方向对现有技术、动作的组成原理、功能特性、结构形态等方面来提出问题、思考问题、最终解决问题的方法。采用逆向创新法，可以开阔人们的思路。在进行高校竞技健美操动作创新的过程中，逆向法起着重要的作用。其中常用的逆向创新法有以下两种。

①动作方向的逆向。是指找出与现有动作方向相反的动作形式，以此来进行动作创新的方法。例如，依柳辛难度动作的反向难度就成为反依柳辛，前跨跳动作的反向难度就成为反跨跳，从及前倒俯卧撑与后倒俯卧撑、

前踢腿与后踢腿等，这些都是利用动作方向的逆向创新法创造出来的难度动作。

②动作顺序的逆向。其主要针对一些复合型的动作，是将现有两个或多个动作顺序颠倒过来，获得新的技术动作的一种创新方法。例如，转体180°屈体跳，逆向改变动作顺序后的难度就成为屈体跳转体180°。

（3）移植创新法

移植创新法是将其他项目的一些运动形式或原理部分或全部地引入高校竞技健美操中来，再通过一定的改造而获得新的动作技术的创新方法。完整的竞技健美操系统与其他领域有着密切的联系，并且与体育运动内部的各项目之间、各技术体系之间也有着相互的联系，存在许多共同的特点，所以可以实现相互的转化和借鉴。在高校竞技健美操难度创新过程中，移植法是一个较为直观的动作创新方法，主要有以下两种途径。

①舞蹈类动作的移植。其实，舞蹈技术也是竞技健美操的基础，最初的健美操就来自传统的有氧健身舞，所以成套竞技健美操的构成与其他舞蹈动作有着密切的联系。因此，在高校竞技健美操的难度动作创新中，健美操教师就可以借鉴舞蹈动作进行难度创新。例如，屈体分腿跳成俯撑就是源于舞蹈动作中的分腿跳。

②难度项群动作的移植。高校竞技健美操在技能方面与一些难度项群项目也有着密切的联系。在高校竞技健美操的动作创新中也可以从中得到一些很好的借鉴。高校竞技健美操的难度动作中，很多都是直接来源于体操和艺术体操的难度动作，如依柳辛、变身跳等；也有一些是移植其他项目的难度动作后再进行加工和创造而来的，如先移植艺术体操中屈体跳动作和纵劈腿跳两个难度动作，经过改变动作方向或增添结束动作，就可以变为竞技健美操中的新的难度动作——转体180°屈体跳接俯撑、纵劈腿跳接纵劈腿落。

（4）组合创新法

组合创新法在高校竞技健美操动作创新中，是从整体的角度对动作的因素、结构、层次、功能以及方向路线进行系统和全新的选择、组合和建构，使创造性思维拓宽变广的一种动作创新方法。组合创新法要求在创造过程中要按照一定的创新意图和目的来创新，要对动作功能的发挥进行整体的考虑，并使动作要素结构变得有序化。此外，还要注重动作技术发展的需要，要求有利于高校学生运动员的学习和掌握。在竞技健美操难度创新中，难度组合创新法是最为常用的一种方法，主要有以下三个表现形式。

①同类动作组合。其是在一类具有共同特性的动作之间进行有机的转化或结合。例如，柔韧类难度中依柳辛成纵劈腿就是两个柔韧类动作组合成的难度动作。这样的组合难度具有共性特征、成功率较高、易于被高校学生运动员掌握、可创新的领域较广泛等特点。

②异类动作组合。顾名思义是将具有不同特征和技术的动作进行有机的结合。其表现出来的特点有难度大、技术动作复杂等。这种方法要求高校学生运动员能够全面掌握多种技术，并对其身体素质也提出了较高的要求。在高校竞技健美操难度创新的过程中，运用这种方法所创造出的难度动作种类非常多，而且还能突出高校学生运动员的技术和个性特征。对于一些高水平的高校学生运动员，异类难度创新非常适用。例如，跳与跃类难度与俯撑难度的组合，柔韧与变化类或与倒地类动作的组合等。

③难度与连接动作组合。完成准备性动作连接的流畅性和有效性，与完成难度动作有着密切的联系。在成功地、高质量地完成一个难度动作时，必然有一个连接动作对其进行潜在的辅助。因此，在进行高校竞技健美操的难度创新时，一定要注意与连接动作的合理组合。这样才能使创造出的难度动作与整套动作更好地融合。此外，新颖的连接动作在成套的艺术评判中也有重要的作用，所以在创新难度的同时，应把难度动作间的连接动作放在同等重要的地位，这样才能使整套动作变得更加完美。

第三节　高校健身健美操的发展研究

一、高校健身健美操的发展现状

健身健美操运动是一项充满活力和热情的新兴体育健身项目，而且健身健美操的这一特点正好与高校的青春活力所契合。1992年，我国健美操协会的成立在全国掀起了一股健身健美操热潮，各地都开始举行各种各样的健身健美操活动。这一热潮很快席卷了全国各大高校，受到了广大高校学生的喜爱。健身健美操运动也开始在高校进行有组织、有计划地发展。

近年来，随着高校课程改革的不断深入，高校健身健美操得到了更加全面的发展。高校所实行的普修和选修相结合的体育教学方式，给了学生更多的选择余地，而健身健美操运动也成为学生选择最多的项目。特别是在高校的女生群体中，健身健美操运动几乎成为她们必选的体育学习项目。

同时，随着高校健身健美操比赛的不断增多，使得高校的健身健美操运动的训练趋向专业化，许多学生的健身健美操运动水平也得到了很大的提高。而更多的高水平的健身健美操教师投入高校教学，也促进了现代高校健身健美操运动的持续高水平发展。高校健身健美操运动呈现出内容丰富、参与者众多、能力趋向专业化的发展现状。

二、高校健身健美操的发展趋势与对策

（一）高校健身健美操的发展趋势

1.高校健身健美操呈多样化发展

在高校体育课程教学安排中，健身健美操教学是其中一个重要的组成部分。目前在我国高校，健身健美操的种类和练习形式开始向着多样化的趋势发展。搏击健美操、拉丁健美操、瑜伽健美操、街舞等不同风格的健美操在高校开始流行。而这种发展趋势也顺应了学生学习需求多样化的特点，学生学习健身健美操，与其自身学习的目的有关。例如，许多学生喜欢充满活力的街舞、搏击健美操，也有许多学生喜欢较为柔美的健身操和瑜伽健美操等。

2.健身健美操随着学生健康意识的增强而不断发展

现在，知识经济的高速发展在带给我们优越的生活条件的同时，也改变了人们生产和生活的方式。其中脑力劳动增加、体力劳动减少是最为明显的一个特点。随着社会竞争的日益激烈，人们的工作和生活的压力不断增大，伴随而来的各种文明病、都市病在社会上广泛蔓延，使人们逐渐意识到身体健康对人类的重要性，人们的健身需求日趋强烈，从而也促进了社会体育的发展。体育成为满足人们肢体运动、心理调节和情感依赖的主要手段。另外，随着生活水平的不断提高，人们可以从日常开支中拿出一部分钱来投资于体育活动。人们逐渐形成了"花钱买健康"的观念，健身运动已然成为人们新的消费时尚。而这些健康观念也势必会影响当代的高校大学生，在社会和学校的双重灌输下，大学生的现代健康观念日益增强，越来越多的学生开始自觉参与到健身锻炼中来。这也在一定程度上推动了我国体育健身事业的快速发展。健身健美操作为社会体育的重要组成部分，以它独特的健身性、表演性、竞技性、娱乐性等特点，吸引着越来越多的学生参与到健身健美操的运动行列中来。因此，在这种社会大环境下，健身健美操的市场前景将更加广阔。

3.健身健美操训练的科学化程度不断提高

①如今知识信息的传播速度相当快，人们足不出户就可以获得各种各样的知识和信息。而这也为健身健美操知识的传播和普及创造了良好的条件，并且与国际健身健美操的发展保持同步。

②越来越多的科学训练手段为高校学生健身健美操的练习效果提供了保障。对不同学生群体体质的测定和最佳锻炼心率范围的研究，可帮助学生制定科学有效的运动方法。学生采用不科学的练习方法，不仅起不到良好的锻炼效果，而且极有可能引起运动损伤。因此，只有遵循科学锻炼的原则，才能使学生达到健身健美操锻炼的真正目的。

③健身健美操的发展离不开科学化的理论知识和训练方法。随着现代科学技术的不断发展，人们不再满足于以前那些简单、单一的锻炼形式，而是寻求内容丰富多彩、形式多样化和锻炼科学化的健身方式。锻炼项目是否科学、是否能真正达到有效地锻炼身体的目的，是人们选择健身项目的一个非常重要的考虑因素。因此，只有不断提高科学化程度，健美操项目才能更好地发展。目前，一些健美操从业人士已经充分认识到了这一点，正在不断地积极探索健身健美操科学化的方法和途径，相信在今后的发展中，健身健美操的科学化水平将会不断提高。

4.市场竞争推动着健身健美操的快速发展

随着人们健康意识的不断增强，健身产业也开始快速发展，许多现代化的健身场所开始出现在各个城市。而随着健身场所的不断增多，健身市场的竞争开始加剧。现代化健身场所的经营最终要通过服务才能实现，服务质量的高低直接影响到大众健身的质量和经营者的经济效益，同时，也必将影响健身市场的兴衰。所以，为健身消费者提供及时、优质、高效的服务，从而达到健身者预期的健身效果，提高健身指导的服务质量，已成为推动健身俱乐部发展的至关重要的因素。而我国高校健身健美操近年来取得了快速发展，可以为其提供许多后备人才。高校健身健美操在以后的发展过程中还将与市场紧密联系，共同促进我国健身健美操的发展。

（二）高校健身健美操的发展对策

1.加强健身健美操的宣传，提高健身健美操运动的普及程度

几十年来，我国健身健美操运动的开展与普及取得了可喜的成绩，特别是在我国高校健身健美操运动的发展上，几乎所有的高校都开设有健身

健美操运动课程。在新的社会条件下，健身健美操的发展要与"全民健身计划"和"奥运争光计划"相结合，加强健身健美操运动的推广及宣传工作，从而实现我国健身健美操运动的进一步普及。

2.大力发展各级学校的健美操运动

在学校，教师是健身健美操运动发展的关键因素，学校应对健身健美操教师进行大力培养，使其专业技能和教学水平得到大幅提高。只有这样才能保证学生具有良好的学习效果，才能更加有效地推动学校健身健美操运动的发展。

3.加强对高校健身健美操运动技术的研究

在提高健美操技术科学化水平的同时，还要找到健身健美操的科学训练方法，并要使高校健身健美操运动向着科研的方向发展。利用科学的方法指导健身，吸引更多的学生参与到健身健美操锻炼当中来。

4.加强健身健美操运动理论研究

目前，我国在健身健美操的理论研究方面还远远不够，光有丰富的实践经验，缺乏科学的理论指导，容易使实践偏离正确的发展轨道。因此，我们要加强健身健美操运动的理论研究，特别是高校健身健美操运动的理论研究，要保证它在教学上的权威性，并与健身健美操实践进行高度的结合，最终实现由健身健美操的理论来指导实践。

5.加强健身健美操运动音乐编辑的研究

相对于健身健美操的创编来说，我国关于健美操音乐方面的研究就捉襟见肘了。我们要加强对健身健美操运动音乐编辑方面的研究，利用已有的各种先进科学技术收集大量的关于健身健美操音乐的资料并进行相关的整理、统计和分析，同时借助多媒体技术进行视频、音频的制作。

三、高校健身健美操的创新

（一）高校健身健美操创新的基本原则

1.安全有效性原则

在进行健美操运动时，锻炼身体、增进健康是学生参与的主要目的。如果在练习中出现任何损伤，都会有违从事健身健美操运动的初衷。因此，在进行健身健美操教学时一定要首先考虑内容的"安全性"，同时还要对其动作的"有效性"进行充分的考虑。在健身健美操中，许多动作锻炼效果非常有效，但不一定安全。例如，背部伸展运动对拉伸腹部肌肉非常有效，但同时也会对脊柱造成很大压力，有可能引起腰部的损伤，所以属于不适宜的动作，应该避免。也有些动作很安全，但不一定有效，因此我们需要在"安全"和"有效"之间寻求一个平衡点。

2. 针对性原则

在高校健身健美操运动教学过程中，不仅要对学生的健康水平、身体能力与技能进行考虑，还要根据不同级别的课程进行有针对性的内容安排。实现既能在练习中达到锻炼身体的目的，还能从中得到乐趣的教学效果。

在考虑组合中如改变方向、加大移动、节奏加快、重复做相同的动作、选择转身动作和转的度数及跳跃动作等变化时，一定要针对学生的接受能力、协调性、方向平衡感、身体的肌肉力量等进行选择。只有对这些方面进行详细的了解，才能制订出有针对性的教学计划，学生也就更能明白教师的意图。这样就可以真正达到师生融为一体的境界，使课堂气氛更加活跃。

3. 合理性原则

合理性原则也是高校健身健美操运动创新所必须遵循的原则之一。就是说，健身健美操的创新要以人体生理解剖结构为依据，动作之间的搭配要合理、科学，动作之间的衔接要自然、流畅。

（二）高校健身健美操创新的主要内容

1. 健身健美操审美观念的更新

不同时代对人的审美标准是不尽相同的。在古代，强健的体魄，伟岸的形体，粗犷豪放的阳刚之美是主要的审美观念。但发展到了今天，人们的审美标准发生了许多变化，这也是时代发展的必然结果。人们发现人除了要有健康的体魄，还要有美的愉悦。爱美之心，人皆有之。在对美的追求上，是不分年龄、不分层次的，年轻人可以追求朝气蓬勃之美，中年人可以孜孜不倦地追求美好生活之美，老年人则可以追求热爱生活之美。而美的元素也在学校、健身房和社区老年活动中心等地方传播。在健身健美操运动中，对美好生活的追求也得到了完美的体现，新的审美观念在提高整个民族体质的过程中，发挥了不可替代的积极作用。

人的审美观念的提高是一个不断发展和完善的循序渐进的过程。例如，以前人们觉得只需要注重容貌的装饰、服装的搭配就能达到美的体验，但这种美却忽视了最能展现人体美的重要因素——美的动力性。人们只有做到各个方面的协调统一才能呈现出完整的美。马克思曾经说过："我们如果看到痉挛得缩成一团、背弯得抬不起头的人，就会不由自主地四下张望，怀疑自己的存在，恐怕自己也消灭了。但是如果看到一位非常勇敢的体育家，我们就会忘掉自己，觉得我们胜过自己百倍，天下任何事都能担得起，呼吸更自由了。"高校学生参加健身健美操运动，其健美的体魄、英姿飒爽的神态和炉火纯青的技巧，都闪烁着生命的光辉，使观看者感受到强烈的生命活力，使人们能够对生活充满信心，产生克服一切困难的勇气。同时它也引导着人们对美好事物的不断追求、探索和创新。

2.健身健美操动作创编的创新

虽然健身健美操在我国的起步相对较晚，但丝毫不影响其快速发展的脚步。它在我国逐渐向着动作多样化、技术规范化、比赛制度化、形式国际化等方向发展，越来越多的人被其独特的魅力和风格所吸引。健身健美操在动作上虽然较为丰富，并各具特色，但它并不是单纯的自我展现，而是要完善自我。它不仅仅展现着生活，还在创造新的生活。所以，健身健美操动作所体现出的是对生活的追求和创造，它具有较为鲜明的创新特点，这也是健身健美操项目拥有强大生命力的重要原因。

动作的编排决定了一套健身健美操是否具有吸引力和号召力。在进行现代健身健美操动作创编的创新时，应注意以下几个方面。

（1）健身健美操与球类运动相结合

健身健美操可以与篮球、排球、羽毛球、乒乓球等球类运动中的跳跃、伸展动作相融合，这样不仅可以提高身体的协调性、柔韧性和灵活性，还能启发出更多新的动作形式。例如，体操中的跳跃伸展、技巧中的跪撑转身旋转等都可以用于编排动作造型。这为健身健美操动作创编的创新提供了很大的创造空间，健与美的结合使身体素质得到全面发展提高。

（2）健身健美操与武术运动相结合

健身健美操与武术动作中的踢腿、击掌、旋风脚、甩腰、鲤鱼打挺等分解动作相融合，可以形成各种风格独特的武术健身操。例如，武术健身操、搏击操等，都充分体现出英姿飒爽的时代气息。

（3）健身健美操与跳绳运动相结合

跳绳运动是人们非常喜爱的一类运动，特别是在年轻一代中，他们通过各种创新跳法，使跳绳运动的内容更加丰富多彩，娱乐性也变得更强。

在健身健美操动作创编的创新过程中，也可以融入一些跳绳运动的动作特点，使其动作更具生活情趣，来源于生活，创造于生活。

健身健美操的创新与生活中的各种体育活动都有着紧密的联系，也创造出了各种各样的新形式，真正体现了从体育中来，到体育中去。

3.健身健美操音乐的创新

在健身健美操中，音乐是一个非常重要的因素，其动作的节奏、表演的效果与所选的音乐有着直接的关系。大学生在学习健身健美操时，音乐可以充分激发学生学习的激情与活力，体现健与美、力与新的结合。由于健身健美操是从国外引进的体育项目，所以最初我们所使用的音乐延续了国外的迪斯科、摇滚、爵士乐等形式。刚开始接触时，使人耳目一新，强烈的节奏振奋人心，增强了健身健美操的力度与效果。但是随着我国健身健美操运动的发展，越来越需要编排出具有中国特色和民族风格的健身健美操，以反映当代社会生活以及人们的心理状态、情感思想、伦理道德和审美观念等，所以我国健身健美操的音乐创新势在必行。

在为健身健美操进行配乐时，我们要注意对编创动作主题的体现。例如，采用腰鼓和京调的节奏配合动作的变化，可以体现出中华民族奋力拼搏的意志和精神风貌，把对力的颂扬与对美的讴歌完美地结合在一起，这样可以在健身健美操中展现出浓郁的民族特色。只有创作出具有我国特色的健身健美操，才能使其保持旺盛的生命力，才能跟上时代前进的步伐。

4.健身健美操力度的创新

健身健美操中，节奏和力度的把控是衡量其水平高低的重要标准。在健身健美操运动中，要求参与者的动作要刚劲有力、积极迅速、力度感强。如果做出的动作绵软无力，就很难体现出健身健美操的美感。所以在力度方面，高校学生在学习过程中要大胆突破，充分挖掘自身的潜能，努力提高对健身健美操力度的掌控能力。

我们所说的力度并不是说要学生去进行大负荷的运动训练才能练好。世界健美操的权威简·方达最早对此进行了分析研究，她认为要想提高身体的训练效果，必须从全面提高身体素质开始，从改善体形、减缩脂肪和增强肌肉弹性的目的去考虑，因此她提出并创造了一种与轻负荷锻炼相结合的健美操，这是健身健美操创新的一个最好依据。

如果训练过程中负荷过大，就会使人生理和心理上受到压抑，大脑皮层得不到休息，影响大脑神经系统的功能，另外也影响大脑分泌的一种对人体免疫功能有益的多肽物质——内啡肽。这就说明，在进行健身健美操力度训练时，我们必须消除不断加大的负重锻炼。我们可以这样理解，负重的健美操训练可采取"轻重量"，自由调整并在一定的次数范围内达到减缩多余脂肪和增强肌肉力量及弹性的目的。

参考文献

[1] 王文文，王庆宇，罗丽娜. 健美操价值的魅力解读 [M]. 长春：吉林大学出版社，2015.

[2] 李桂琴，杨敏，孙园. 形体训练、健美操、体育舞蹈 [M]. 西安：西安电子科技大学出版社，2016.

[3] 刘欢. 大众体育系列——健美操 [M]. 合肥：合肥工业大学出版社，2016.

[4] 陈天鹏. 新形势下健美操教学理论与实践研究 [M]. 北京：中国原子能出版社，2016.

[5] 王智明. 我国优秀男子竞技健美操运动员专项体能特征及其训练研究 [M]. 北京：北京体育大学出版社，2016.

[6] 牛文英. 健美操教程 [M]. 西安：陕西科学技术出版社，2015.

[7] 张树博. 健美操理论与实践解析 [M]. 沈阳：白山出版社，2015.

[8] 周艳华. 健美操教学与实践创新 [M]. 长春：吉林大学出版社，2015.

[9] 李香君，王玉莲，赵宝奎. 现代健美操健身指导教程 [M]. 北京：现代教育出版社，2015.

[10] 张五平. 健与美——健美操 [M]. 广州：广东世界图书出版社，2016.

[11] 徐裴，韩颖，徐立宏. 高校时尚健美操运动教学理论与实践 [M]. 北京：光明日报出版社，2015.

[12] 李玉玲. 健美操运动理论与教学指导 [M]. 北京：中央编译出版社，2015.

[13] 赵亚娜，刘美云，杜美. 高校健美操训练理论与方法研究 [M]. 北京：中国书籍出版社，2014.

[14] 王善根，唐金根. 论音乐的要素及其在健美操中的作用 [J]. 职业圈，

2007（23）.

[15] 李启娥. 不同运动形式训练对单眼视野影响的实验研究 [J]. 健身俱乐部，2010（3）.

[16] 李启娥. 对竞技健美操运动员表现力培养方法的研究 [J]. 华东交通大学学报，2004（21）.

[17] 李启娥，王善根. 健美操对青少年身心健康的积极影响 [J]. 体育科研，2003（06）.

[18] 李启娥. 影响华东交通大学男生选修公共体育健美操课的因素研究 [J]. 文体用品与科技，2018（15）.

[19] 李启娥. 我校课余篮球活动开展现状的调查研究 [J]. 幸福家庭，2010，(10).

[20] 李启娥. 江西科技师范学院体育专项课男女合班上课调查分析 [J]. 辽宁体育科技，2006，28（6）.

[21] 李启娥. 关于华东交通大学现行大学体育选项上课的思考 [J]. 华东交通大学学报，2006，23（B12）.

[22] 李启娥，王善根. 对发展江西高校体育产业的思考 [J]. 商场现代化，2007（36）.

[23] 王栋梅. 微课程在高校健美操教学的应用研究 [J]. 运动，2016（07）.

[24] 徐海波. 高校健美操实践教学能力培养途径新思考 [J]. 赤峰学院学报（自然科学版），2019（03）.

[25] 邵文兴. 探索健美操对女大学生身体自我认知及自我效能感的影响 [J]. 体育科技文献通报，2019（04）.

[26] 李启娥. 抚州市跆拳道馆开设可行性分析 [A]. 江西省体育科学学会. 第一届"全民健身，科学运动"学术交流大会论文集 [C]. 江西省体育科学学会：华东交通大学体育学院，2016.

[27] 李启娥. 公共体育健美操课学生乐感水平对其教学效果影响的实验性研究 [D]. 武汉：武汉体育学院，2007.

[28] 宋运亭. 健美操"俱乐部式"教学法在高校健美操教学中的运用研究 [D]. 北京：首都体育学院，2013.

[29] 李娇娜. 慕课背景下健美操教学平台的构建研究 [D]. 成都：成都体育学院，2017.

[30] 李宁. 普通高校健美操教学中音乐节奏感培养的实验研究 [D]. 石家庄：河北师范大学，2017.